数字经济背景下我国高职教育高质量发展报告

SHUZI JINGJI BEIJING XIA WOGUO GAOZHI JIAOYU GAOZHILIANG FAZHAN BAOGAO

张明林　于清敏　刘刚桥◎著

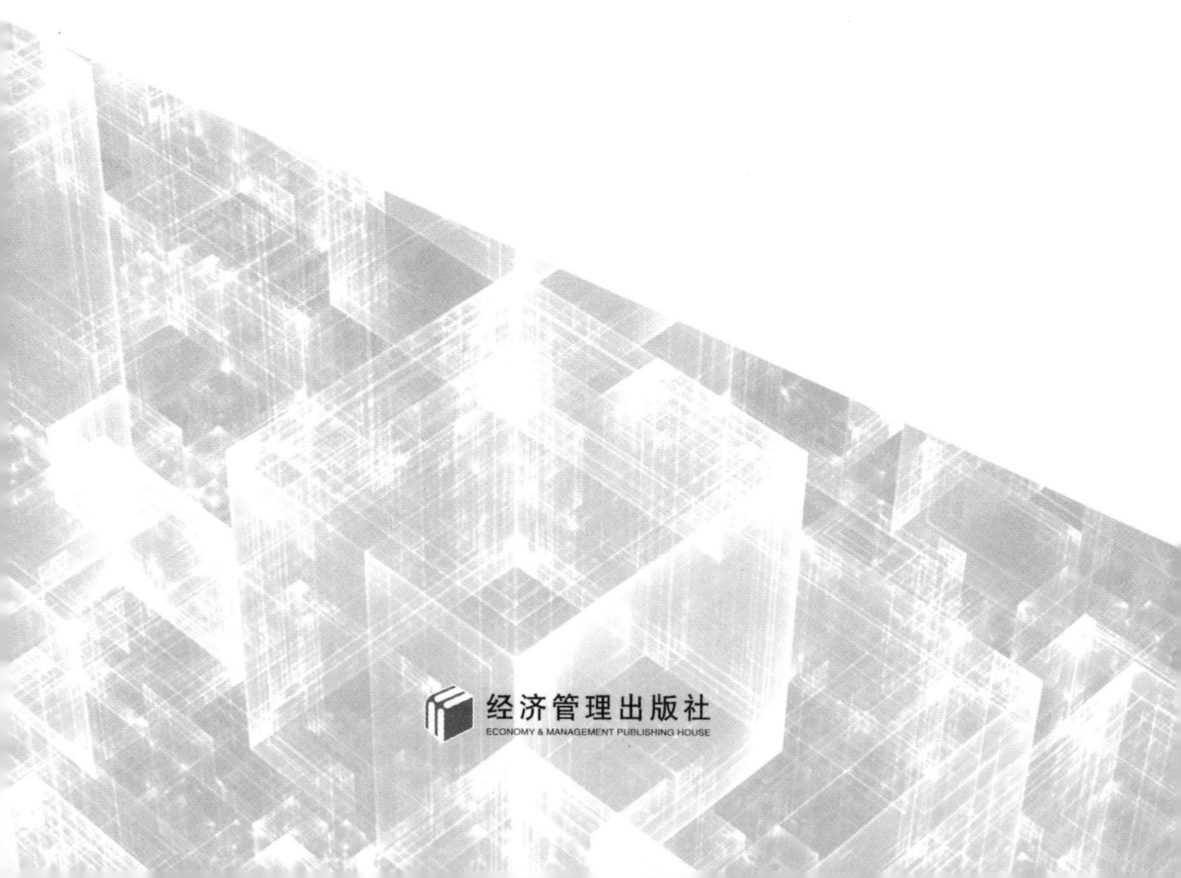

经济管理出版社
ECONOMY & MANAGEMENT PUBLISHING HOUSE

图书在版编目（CIP）数据

数字经济背景下我国高职教育高质量发展报告/张明林，于清敏，刘刚桥著 . —北京：经济管理出版社，2023.10
ISBN 978-7-5096-9412-1

Ⅰ.①数… Ⅱ.①张… ②于… ③刘… Ⅲ.①高等职业教育—发展—研究—中国 Ⅳ.①G718.5

中国国家版本馆 CIP 数据核字（2023）第 215338 号

组稿编辑：丁慧敏
责任编辑：丁慧敏
责任印制：黄章平

出版发行：经济管理出版社
（北京市海淀区北蜂窝 8 号中雅大厦 A 座 11 层　100038）
网　　址：www.E-mp.com.cn
电　　话：（010）51915602
印　　刷：唐山昊达印刷有限公司
经　　销：新华书店
开　　本：720mm×1000mm/16
印　　张：14.5
字　　数：281 千字
版　　次：2023 年 12 月第 1 版　2023 年 12 月第 1 次印刷
书　　号：ISBN 978-7-5096-9412-1
定　　价：98.00 元

·版权所有　翻印必究·
凡购本社图书，如有印装错误，由本社发行部负责调换。
联系地址：北京市海淀区北蜂窝 8 号中雅大厦 11 层
电话：（010）68022974　　邮编：100038

序 一

当前，数字经济正在成为重组全球要素资源、重塑全球经济结构、改变全球竞争格局的关键力量。《中华人民共和国国民经济和社会发展第十四个五年规划和2035年远景目标纲要》明确指出，要加快数字化发展，建设数字中国，并对数字经济、数字社会、数字政府建设等作出了系统部署。党的二十大报告提出，加快建设制造强国、质量强国、航天强国、交通强国、网络强国、数字中国，并对加快发展数字经济提出明确要求。2022年我国数字经济规模达50.2万亿元，总量稳居世界第二，占GDP比重提升至41.5%，数字经济成为稳增长促转型的重要引擎。数字经济在催生了新产业、新业态、新模式、新场景的同时，也重塑了职业就业，涌现了一批新职业、新岗位。人力资源与社会保障部新发布的《中华人民共和国职业分类大典（2022年版）》中，首次标注了97个数字职业，新增的数字职业数量占本次修订新增职业数的61%，占职业总数的6%，其意义在于提升全民数字素养，推动数字经济、数字技术快速发展。

数字经济的快速发展，为职业教育发展带来了前所未有的机遇，同时也带来了新的挑战。在2023年召开的世界数字教育大会"职业教育数字化转型发展"论坛上，教育部副部长翁铁慧在致辞中指出，数字化转型已成为世界各国发展的必然趋势，作为与行业产业联系最紧密的教育类型，数字化势必为职业教育带来全方位、系统性的变革。2021年新修订的《职业教育专业目录（2021年）》，也突出了产业数字化应用场景，新增了如大数据技术应用、数字化设计与制造技术、网络直播与运营等与数字经济相关专业，推动职业学校专业的数字化转型。因此，开展数字经济时代职业教育转型发展、数字经济时代技术技能人才供需精准对接机制、数字技术应用场景与职业教育教学改革融合等研究，探索职业教育如何更好适应、服务、支撑数字经济健康发展，是当前职业教育高质量发展创新与实践的重要命题之一。

顺德职业技术学院张明林教授领衔的研究团队撰写的著作《数字经济背景下我国高职教育高质量发展研究》顺应时代需求，围绕数字经济与职业教育高质量发展开展了全面、深入、务实的研究，旨在为我国高职教育的高质量发展提供有益的参考和借鉴。全书由四篇组成，分别是：第一篇我国高等职业教育发展形式分析，全景式展示中国高职教育近年来的发展现状、成就、经验与问题；第二篇数字经济背景下我国高职教育新发展，全面梳理数字经济背景下新职业、新岗位以及这些岗位的人才需求预测和特征；第三篇当前数字化岗位能力变迁分析，深入分析了数字化相关岗位的职业能力，重点剖析了人工智能与数据科学岗位群、财经商贸群等八个岗位群职业能力变迁、目标岗位匹配情况等；第四篇数字经济背景下我国高职教育适应性及对策分析，从专业目标适应性等八个维度探讨数字经济背景下我国高职教育适应性、并提供了六个标杆学校数字化转型典型案例以及多角度的对策建议。

全书坚持问题导向，聚焦数字经济背景下中国高职教育面临的新问题。主要有以下特点：一是内容丰富，结构清晰，全书四个部分相互衔接，逻辑性强，可以让读者更好地了解数字经济背景下我国职业教育的发展情况；二是理论与实践相结合，不仅从理论层面进行了深入探讨，还通过案例分析的方式展示了实践成果，使得分析更具说服力；三是数据翔实，可信度高，书中使用了大量数据和图表来说明问题，使得分析更具科学性和客观性。总之，《数字经济背景我国职业教育高质量发展研究》是一本具有前瞻性、指导性和实用性的著作，不仅为我们揭示了数字经济对职业教育的影响及挑战，还为我们展示了在数字经济背景下如何更好地发展职业教育的策略和方法，希望本书能引起广大职业教育工作者的关注和思考，共同推动我国高职教育迈向新的发展阶段。

2023 年 11 月 22 日

序 二

近年来，新一轮科技革命和产业变革深入发展，数字化、网络化、智能化不断赋能经济社会发展，数字经济已成为我国稳增长促转型的重要引擎。2022年我国数字经济规模达50.2万亿元，占GDP比重提升至41.5%，稳居世界第二。数字经济的发展离不开人工智能、大数据、云计算、区块链等数字技术的支持，离不开能够面向生产一线，支撑产业数字化、数字产业化，确保产业链供应链安全的高素质技术技能人才。因此，数字经济的飞速发展给职业教育带来了前所未有的机遇和挑战。

党的二十大报告提出要建设教育强国，强调要"推进教育数字化"。习近平总书记在主持中共中央政治局第五次集体学习时指出："教育数字化是我国开辟教育发展新赛道和塑造教育发展新优势的重要突破口。"职业教育作为教育事业的重要组成部分，必须紧跟时代步伐，把握数字化发展机遇，推动高质量发展。中国职业技术教育学会会长、教育部原副部长鲁昕在2023年数字职业教育助推教育强国建设大会上指出，职教战线要落实党和国家关于数字中国、制造强国、人才强国建设等重大战略部署，落实教育部关于教育强国建设、教育数字化转型战略等工作要求，以数字技术赋能专业升级和数字化改造，赋能教师、教法、教材改革。要适应科技进步和产业变革趋势，增强教师和学生的数字化意识，提高数字化素养和数字化能力，开辟职业教育高质量发展的新赛道、新路径，打造职业教育重要增长极，提高职业教育对经济社会高质量发展的服务力、支撑力与贡献力。

在数字化转型的时代洪流中，我校主动适应地方数字经济发展需求，加强顶层设计，积极探索建设智慧校园，扎实推进数字教学环境、数字资源、数字教学方式方法、数字教育治理、数字经济与职业教育高质量发展研究基地等的建设，加快培养支撑地方数字经济发展需要的数字技术技能人才。我校商学院张明林教授领衔的研究团队聚焦数字经济与职业教育发展，撰写的著作《数字经济背景下我国高职教育高质量发展研究》，详细剖析了数字经济背景下涌现的新职业、新岗位的需求特征、职业能力、目标岗位匹配等，为学校加快推动专业、课程等数字化升级提供了有益的参考。

  该书主要包括四个部分。首先，全面展示了中国高等职业教育近年来的发展现状、成就、经验以及问题。其次，梳理了数字经济背景下新职业、新岗位以及岗位人才需求预测和特征。再次，深入分析了数字化岗位的职业能力变迁，包括人工智能与数据科学岗位群、财经商贸群等八个岗位群的职业能力变迁和目标岗位匹配情况。最后，从专业目标适应性等多维度探讨了数字经济背景下中国高职教育的适应性，并提供了六个标杆学校的数字化转型典型案例以及多角度的对策建议。著作坚持问题导向，聚焦数字经济背景下中国高职教育适应性提升，内容丰富、数据翔实、分析科学客观，为新时代职业教育如何更好适应、服务、支撑数字经济健康发展，如何进一步有效推进职业教育领域建构数字化思维、提升数字化能力、整合数字化资源、丰富数字化场景等改革创新提供了理论参考。

  面对数字化发展的浪潮，我们必须认识到，数字化不仅改变了人们的生活方式，也改变了人们的学习方式和工作方式。因此，职业教育需要尽快适应这一变革，通过数字化赋能，实现高质量发展。只有这样，我们才能更好地满足经济社会发展的需要，更好地服务人民群众的需求。

李也祥

2023年12月5日

前　言

2019年1月，国务院印发对新时代职业教育改革具有"风向标"意义的《国家职业教育改革实施方案》，指出："职业教育与普通教育是两种不同教育类型，具有同等重要地位。"2021年10月，中共中央办公厅、国务院办公厅印发的《关于推动现代职业教育高质量发展的意见》。当前，我们要以习近平新时代中国特色社会主义思想为指导，深入贯彻党的二十大精神，坚持和加强党对职业教育工作的全面领导，把推动现代职业教育高质量发展摆在更加突出的位置，坚持服务学生全面发展和经济社会发展，以提升职业学校关键能力为基础，以深化产教融合为重点，以推动职普融通为关键，以科教融汇为新方向，充分调动各方面积极性，统筹职业教育、高等教育、继续教育协同创新，有序有效推进现代职业教育体系建设改革，切实提高职业教育的质量、适应性和吸引力，培养更多高素质技术技能人才、能工巧匠、大国工匠，为加快建设教育强国、科技强国、人才强国奠定坚实基础。

当前，数字经济已成为驱动我国经济实现发展的新引擎，其催生出的各种新业态成为中国经济新的重要增长点。数字经济的快速发展带来人才需求的新变化，我国数字人才需求量持续上升。为此，探讨数字经济背景下高职教育高质量发展形势、面临问题及应对策略有着重要价值和意义。本报告由四部分组成，分别是第一篇　我国高等职业教育发展形式分析，全景式展示中国高职教育近年来的发展现状、成就、经验与问题；第二篇　数字经济背景下我国高职教育新发展，全面列示数字经济背景下新职业新岗位名称、新职业新岗位人才需求预测以及新职业新岗位特征情况；第三篇　当前数字化岗位能力变迁分析，深刻分析数字化岗位的职业能力、比较人工智能与数据科学岗位群等八个岗位群职业能力变迁情况、比较财经商贸专业大类等三个专业大类与目标岗位匹配情况；第四篇　数字经济背景下我国高职教育适应性及对策分析，从专业目标适应性等八个维度探讨数字经济背景下我国高职教育适应性、列举六个标杆学校数字化转型典型案例、多角度探讨数字经济背景下我国高职教育对策。

总体来说，本报告有以下几个特征：一是问题导向。聚焦数字经济背景下中国高职教育面临的新问题，深化近年来高职教育统计数据的挖掘以及新职业新岗位特征分析，全景式展示中国高职教育的发展状况。二是实证研究。除了国家宏观统计数据，还结合职教桥数据库进行抽样与案例分析，每一个部分、每一个章节，都尽量按照实证研究的规范，有问题、有假设、有数据（证据）、有结论，为后续相关研究的开展提供数据积累和支持。三是咨询服务。基于实证研究，分析重点问题的原因和困境，并形成相应的解决措施，转化为政策专告，为国家及各级各类教育主管部门职业教育政策制定、战略规划以及日常管理政策咨询提供详实的数据支撑。

本报告由顺德职业技术学院商学院院长张明林教授统筹设计、修改、完善，张良桥教授参与研究框架报告设计、咨询，于清敏、刘刚桥、何姗、肖皓洋及职教桥公司相关人参与研究报告撰写，在此表示衷心感谢！

在撰写过程中，笔者查阅了大量国内外相关资料，参考并引用了很多有价值的文献的观点，在此对相关作者表示衷心的感谢。由于笔者水平有限，书中难免存在错误和不当之处，敬请各位专家、读者不吝赐教，将不胜感激。

张明林

2023 年 10 月 6 日

目 录

第一篇 我国高等职业教育发展形势分析

第一章 我国高职教育发展概况 ·················· 3
    第一节 我国高职教育的内涵与发展特征 ············ 3
    第二节 我国高等职业教育发展历程分析 ············ 5
    第三节 我国高等职业教育质量年报 ··············· 9

第二章 我国高等职业教育发展成效与不足分析 ········ 12
    第一节 我国高等职业教育发展成效分析 ············ 12
    第二节 我国高职教育发展存在的短板与不足 ········· 17

第三章 我国高等职业教育发展省域比较分析 ········· 23
    第一节 职业教育发展省域比较指标体系 ············ 23
    第二节 高等职业教育办学规模省域比较分析 ········· 24
    第三节 高等职业教育经费投入省域比较分析 ········· 30
    第四节 高等职业教育办学条件省域比较分析 ········· 36
    第五节 高等职业教育师资队伍省域比较分析 ········· 41
    第六节 高等职业教育服务能力省域比较分析 ········· 44

第二篇 数字经济背景下我国高职教育新发展

第四章 职教桥数据库与数据处理分析 ············· 51
    第一节 职教桥数据库概况 ···················· 51

数字经济背景下我国高职教育高质量发展报告

第二节　岗位标准化识别说明 ………………………………………… 55
第三节　数据预测技术说明 …………………………………………… 56
第四节　数据维度说明 ………………………………………………… 57

第五章　数字经济背景下新职业新岗位分析 …………………………… 59

第一节　新职业新岗位发展背景分析 ………………………………… 59
第二节　数字经济背景下新职业新岗位分析 ………………………… 62

第六章　数字经济背景下新职业新岗位人才需求分析 ………………… 68

第一节　新职业新岗位人才需求总体情况分析 ……………………… 68
第二节　新职业新岗位人才需求预测分析 …………………………… 74

第七章　数字经济背景下新职业新岗位特征分析 ……………………… 79

第一节　新职业新岗位的人才需求特征分析 ………………………… 79
第二节　新职业新岗位的人才需求特征预测分析 …………………… 86

第三篇　当前数字化岗位能力变迁分析

第八章　数字化岗位职业能力大数据分析 ……………………………… 97

第一节　数字化岗位概况 ……………………………………………… 97
第二节　数字化岗位的职业能力分析 ………………………………… 98

第九章　数字化岗位职业能力变迁分析 ………………………………… 133

第一节　人工智能与数据科学岗位群 ………………………………… 133
第二节　物联网与智能制造岗位群 …………………………………… 135
第三节　云计算与区块链岗位群 ……………………………………… 137
第四节　供应链与管理岗位群 ………………………………………… 138
第五节　信息安全与系统管理岗位群 ………………………………… 139
第六节　数字化金融与管理岗位群 …………………………………… 140
第七节　媒体与营销岗位群 …………………………………………… 142
第八节　工程技术与创新岗位群 ……………………………………… 143

第十章　专业目标岗位匹配分析 145

第一节　财经商贸大类专业与目标岗位匹配分析 145

第二节　电子与信息大类专业与目标岗位匹配分析 147

第三节　装备制造大类专业与目标岗位匹配分析 148

第四篇　数字经济背景下我国高职教育适应性及对策分析

第十一章　我国高职教育教学适应性分析 153

第一节　数字经济背景下专业培养目标适应性分析 153

第二节　数字经济背景下职业教育专业结构优化分析 158

第三节　数字经济背景下产教融合适应性分析 167

第四节　数字经济背景下课程建设适应性分析 171

第五节　数字经济背景下教师教学能力适应性分析 175

第六节　数字经济背景下教材与教法适应分析 180

第七节　数字经济背景下教学条件适应性分析 184

第十二章　我国高职教育数字化典型案例 190

第一节　深圳职业技术大学：数字化赋能校企共育ICT技术技能人才 190

第二节　顺德职业技术学院：数字技术助推教育教学升级 194

第三节　无锡职业技术学院："五全"智慧校园，提升校园治理水平 198

第四节　北京电子科技职业学院：数字化带来的专业群教育教学变革 200

第五节　广州铁路职业技术学院：虚拟现实技术助力轨道交通类专业发展 203

第六节　金华职业技术学院：建成数字化"虚拟工厂" 207

第十三章　数字经济背景下我国高职教育高质量发展对策 210

参考文献 219

第一篇

我国高等职业教育发展形势分析

第一章 我国高职教育发展概况

中国特色的高等职业教育横跨了高等教育和职业教育两大领域，为广大适龄青年提供进入高等学校并掌握就业技能的机会，对中国高等教育由精英教育阶段进入大众化教育阶段发挥了决定性作用。2019年1月，国务院印发对新时代职业教育改革具有"风向标"意义的《国家职业教育改革实施方案》（国发〔2019〕4号），指出："职业教育与普通教育是两种不同教育类型，具有同等重要地位。"2020年9月，教育部等九部门印发《职业教育提质培优行动计划（2020-2023年）》，力图通过提质培优行动计划来实现职业教育的有质量和高质量发展。2021年10月，中共中央办公厅、国务院办公厅印发《关于推动现代职业教育高质量发展的意见》[1]，明确提出"到2025年，职业教育类型特色更加鲜明，现代职业教育体系基本建成，技能型社会建设全面推进。办学格局更加优化，办学条件大幅改善，职业本科教育招生规模不低于高等职业教育招生规模的10%，职业教育吸引力和培养质量显著提高"；"到2035年，职业教育整体水平进入世界前列，技能型社会基本建成"。

第一节 我国高职教育的内涵与发展特征

一、高职教育发展内涵

赵蒙成（2022）认为，职业教育的质量是职业院校师生基于自身的需要而采取各种策略、致力于显著提高教育教学和学习成效的活动，这种活动的主要目的是促进学生健康、全面地发展，帮助教师从教育教学工作中获得意义和价值，助力师生优化对教学和学习的意义的感知与体验，同时更有效地满足职业教育其他参与方（主要是企业）的需要[2]。孙翠香（2022）认为，新时代职业教育高质量发展的内涵主要是指在职业教育进入新的发展阶段，职业教育发展的动力机制、职业教育发展过程的要素结构及特征、职业教育发展目标的最终实现，均典型地表现为"高质量"特征，更加彰显"好"的职业教育的本质特征。新时代职业教育高质量发展具有五个本质特征，即能积极响应新时代经济社会发展及劳动力市场需求，能彰显类型属性的要素及结构从而使职业教育具有社会吸引力，能为学习者提供国家认可的学历或职业资格证书，能帮助学习者最终获得一份体面的工作或使学习者具有可持续就业能力，具有强大的包容性和开放性，从而能为每一位学习者提供学习机会与适切的教育[3]。一些学者从职业教育管理者或者教育者视角探讨职业教育高质量发展的内涵。刘永亮、杨延波、苟琦智（2022）认为，高等职业教育应重点从专业（群）建设、科技创新、育训并举、思政教育、开放办学五个方面开展工作，实现高职教育高质量发展目标[4]。鄢烈洲、石俊华（2022）指出，职业教育高质量发展的本真内涵是指职业教育能够"向下"深度扎根经济社会发展实际，"向上"提升服务产业创新发展与个体自由适性发展的能力高度[5]。黄一涛、罗尧成（2022）认为，对于现代职业教育来说，全过程、全方位、全方面都建设得好才能称得上高质量发展。现代职业教育高质量发展既体现为一种发展理念导向，也体现为一种发展过程导向，更体现为一种发展结果导向[6]。一些学者从职业教育政策研究角度定义职业教育高质量发展的内涵。李玉静（2021）指出，在新发展格局下，无论从外部需求还是教育系统内部来看，职业教育改革发展都面临新的背景和使命，这要求职业教育在发展定位、理念、模式等方面实现转型。首先，在发展定位上，职业教育从促进经济社会发展的工具导向走向为全面建设社会主义现代化服务。其次，在发展理念上，职业教育从以学龄人口为主体走向全民终身学习的核心载体。在发展模式上，职业教育从注重吸收借鉴国外经验走向建构中国特色的内生发展模式[7]。槐福乐、常熙蕾、吕清（2022）指出，职业教育与经济社会发展联系最为密切，经济社会发展催生职业教育高质量发展。同时，职业教育高质量发展在满足个人需求与经济社会发展需要的同时，在一定程度上实现了职业教育与社会发展的生态平衡发展，这也在很大程度上促进了职业教育自身的系统性变革与调适[8]。任雪园（2020）认为，普及化阶段高职教育高质量发展的时代内涵是以服务化为内在旨趣、创新化为基本动力、开放化为科学决策的发展[9]。

二、我国高等职业教育的特点

中国特色的高等职业教育，是建立在高等学校教育框架基础之上的，主要处于全日制高等学校教育中的专科学历层次，这是基于中国国情的战略选择。近年来，中国大力发展高等职业教育，2021年高等职业学校数量达到1486所，高职在校生达到1590.1万人，高职与普通本科在校生比例为83.43%。

（一）职业教育中以招收应届高中毕业生为主的全日制教育

高等职业教育主要面向广大适龄青年，为他们提供进入高校学习并获得就业技能的职业学校教育。招收对象主要是应届高中毕业生和中等职业学校毕业生，学制一般为3年，学生毕业后颁发正规的高等学校学历证书。

（二）培养目标是生产、建设、服务、管理一线的高技能人才

高等职业教育作为高等教育的一个类型，与普通教育具有同等重要的地位，其肩负的使命是培养面向生产、建设、服务和管理第一线需要的高素质技能型专门人才，在我国服务乡村振兴、服务中小微企业和地县级城市发展中具有不可替代的作用。高技能人才处于技能型人才的高端，故又被称为高端技能型人才。他们具备以德为先的基本素质，同时通过职业教育掌握就业技能，以及通过高等教育积累专业知识底蕴。

（三）由政府举办为主向政府统筹管理、社会多元办学的格局转变，校企合作共同育人

各级政府部门要深化"放管服"改革，加快推进职能转变，由注重"办"职业教育向"管理与服务"过渡。政府主要负责规划战略、制定政策、依法依规监管。发挥企业重要办学主体作用，鼓励有条件的企业特别是大企业举办高质量职业教育，各级人民政府可按规定给予适当支持，逐步建设多元办学格局。

（四）以服务为宗旨、以就业为导向、走产教融合的道路

高等职业学校主动适应经济和社会发展需要，以服务建设现代化经济体系为宗旨、以实现更高质量、更充分就业和适应产业发展需求为导向，找准学校在区域经济和行业发展中的位置，鼓励和支持社会各界特别是企业积极支持职业教育，着力培养高素质劳动者和技术技能人才。同时，坚持产教融合，校企"双元"育人。

第二节　我国高等职业教育发展历程分析

纵向来看，我国职业教育体系从低到高依次为中等职业教育（中专、技

校)、高等职业教育(大专)、职业本科。2010~2021年,我国中职教育逐渐萎缩,2010~2018年中职学校以及在校生人数顺次递减。相比于2010年,2018年中职学校规模缩减近1/3,在校生人数减少近1/6,全国职普比逐年下降[12]。而职业本科近几年才逐渐兴起,到2021年,全国已有32所职业本科学校,在校生人数总计129297人[13]。我国高职教育已经进入发展的黄金期,2010~2021年高职学校数量和高职学校在校生人数逐年攀升,到2021年,高职学校数达到1486所,比2010年增加240所,高职在校生达到1590.1万人,比2010年在校生增加了64.57%,2021年高职与普通本科在校生比例为83.43%[13][14],高职教育几乎占据了高等教育的半壁江山。

高等职业教育的发展经历了如下几段历程:

一、从举旗起步到法律地位确认(1980~1998年)

改革开放初期,为解决地方应用型人才严重匮乏和高等教育严重短缺问题,部分中心城市举办了一批以"收费、走读、不包分配"为主要特点的地方短期职业大学,率先打出了"高等职业教育"的旗帜。1985年,《中共中央关于教育体制改革的决定》明确要求积极发展高等职业技术院校,改变专科、本科比例不合理的状况。1994年全国教育工作会议提出"通过现有职业大学、部分高等专科学校和独立设置的成人高校改革办学模式,调整专业方向和培养目标来发展;在仍不能满足需求时,经批准可利用少数具备条件的重点中专学校改制或举办高职班等方式作为补充",即后来被统称为"三改一补"的基本方针,拓展了高等职业教育的发展路径。

1996年《中华人民共和国职业教育法》颁布,明确职业学校教育分为中等、高等职业学校教育,"高等职业学校教育根据需要和条件由高等职业学校实施,或者由普通高等学校实施",在我国历史上第一次确立了高等职业教育和高等职业学校的法律地位。1998年《中华人民共和国高等教育法》颁布,进一步明确了高等职业教育和高等职业学校在我国高等教育体系中的法律地位。

二、从规模扩张到发展方向定位(1999~2005年)

世纪之交,我国经济快速发展、社会加快转型,人民群众对高等教育的需求和高等教育资源供给的矛盾日趋突出。1999年,《中共中央国务院关于深化教育改革全面推进素质教育的决定》(中发[1999]9号)明确提出"高等职业教育是高等教育的重要组成部分。要大力发展高等职业教育",高等职业教育成为高校扩招的主力军,招生规模连年增长。

2004年,《教育部关于以就业为导向,深化高等职业教育改革的若干意见》(已废止)明确了高等职业院校必须坚持的办学方针和培养目标,即以服务为宗旨,以就业为导向,走产学研结合的发展道路,主动适应经济和社会发展需要,找准学校在区域经济和行业发展中的位置,加大人才培养模式的改革力度,坚持培养生产、建设、管理、服务第一线需要的"下得去、留得住、用得上",实践能力强,具有良好职业道德的高技能人才。2005年,国务院召开第六次全国职业教育工作会议,提出建设百所示范性高等职业院校,高等职业教育迎来了重要的战略机遇期。

三、从示范引领到全面质量提升(2006~2011年)

2006年,《教育部、财政部关于实施国家示范性高等职业院校建设计划,加快高等职业教育改革与发展的意见》和《教育部关于全面提高高等职业教育质量的意见》联袂颁布,标志着国家高职教育政策在强化特色、加快改革、提高质量方面的重点引导。示范性高等职业院校建设计划实施,促进了人才培养模式改革,强化了高职教育模式改革的政策导向,引领高等职业教育走出了一条不同于普通大学的类型之路,助力高等职业学校显示出空前活力和勃勃生机。在金融危机给我国经济发展带来严重不利影响和普通高校毕业生总量达到历史新高的双重压力下,高等职业学校毕业生就业率连年升高,显示出高等职业教育特有的生机活力。

2011年,为贯彻落实《国家中长期教育改革和发展规划纲要(2010-2020年)》关于建设现代职业教育体系的要求,教育部先后发布《教育部关于推进中等和高等职业教育协调发展的指导意见》(教职成〔2011〕9号)和《教育部关于推进高等职业教育改革创新,引领职业教育科学发展的若干意见》(教职成〔2011〕12号)等重要文件,提出高等职业教育要以提高质量为核心,以增强特色为重点,以合作办学、合作育人、合作就业、合作发展为主线,努力建设有中国特色、世界水准的高等职业教育。中央财政投入20亿元,支持全国高等职业学校提升专业服务能力项目,以点带面,在示范性建设和良好基础上普遍提高专业的社会服务能力,高等职业教育进入全面提升的历史新阶段。

四、从教学改革到综合改革阶段(2012~2018年)

2014年6月,国务院召开全国职业教育工作会议,印发《关于加快发展现代职业教育的决定》（国发［2014］19号）。站在国家经济社会发展需求和实现人的全面发展的高度，国务院职业教育文件中第一次提出"产教融合"；第一次提出"加快构建现代职业教育体系"；第一次提出企业也是职业教育的重要办学主体；第一次提出"探索发展本科层次职业教育""为学生接受不同层次高等职业教育提供多种机会"，为职业教育深化校企合作、打破止于专科的"天花板"、构建现代职教体系创造了机遇。此后，教育部等六部门联合印发《现代职业教育体系建设规划（2014-2020年）》，提出"形成现代职业教育体系框架""基本建成中国特色现代职业教育体系"的两步走发展战略。同年，财政部、教育部联合印发《关于建立完善以改革和绩效为导向的生均拨款制度加快发展现代高等职业教育的意见》，明确"2017年各地高职院校年生均财政拨款水平应当不低于12000元"，使得高等职业院校第一次有了明确可靠的财政保障。

2015年，教育部印发《高等职业教育创新发展行动计划（2015-2018年）》（教发［2014］6号）（以下简称《行动计划》），总结"十二五"经验，面向"十三五"布局，第一次专门针对高等职业教育全面系统规划改革发展。《行动计划》提出了推进高职教育下一步改革发展的五个方向和各自目标。其中，更加强调了综合改革，提出正确把握和推进分类考试招生改革、推动建立学分积累转换制度、丰富集团化办学的实现形式、明确院校治理的途径和要求、重视和推动应用技术研发、推动具有混合所有制特征的办学实践、推动高职教育更好"走出去"、落实高职生均经费政策，等等。

五、高质量发展阶段（2019年至今）

2019年1月，国务院印发《国家职业教育改革实施方案》（"职教20条"），开宗明义"职业教育和普通教育是两种不同的教育类型，具有同等重要地位"，这是国务院文件第一次把职业教育与普通教育并列定位为教育类型，意义重大；第一次提出"开展本科层次职业教育试点"，教育部之后陆续批准设立了32所职业本科学校，迈出职业教育独立建制办本科的步伐。2021年，教育部先后印发《本科层次职业学校设置标准（试行）》《关于"十四五"时期高等学校设置工作的意见》，首次明确了本科层次职业学校的设置条件，提出"原则上，职业教育学校不转为普通教育学校""聚焦关键领域、重点行业、重点区域，以优质高等职业学校为基础，稳步发展本科层次职业学校"；印发《本科层次职业教育专业设置管理办法（试行）》和《职业教育专业目录（2021年）》，第一次列出了"高职本科专业247个"，确定了高职本科专业设置的依据和规则，开启了职业教育本科的新实践。

2019年4月,《教育部 财政部关于实施中国特色高水平高职学校和专业建设计划的意见》("双高"建设),提出"集中力量建设50所左右高水平高职学校和150个左右高水平专业群,打造技术技能人才培养高地和技术技能创新服务平台,支撑国家重点产业、区域支柱产业发展,引领新时代职业教育实现高质量发展"。"双高"建设还第一次提出专业集群建设理念,一方面提高了专业建设的集约性、强化了相关专业发展的相互支撑支持作用,以期达到"1+1>2"的效果;另一方面也与本科改革的"学科交叉"相呼应,有利于催生新的培养方向和专业发展方向。"双高"建设体现了示范校建设之后,高职战线围绕专业建设进一步升级的目标追求。

第三节 我国高等职业教育质量年报

自《国家中长期教育改革和发展规划纲要(2010-2020年)》要求"建立高等学校质量年度报告发布制度"后,2011年《教育部关于推进高等职业教育改革创新引领职业教育科学发展的若干意见》即提出"各地和各高等职业学校都要建立人才培养质量年度报告发布制度",当年共有20个省(自治区、直辖市)和新疆生产建设兵团以及237所高等职业学校撰写并在中国高职高专教育网上公布了人才培养质量年度报告。全国高职高专校长联席会议和教育部职业教育与成人教育司委托第三方机构成立了报告调研编写工作组,运用实证研究的方法,在开展大量实地考察、查阅资料、数据分析、访谈交流等多种活动的基础上撰写完成了第一份《中国高等职业教育人才培养质量年度报告》(后更名为《中国高等职业教育质量年度报告》),并首次以第三方视角向社会发布。由此,在国家层面上也开始形成了每年公开发布系列年度报告制度。截至2023年,该报告连续发布12年,全国31个省(自治区、直辖市)和新疆生产建设兵团共1425所院校已经在现代高等职业技术教育网发布报告,发布报告的院校占高职院校总数的96%[10]。2017年,国务院总理李克强对《中国高等职业教育质量年度报告》的相关报道做出批示,指出高职院校对促进就业创业提供了有力支撑,并要求教育部会同有关部门进一步完善政策措施,积极支持高职院校提升办学质量,培养更多符合社会需要和产业升级方向的技术技能人才,这也有利于推动脱贫和社会公平。

报告主体分为六大部分：学生发展质量、教育教学质量、服务贡献质量、政策落实质量、国际合作质量、面临挑战和对策。附件一般有6张高等职业教育指标数据表，分别是：计分卡、满意度调查表、教学资源表、服务贡献表、落实政策表、国际影响表。报告主体一般是学校教育质量的文字性描述，并配有丰富的案例，附件是规定的关键数据指标，有利于院校间数据对比。主报告和附表分别，从文字和数字两个方面生动描述院校一年来各方面的办学质量。

（1）学生发展质量。学生成长成才是高等职业教育质量的灵魂，是根本质量。报告以学生发展为主线，鼓励学校树立以学生发展为本的教育质量观。报告主体从德、智、体、美、劳等方面描述学生一年来的发展情况并配有多个案例；就家长、学生最关心的就业问题，报告以"积分卡"的形式列示了"毕业生人数""毕业生去向落实人数""毕业生升学人数""月收入""毕业三年晋升比例"，通过对比和分析，使人们对高校就业现状和结果一目了然；另外，该报告认为关心高职院校办学质量好坏的利益相关者应该包括：学生、老师、家长和用人单位，他们的满意度也是评价高校质量的重要指标，因此附表"满意度调查表"中列示"在校生满意度""毕业生满意度""教职工满意度""用人单位满意度""家长满意度"指标，横纵向对比，可以一窥高校办学质量的变化和优劣。

（2）教育教学质量。强调以提升学校办学综合实力作为基础质量，包括办学资源和教学过程，是衡量高等职业教育教学质量的描述性指标，在教育评价中具有十分重要的地位。该部分报告主体主要描述高校一年来的专业建设、课程建设情况，以及教师发展、教材建设、教学方法变革等三教改革情况，数字化转型时期的教学资源库、在线精品课程建设等数字资源建设情况，并配有多个案例来生动描述。在附表"教学资源表"中列示"生师比""双师素质专任教师比例""高级专业技术职务专任教师比例""教学资源库数"等多项指标，以数据的形式展示高校的教育教学质量。

（3）服务贡献质量。以服务国家、服务地区、服务产业发展等方式为社会贡献质量。服务国家全面建成小康社会的战略目标，服务中国特色新型工业化、信息化、城镇化、乡村振兴，是高等职业教育在新形势下的新使命。附表"服务贡献表"首先列示毕业生的就业服务贡献，包括留在当地就业、去西部和东北部就业、到中小微企业及基层就业、到大型企业就业情况。除了毕业生就业服务外，服务贡献表上的指标还有"横向技术服务到款额""纵向技术服务到账额"

"技术产权交易收入""非学历项目培训"等,鼓励高校提升社会服务能力。

(4)政策落实质量。政策落实质量是职业教育督导督政的重要依据,也是环境质量的重要评价指标。由于我国职业教育在同层次学校教育中具有经费投入低、回报率低和吸引力低的三低特征,政府引导、政府推动是高等职业教育发展的重要保障。面对当前大力发展现代职业教育的国家意志,尤其要强调政策保障,以政策落地作为环境质量的评价。附表的"落实政策表"中有"年生均财政拨款水平""年财政专项拨款""教职员工额定编制数""企业兼职教师年课时总量""年实习专项经费"等,这些都是政策落实质量的核心指标,进一步反映了政府落实国家发展高职教育的政策落实情况。

(5)国际合作质量。该部分探讨高职学校与国际机构合作办学情况。包括引进一批示范性中外合作办学项目、拓展中外合作交流平台,以及推动职业教育走出去。探索"中文+职业技能"的国际化发展模式。服务国际产能合作,推动职业学校跟随中国企业走出去。完善"鲁班工坊"建设标准,拓展办学内涵。附表"国际影响表"中"接受国(境)外留学生专业数(人数)""开发并被国(境)外采用的课程标准数""在国(境)外开办学校数""中外合作办学专业数(人数)"等是国际合作质量的核心考核指标。

第二章　我国高等职业教育发展成效与不足分析

新中国成立70多年来，高职教育从无到有、从小到大、从弱到强，经历了跨越式的发展，在规模上已占据高等教育的"半壁江山"。高职教育促进了我国高等教育大众化和均衡发展，规模化培养了一大批高素质技能型专门人才，把我国巨大的人口压力转化为接受过高等教育的人力资源优势，遍布城乡的高职院校为区域协调、城乡统筹发展奠定了人才基础；高职教育为支撑产业升级和稳定就业做出了巨大贡献；高职教育促进了我国区域协调发展，为服务乡村振兴、服务中小微企业发展、服务地县级城市发展做出了巨大贡献；高职教育为高等教育体系建设和学生健康发展做出了重要贡献。

第一节　我国高等职业教育发展成效分析

我国基本国情的一个重要特点是地域广阔、人口众多，各地经济社会、科学技术和教育发展水平很不平衡，家长期盼孩子能上大学，接受高等教育。高等职业院校的发展，不仅满足了人民群众对于接受高等教育的需求，也有利于规模化培养高素质技能型专门人才，把我国巨大的人口压力转化为接受过高等教育的人力资源优势。高等职业教育的核心任务是培养高素质技能型专门人才，并在开展技术研发和社会服务中提高人才培养质量。

一、对我国高等教育大众化和普及化作出了重大贡献

2021年，全国独立设置的高职院校1486所，职业本科32所，高职在校生

第二章 我国高等职业教育发展成效与不足分析

1590.1万人[11]，已建成世界上最大规模的专科层次高等职业学校教育。2010~2021年，全国高职（大专）在校生人数呈现递增态势，从2010年的966.2万人增加到2021年的1590.1万人，增长623.9万人，增长幅度达到64.57%。助力高等教育毛入学率升至57.8%，是2010年的2倍[12]，显著拓宽了人们接受高等教育的渠道，为高等教育大众化起到了基础性和决定性作用。自1985年以来，高职教育每年招生规模占普通高等教育招生总规模的比例都超过40%，尤其是2019~2021年，高职教育扩招百万，高职在校生人数从1133.7万人逐年增加到1590.1万人，年均增长率达到11.96%。在校生规模占普通高等教育在校生规模比例由66.79%增加到83.43%，推动高等教育毛入学率由51.6%提高至57.8%[12]。高职教育促进了高等教育多样化发展，优化了高等教育结构和资源配置，对提升受教育年限、提高劳动者素质、优化劳动力结构具有重要意义。

二、为区域协调发展打下了坚实的基础

据国家统计年鉴等数据，2010~2021年，每万平方公里高职院校数从1.30所增加到1.55所，每十万人高职在校生数从720.56人增加到1125.65人[12]。2014~2021年，黑龙江、吉林、青海、云南、贵州和西藏等6省（自治区）每十万人高职在校生人数则由不足2819人增长到5257.79人以上[12]。

遍布城乡的高职院校为区域协调、城乡统筹发展奠定了人才基础。全国有600余所高职院校布点在地市级及以下城市，此外，还有200余所在县级城市办学[13]，形成了覆盖区域更加广泛、分布更加均衡的院校网络，让老百姓在家门口就能上大学，面向中小城市、农村和民族地区、边疆和贫困地区提供技术技能人才支撑。"高职每年300至500万名毕业生中85%以上是家庭第一代大学生，52%来自农村家庭，且这两项比例均呈上升趋势"[14]，高职院校成为提高经济贫困家庭子女受教育程度的重要途径。调研显示，新疆、西藏、青海、四川、云南、甘肃分布在"三州三区"等深度贫困地区的院校有36所，在校生总数超过18万人，近半数毕业生在当地就业。2018年，全国约1/4高职毕业生到西部地区和东北地区就业，其中大多数毕业生来自当地高职院校，成为支撑中西部和东北地区产业发展重要的新生力量。

三、为地方经济转型和产业升级作出了重要贡献

高职院校坚持面向地方产业服务行业，注重对接区域发展和社会需求，共开设700余种专业、近4万个专业点，覆盖国民经济主要行业。其中，财经商贸、装备制造、电子信息、医药卫生等专业大类在校生分别在 100 万人以上，校均相关专业点数分别达到 5.1 个、4.0 个、3.8 个、1.4 个，适应了新型制造业、信息技术产业、金融贸易和民生等领域技术技能人才需求，见证了我国从落后的农业大国转变为世界工业大国、制造业大国。

国家、省、校三级专业群建设体系初步形成。自 2019 年国家实施"双高计划"建设项目以来，各地立足经济发展和产业结构升级需要，推进实施升级"双高计划"建设项目。目前全国有 26 个省份和新疆生产建设兵团启动了省级"双高计划"建设项目，累计立项省级"双高"校 322 所、高水平专业群 982 个，引导高职院校优化专业结构和资源配置，服务地方经济发展。高职院校因地制宜、建立适应社会需求，对接行业产业发展的专业动态调整机制，根据产业发展需求及时调整优化专业，总体形成"优势专业引领、骨干专业带动、特色专业支撑"的专业组群发展结构，推动专业链与产业链、创新链、人才链的有机融合。

新版职业教育专业目录与产业发展的匹配度进一步增强。对接新经济、新业态、新技术、新职业发展，2021 年教育部颁布新版职业教育专业目录即《职业教育专业目录（2021）》，首次一体化设计中职、高职、职业本科专业目录，不同层次的专业定位更加准确，适应了产业对不同层次职业教育人才培养目标的要求，为这些院校培养不同层次专业人才提供了遵循。新版专业目录共设置 19 个专业大类、97 个专业类、1349 个专业，其中高职专科专业调整 439 个。调整幅度为 56.4%[15]。

深圳信息职业技术学院秉承"对接深圳支柱产业，打造信息技术特色"的办学定位，坚持以促进就业为导向原则设置并调整优化专业结构，建立产业结构调整驱动专业改革机制，专业设置始终围绕"四+七+六产业"：重点围绕深圳市高新技术、金融、文化、物流四大支柱产业和生物、新能源、互联网、文化创意、新材料、新一代信息技术、节能环保七大战略新兴产业，瞄准生命健康、海洋、航空航天、机器人、可穿戴设备、智能装备六大未来产业，不断拓展新专业。2021 年新设置"无人机应用技术""人工智能技术应用""汽车智能技术""虚拟现实技术应用""工业设计"等专业后，共覆盖 11 个专业群的 49 个专业[16]。

北京电子科技职业学院创新"依托开发区办高职、依托产业办专业"产城教融合发展新模式，成立专业建设指导委员会，依据开发区产业发展调整专业，精准对接开发区"442"现代产业体系优化专业布局。编制专业群建设方案，创新专业群建设模式，整体打造机电类、汽车类、电信类、生物类、经管类、艺术类和航空类七大专业群，并且逐一建立专业与产业供求关系专业谱系图，建立"牵头专业+协同专业（或方向）+群外教学模块"的专业组合模型，根据学生特点和发展方向设计不同的职业培养路径，充分满足学生的个性化成长需求[17]。

四、为我国稳定和扩大就业作出了重要贡献

改革开放40多年来，高职毕业生总量超过5000万人，广大毕业生来自基层、深入基层、扎根基层，下得去、留得住、用得上，为各行各业和实体经济发展提供了一线高素质技术技能人才支撑，成为国家经济建设的基础性力量。2012年以来，高职毕业生半年后就业率持续超过90%，对稳定和扩大就业的作用日益显现。毕业生到中小微企业等基层服务的人数保持增长，占毕业生总数的比例保持在60%以上，300所以上院校每年这一比例超过80%，有效助解制约中小企业发展的人才和技术瓶颈[15]。

五、为服务乡村振兴做出了重要贡献

按照《中共中央 国务院关于实施乡村振兴战略的意见》等有关文件精神，高等职业教育以服务国家乡村振兴战略为导向，充分发挥高等职业学校多学科的优势，主动融入新时期农村经济社会发展的广阔市场，为乡村振兴提供科技、文化和人才支撑。成立了乡村振兴研究中心，组建休闲农业产业专家服务团队等乡村振兴专家服务团队，积极与村镇合作，开展乡村振兴调研，探索利用学科和专业优势服务当地乡村振兴的可行方案，把成果留在农户家，让农民的收入翻番，带动了农业发展和农民致富。例如：2021年，广东茂名农林科技职业学院罗剑斌主持完成百香果引种及优质高产栽培技术，获得广东省农业技术推广奖。百香果种植产业是茂名市脱贫攻坚战中各贫困村重要的农村经济支柱产业，罗剑斌团队为茂名市引进8个优质百香果品种，这些品种是适宜粤西地区种植推广的优质品种[18]。2021年，黑龙江农业职业技术学院农学系曹延明团队创新栽培技术，农民增产增收。该团队构建了一种采用高产标准化的8∶2比空栽培技术，该技术既实现了玉米、大豆秸秆及时有效的还田处理，又促进了秸秆等有机肥资源转化利用。这使得玉米田每亩增产22%左右，每公顷增收效益2500元以上[19]。

六、为服务中小微企业做出重要贡献

随着中小微企业、民营企业在市场经济发展中异军突起，其高技能人才短

缺、技术创新能力不足等问题也日益凸显。近年来，各地高职院校主动对接产业，培养大批紧缺人才来解决企业生产技术难题，有效缓解了制约中小微企业、民营企业发展的人才和技术瓶颈问题。2021届毕业生在规模以下企业就业的人数为184.2万人，占毕业生总数的54.9%[15]，成为促进区域产业向中高端发展、推动中小微企业、民营企业产业集聚发展的一支生力军。例如，无锡职业技术学院在地方政府强有力的支持下，着力打造中小微企业"技改示范中心"，助力制造强省战略。通过政校协同下沉服务基层，校企合作深入区镇，搭建技术合作、技术转移平台，建设区域"培训联盟"，服务中小微企业产业转型发展能力进一步夯实。2021年，签署"四技"服务项目超过200项，技术服务科研经费到账3500多万元[20]。为进一步提升科技创新服务能力，深圳信息职业技术学院组织教师实地走访龙岗区产业园区，无缝对接龙岗区行业企业的技术服务、技术研发等需求，精准服务园区企业，2020年组织实施了第一批校企协同创新项目，共立项20项，经费375万元[16]。

七、为促进地县级城市发展做出重要贡献

麦可思对2009~2011届全国高等职业学校学生毕业半年后的调查显示，2011届高职毕业生有35%在院校所在市就业，68%在院校所在省（含本市）就业。这两项比例连续3届均明显高于本科。在被调查的2011届高等职业学校毕业生中，有51.8%在地级市及以下地区就业，19.6%在西部地区就业，13.9%在民族地区就业，4.9%在贫困地区就业[12]。在我国经济结构调整和产业结构升级的大背景下，经济相对欠发达的地县城市的快速发展，离不开大批高素质劳动者和专业技术人才的支撑。呈现均衡发展的高职院校布局，为地县城市区域发展提供了智力支持和文化条件。它们不仅肩负着为当地经济建设和社会发展培养高技能人才的重要使命，而且为当地文明建设、推进和谐社会发展奠定了重要的基础。

八、为高等教育体系建设做出了重要贡献

如果说培养拔尖创新人才是普通高等学校的责任担当，那么培养踏实肯干的一线劳动者则是职业教育的目标定位。有学者指出，"我国高等教育在不断地拔尖，基础教育却在不断地均衡"。我们认为，正是职业教育育训结合的培养模式，既重视学历教育又重视职业能力培养，在一定程度上弥补了这种断裂，平衡了基础教育均衡中的不均衡，填补了高等教育拔尖后的低谷，遏制了初中后、高中后不稳定因素的蔓延，一大批接受过中等和高等职业教育的青年走向国家发展需要的一线劳动岗位,他们在实现社会价值的过程中体现了人生价值。职业教育在某种意义上是"兜底式"教育。职业教育不稳则教育不稳,教育不稳则国家不稳。在社会认可度、资源占有度不具优势的情况下,职业院校能够坚持小道理服从大道理,努力实现大发展、努力发挥自身价值,体现的是服务大局的意识和服务全局的贡献,放在整个教育结构来看,职业教育对其他教育起到显著的互补和支撑作用。尤其是在经济高速发展和社会转型相互叠加的背景下,推动职业教育发展,对缓解学生、老师、家长和社会的教育焦虑具有重要意义。调查显示,高职教育在技能教育之外,对重塑学生自信心、上进心、自我约束力、学习能力、遇到问题能够解决和处理的能力等方面也有重要成效。"过去五年,在校期间高职学生的'人生的乐观态度''积极努力、追求上进''乐于助人、参与公益'等素养提升比例连续增长",高职学生展现出自信自强的良好品格。超过九成学生对未来职业生涯有清晰规划,学生在校期间的获得感显著增强。《中国高等职业教育质量年度报告2022》显示,高职毕业生具有发展潜力,2017~2021届高职学生毕业半年后平均月收入分别为3149元、3553元、3815元、3974元、4428元,增幅分别为2.3%、12.8%、7.4%、4.2%、11.4%[15],越来越多的高职毕业生在职业发展中获得上升空间,更多青年凭借一技之长成就了出彩人生。

第二节　我国高职教育发展存在的短板与不足

我国高职教育经过70多年的发展,虽然取得了举世瞩目的发展成效,但通过分析近十几年的权威数据,发现还存在很多不足。如高职教育经费投入不足,各地区经费投入不均衡;教师师资不足、管理者治理能力不足、教师培训机制不完善;高职"类型教育"特征不足,产业转型升级忆待专业建设水平提高;高职教育数字化转型尚处于起步阶段;高职教育保障体系不健全,高职教育质量受到质疑。

一、经费投入不足,且各地区经费投入不均衡

高职教育经费投入是高职教育事业发展的基础和前提。从师资的角度,只有具有竞争力的薪酬,才能让高职院校聘请到优秀的教师和管理人员,他们才能安心在高职院校授课或者进行教育管理工作;从教育教学角度,足够的经费才能购

买教育教学软件、改善实训实习条件、改造智慧教育教室，激励教师进行教研教改工作，保证教育教学质量提升。近年来，各级政府虽然增加了高职教育经费投入，但经费不足仍是困扰高职教育改革的主要瓶颈。2010~2020年，高职教育一般公共预算教育事业费支出占一般公共预算支出比呈现逐年上升状态，2020年该比例达到0.69%，体现了党和国家对高职教育的重视度增加。但高职教育经费稳定投入机制建设依然任重道远。根据各省份高职院校高职教育质量年度报告数据统计，与2020年相比，2021年15个省份高职院校生均财政拨款水平有所提升，天津、山西、吉林等16个省份有所下降；山西、辽宁、山东、河南4个省份高职院校生均财政拨款水平未达到12000元[11]（见表2-1）。各地仍需进一步加强省级统筹，加大政策供给，优化经费支出结构，健全稳定的生均财政拨款投入机制和多元的资金筹措机制，保障高职教育经费投入与发展需求相适应。

表2-1 2020~2021年各地高职生均财政拨款水平

序号	省份	生均财政拨款水平（元） 2021	生均财政拨款水平（元） 2020	序号	省份	生均财政拨款水平（元） 2021	生均财政拨款水平（元） 2020
1	北京	67514.94	62292.99	17	湖北	12025.72	12380.78
2	天津	14097.73	14165.01	18	湖南	14185.00	13992.00
3	河北	16653.00	12040.51	19	广东	19597.95	22122.58
4	山西	11917.34	12040.51	20	广西	12938.44	12978.26
5	内蒙古	18071.90	13033.00	21	海南	19588.51	18574.29
6	辽宁	11761.95	11106.50	22	重庆	12936.99	12096.27
7	吉林	15086.73	15140.67	23	四川	16671.00	16430.00
8	黑龙江	12162.83	15800.00	24	贵州	14411.12	13209.74
9	上海	14074.00	14356.00	25	云南	18810.54	15317.80
10	江苏	18670.71	18490.08	26	西藏	40589.88	27631.23
11	浙江	19045.68	16982.68	27	陕西	14081.91	13070.68
12	安徽	12921.62	13709.56	28	甘肃	13427.70	14004.21
13	福建	14819.24	15029.86	29	青海	37140.28	39362.64
14	江西	12000.00	12000.00	30	宁夏	17827.62	17466.52
15	山东	11564.41	12861.15	31	新疆	13984.02	23966.41
16	河南	10400.00	12987.00	32	新疆生产建设兵团	56395.76	69934.40

数据来源：2021年、2022年各省职业教育质量年度报告"政策落实表"。

高职教育生均公共财政预算教育事业费支出与普通本科还有较大差距。2021

年，高职教育经费总投入2758亿元，占高等教育的19.7%，不足普通本科高校的1/4[11]。2010~2020年，高职教育生均公共财政预算教育事业费支出与普通本科生均公共财政预算教育事业费之比波动为54.77%~76.18%，2020年该比值为62.72%。说明近11年，高职生均财政预算教育事业费支出只占普通本科学生该值的六成。此外，还存在地区投入水平不均、东西部地区差异大、发达地区和不发达地区差异大、经费投入效率欠佳等情况。

二、高职教育师资不足，教师培训机制不完善

2010~2021年，高职教育生师比总体呈现增长趋势，从2010年的17.21增长到2021年的19.85，特别是2019~2021年，高职生百万扩招，使得生师比增长显著，该比例未达到国家标准。2010~2021年，专任教师中"双师型"教师比例从33.33%递增到44.21%，虽然有所增长，但也不足1/2。2010~2021年，专任教师中研究生以上学历教师比例从32.33%增至40.82%，虽然高职教师质量在上升，但总体质量还有待进一步提高。

一方面，国家经济发展方式转变和产业转型升级，迫切需要高等职业教育提升行业服务能力，但目前的师资状况很难满足产业发展需求。教师的科研服务和攻关能力普遍欠缺，为企业发展提供的研发服务非常有限[12]。能成为行业知名人士，凭借专业能力与行业领军人物建立稳定合作关系的专业带头人更是凤毛麟角。高等职业学校自身价值和在校企合作中的吸引力无法彰显。在教学上，专业教师追踪产业转型升级意识淡薄，知识更新和技术进步跟不上行业发展对高素质技能型专门人才培养的要求。而随着未来适龄生源尤其是应届普通高中毕业生源的不断下降，高等职业学校生源结构将发生很大变化，同时各行各业数字化转型，很多教师的专业教学能力、数字化教学手段和方法不能适应培养模式转型要求。专业带头人的行业影响、教师专业化水平和科研服务能力，日益成为高职院校提升自身服务能力的主要制约因素。教师教学能力不适应教学形态的变化。目前，由于部分教师对应用数字化学习资源的效果认识不够全面和深刻、对应用数字化学习资源的效果仍然停留在作为辅助手段层面，未能进一步挖掘资源，影响了其使用资源的频率及效率[13]。

另一方面，高校管理者管理能力不适应内涵建设要求[14]。高等职业学校迫切需要提高综合管理能力，加强学校领导的战略规划和顶层设计，充分利用各类政策资源设计管理制度，避免管理随意性和主观性；迫切需要加强资源整合能力，充分运用好各种社会资源，建立起密切、稳定的产学和校企合作关系，迫切

需要加强多渠道筹措经费的能力，改变坐等教育经费投入的惯性，募集到更为充裕的办学资金；迫切需要提高财务预决算能力，保证办学经费及其他各项资金收入的正确使用方向，提高资金利用率和经费使用效益。使学校教育教学条件建设能够得到有力的保障，促进人才培养质量的持续提升。

我国现有的职业教师师资培养模式主要有两种，一种是职前培养，主要由技术师范院校和综合类本科院校承担培养责任；另一种是职后培训，主要由用人单位自主培训培养。但随着许多技术师范院校转型，师范学院弱化了专门为职业学校培养师资的功能，教师的职前培训得不到保障。而用人单位主持的职后培训呈现多处"混乱"的状态，一方面，将不同基础、不同教育背景的教师混合培训，"一刀切"的方法缺乏分类和针对性，不能帮助受培训的教师扬长补短；另一方面，尚未建立起职前培训和职后培训之间的衔接制度，常常造成重复学习、重复培训，并且各职业院校之间没有统一规范的培训机制[15]。

三、缺乏职业教育的特色，专业建设水平有待提高

高职教育发展必须坚定"职业教育与普通教育是两种不同的教育类型，具有同等重要的地位"的观念，建立独立的、完善的、具有中国特色的职业教育体系，由参照普通教育办学模式向校企合作、产教融合、职业特色鲜明的类型教育转变。但长期以来高职院校在很大程度上仍参照普通本科的办学模式，无论是学科建设还是教学管理和评价方式往往参照普通教育系统的做法，注重学科学术培养，忽略行业、企业参与，缺乏职业教育的特色[16]。一方面，学生的实践实训得不到保障，技能训练不足、场所不足、双师型师资不足、生产经验不足等现象比较普遍，职业院校培养的人才得不到企业认可；另一方面，伴随数字经济的快速发展，新技术、新产业、新业态、新模式调整和迭代周期不断缩短，对高等职业教育专业建设提出更高要求。高职院校为及时响应产业发展，开发的新专业数量多、速度快，但是建设专业的人才培养目标定位和规格跟不上职业岗位技术技能发展要求，专业教学内涵、资源和标准建设跟不上产业技术更新发展要求，对院校传统专业的改造和融合跟不上发展型、复合型、创新型技术技能人才培养的发展要求。

全国职业教育大会提出要加快建设国家重视技能、社会崇尚技能、人人学习技能、人人拥有技能的技能型社会。随着我国进入新发展阶段，产业结构和经济结构调整不断加快，技术技能人才结构性短缺现象较为突出。一方面，受全球经济发展下行以及新冠疫情等因素影响，大学生就业难度加大，国家也在想方设法推进大学生高质量就业；另一方面，企业反馈招不到所需要的高素质技能型人

才,据人力资源和社会保障部公布的2021年第四季度"最缺工"100个职业中,有36个属于生产制造及有关人员,大学毕业生就业难与企业用工荒的"两难问题"没有得到很好解决。高职院校一些专业开设较为普遍,例如财经商贸、电子信息专业,相对来说办学成本较低,就业弹性较大,但这容易导致该类专业的技术技能型人才需求饱和与培养的同质化现象;而对办学成本和水平要求较高的重点产业体系的专业大类相对缺乏,特别是高端装备、节能环保、集成电路、生物医药等方面的专业。

总体来看,我国高职院校专业设置虽然紧盯区域产业发展需求,但是由于专业调整和师资团队建设均有一定的时间差,总体上还存在一定程度的滞后性。专业发展在契合新型产业需求方面还存在一定程度的"空窗期",存在传统岗位专业技术技能人才过剩、新型岗位技术技能人才短缺的不协调现象。

四、高职教育数字化水平不高,数字化转型面临诸多困难

其一,基础设施建设有待均衡和完善[13]。高职教育领域教育数字化基础设施建设明显弱于普通高等教育,并且区域之间、学校之间、专业之间存在差距,优质均衡协调发展难度较大。高职教育数字化应用终端较为单一,对多种插件和端口的高适配性不足,不同平台之间未能实现有效兼容和转换。部分区域和高职学校办学条件薄弱,无法有效满足教育数字化本地化的部署和要求。

其二,精品数字教育资源还不够丰富。高职教育领域现有数字教育资源量,特别是精品数字资源量还不够充足,无法有效满足高职教育领域不同主体的个性化、多样化需求。虚拟仿真课程数量不足且有效性不够,与真实的生产环境存在差距,无法完全替代真实环境的实施实训。现有数字教育资源还无法全面覆盖公共基础课、专业课和实践实训课,无法有效满足高职教育不同年级师生需求。现在数字教育资源呈现形式较为传统单一。新形态教育资源较为匮乏。

其三,师生对教育数字化理念的理解与应用不够深入。当前,教育数字化仍是一项新鲜事物,需要在教学实践中不断丰富与完善。高职学校师生对智慧教育的理解不够深刻,将教育数字化理念运用于教学形式变革的主动性不足,运用数字化教育课程资源的积极性不足,数字化教育的优势尚未在教学过程与效果中充分实现。

其四,高职学校数字化教育监管尚缺乏统筹规划和安全保障。部分高职学校在推进数字校园建设与发展的过程中,没有明确的发展愿景,对数字化建设的目标要求、重点内容、优先次序缺乏系统思考,造成数字校园建设工作中重建设、轻应用等现象普遍存在。部分学校的数字校园规划设计、建设与实施依靠社会企业或团体，网络与信息安全和保障问题凸显，数字化设施与系统的运维以及安全管理问题没有得到应有的重视。

其五，数字技能职业培训体系亟待完善。欧盟委员会发布的《数字经济与社会指数》系列报告显示，中国劳动者数字技能尚处于中等水平，仍有较大提升空间。虽然中国正通过《提升全民数字素养与技能行动纲要》《"十四五"国家信息化规划》等文件的实施，着力构建面向全民的数字素养终身学习体系，但由于实施时间短，全民数字素养与技能水平的提升效果尚未显现，数字技能职业教育培训体系亟待完善。

五、高职教育保障体系不健全，高职教育质量受到质疑

高职教育发展欠佳，甚至出现了一些质疑的声音，这与高职教育质量不高、毕业生职业能力和职业素养不能很好地满足企业用人需求，进而导致学生不愿意选择高职教育进而使高职院校生源受到影响等有深刻联系。一方面，我国高职教育质量保障体系不健全，缺乏严格的高职教育质量监管手段和投入保障措施；另一方面，高职院校缺乏整体性的质量管理机制，教师缺少质量意识，忽略了人才培养质量。现阶段，应拒绝"头痛医头，脚痛医脚"的被动治理，而是从宏观上建立和完善质量保障制度，中观上建立职业院校积极创新人才培养和专业建设等方面的质量保障机制和办法，微观上依靠一线教师的教学整改，内外共同发力促进职业教育质量的优化升级，办人民满意的高职教育。

我国高职院校办学时间不长，具有改革热情和发展激情，同时也期待外部政策有更多的推动和支持。面对政府部门"简政放权"后的治理环境，高职院校需要通过制定战略计划、制定中长期改革目标与规划，并据此作为自我评估的依据，逐步走向理性发展。而检验改革目标与规划合理性的一个重要方式，就是引入第三方评估，来评价其是否符合国家的规范要求。高职院校面向社会发布高职教育质量年度报告，是国家教育规划纲要提出的内涵建设的重要举措，也是国务院推进现代职业教育发展的要求。高职教育质量年度报告的"合规性"评价，就是考量高职院校能不能在国家顶层设计的基础上，向社会展示高职教育的投入质量（办学资源条件）、过程质量（政府引导和校企合作）和结果质量（学生发展和服务贡献）。一些省份和院校未能按照教育部文件规定的要求展示关键信息，一些院校在专业设置、招生、学籍、日常教学、实习实训特别是校外实训等方面管理不够规范，与依法办学还有较大差距。

第三章　我国高等职业教育发展省域比较分析

2022年10月，党的二十大顺利闭幕。我们要以习近平新时代中国特色社会主义思想为指导，深入贯彻党的二十大精神，坚持和加强党对职业教育工作的全面领导，把推动现代高职教育高质量发展摆在更加突出的位置，坚持服务学生全面发展和经济社会发展，以提升高职学校关键能力为基础，以深化产教融合为重点，有序有效推进现代职业教育体系建设改革，切实提高高职教育的质量。在新的历史起点上，摸清中国高职教育的发展现状，更好地推动国家经济社会的事业发展。

第一节　职业教育发展省域比较指标体系

本书综合运用文献法、政策分析法、数据统计分析法等，对2010~2021年中国高职教育改革发展的宏观数据进行整理分析，客观呈现2010~2021年中国高职教育的新成就、新经验和新问题。本书采用的数据主要是国家权威部门所发布的公开数据，根据专家报告修订高职教育发展指标体系，从高职教育规模、经费投入、办学条件、师资队伍、服务能力五个模块反映2010~2021年各模块的变化趋势以及2020~2021年各模块分省的数据比较。

本书试图从办学规模、经费投入、办学条件、师资队伍、服务能力五个基本维度对2010~2021年我国高职教育发展状况进行细致的梳理和全景式呈现（见表3-1）。

表 3-1　高职教育发展情况评价指标体系

一级指标	二级指标	指标测算说明
1. 办学规模	1-1 学校数	/
	1-2 在校生人数	/
	1-3 高职与本科在校生人数比	高职/普通本科在校生人数
2. 经费投入	2-1 高职学校一般公共预算教育事业费支出占一般公共预算支出比重	高职教育一般公共预算教育事业费支出/一般公共预算支出
	2-2 生均教育经费支出占人均GDP比重	生均教育经费支出/人均国内生产总值
	2-3 高职与本科生均公共预算教育事业费支出比	高职/普通本科生均公共预算教育事业费支出
3. 办学条件	3-1 生均校舍建筑面积	高职总校舍建筑面积/高职在校生人数
	3-2 生均图书册数	高职总图书册数/高职在校生人数
	3-3 生均教学仪器设备值	高职总教学仪器设备值/高职在校生人数
4. 师资队伍	4-1 生师比	/
	4-2 专任教师中"双师型"教师比例	/
	4-3 专任教师中研究生学历教师比例	/
5. 服务能力	5-1 每万平方公里职业院校数	高职学校数/省（自治区、直辖市）面积
	5-2 每十万人中高职院校学生数	高职在校生数/省（自治区、直辖市）总人口数

为获得具备较高信效度的科研数据，本书采用政府公布的数据报告作为主要依据。数据来源主要包括《中国统计年鉴》（2010~2021）、《中国教育统计年鉴》（2010~2021）、《中国教育经费统计年鉴》（2010~2021），以及教育部官方网站。

第二节　高等职业教育办学规模省域比较分析

一、学校数量

学校数量（以下简称"学校数"）是衡量中国高职教育办学规模的重要参数。2010~2021年，高职学校数逐渐增加；在空间分布上，2021年各个省份

（不包括港澳台地区）高职学校数分布呈现出"参差不齐"的格局。

2010~2021 年，高职学校数量呈现逐年递增态势。如图 3-1 所示，从 2010 年的 1246 所增加到 2021 年的 1486 所，11 年间增加了 240 所高职院校。2010~2021 年，高职院校数量依次为 1246 所、1280 所、1297 所、1321 所、1327 所、1341 所、1359 所、1388 所、1418 所、1423 所、1468 所、1486 所。每年的增长数量依次为：34 所、17 所、24 所、6 所、14 所、18 所、29 所、30 所、5 所、45 所、18 所。较上一年增长的幅度依次为 2.73%、1.33%、1.85%、0.45%、1.06%、1.34%、2.13%、2.16%、0.35%、3.16%、1.23%。可以说，在国家大力支持与经济发展浪潮的助推之下，中国高职已经占据了高等教育的半壁江山。

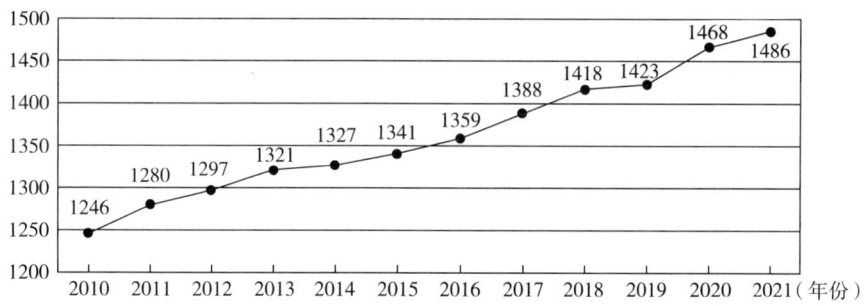

图 3-1　2010~2021 年全国 31 个省份高职学校数（单位：所）

虽然整体上全国高职学校数飞速发展，但是具体到各个省份，2021 年全国高等职业院校学校数量分布问题依旧凸显，如图 3-2 所示。2021 年全国各省份平均拥有高职学校 48 所，其中最少的省份是西藏，仅有 3 所；最多的省份是河南，达到 99 所。其他省份情况分别为：青海 8 所、宁夏 12 所、海南 13 所、上海 24 所、北京 25 所、天津 26 所、甘肃 27 所、吉林 29 所、新疆 36 所、内蒙古 36 所、陕西 40 所、黑龙江 41 所、重庆 43 所、贵州 46 所、广西 47 所、山西 48 所、浙江 49 所、福建 50 所、云南 50 所、辽宁 51 所、江西 61 所、河北 62 所、湖北 62 所、安徽 75 所、湖南 76 所、四川 81 所、山东 83 所、江苏 89 所、广东 93 所、河南 99 所。归纳起来，高职院校的分布有三个特征：①部分省份的高职院校绝对数量不够。西藏、青海、宁夏、海南四个省份的高职院校均不足 20 所，这对于一个省域来说，高职院校数量显然是不够的。②西部地区高职院校的数量低于全国平均水平。除了西藏、青海、宁夏、海南外，甘肃、陕西、贵州、广西等省份的高职院校数量也相对不足。③人口数量、经济水平与高职院校数量正相关。河南、广东、江苏、山东四省份的人口数量、经济水平与高职数量都在全国领先位置。

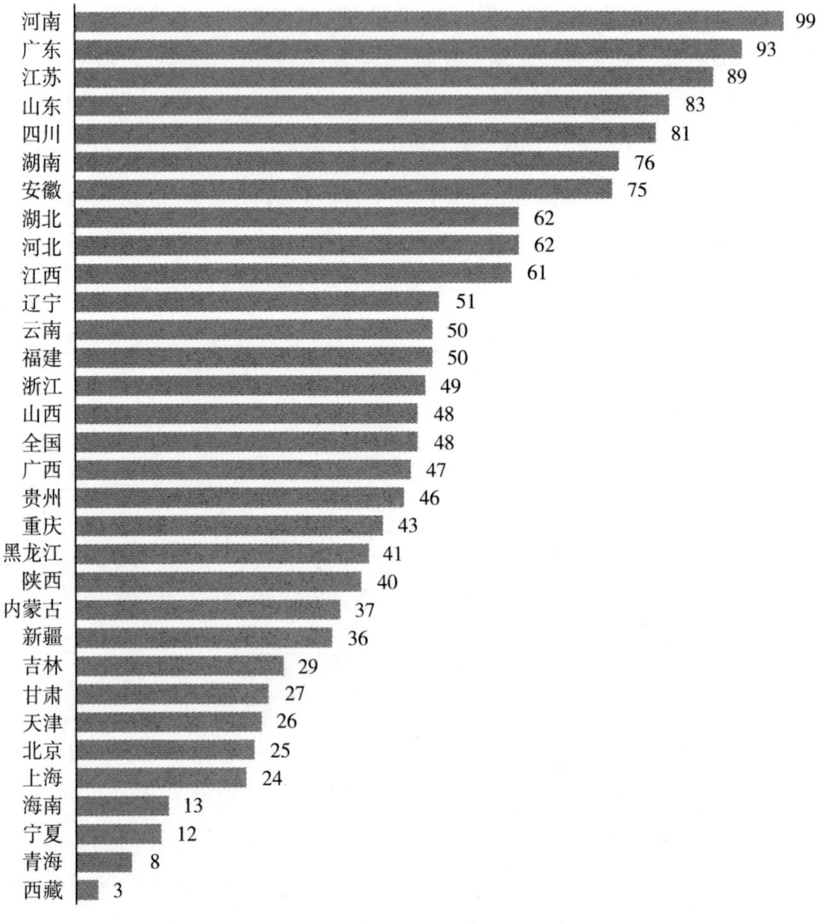

图 3-2　2021 年全国 31 个省份高等职业教育（大专）学校数（单位：所）

2021 年全国本科层次职业学校共 32 所。其中海南、上海、新疆、重庆、贵州、福建、辽宁、湖南、四川、江苏、河南各 1 所；甘肃、陕西、广西、山西、浙江、广东各 2 所；江西、河北、山东各 3 所。

二、在校生人数比较

在校生人数比学校数量更能衡量职业教育的办学规模。招生人数、在校生人数以及毕业生人数都是学生数量的常用测量指标。但是，在校生人数相对于招生人数和毕业生人数更具有"鲁棒性"。因此，本书用在校生人数作为衡量高职教育办学规模的第二个指标。

如图 3-3 所示，2010~2021 年，全国高职（大专）在校生人数呈现递增态势，从 2010 年的 966.2 万人增加到 2021 年的 1590.1 万人，增长 623.9 万人，增长幅度达到 64.57%。2010~2021 年全国高职在校生人数依次为 966.2 万人、958.9 万人、964.2 万人、973.6 万人、1006.6 万人、1048.6 万人、1082.9 万人、1105.0 万人、1133.7 万人、1280.7 万人、1459.5 万人、1590.1 万人。除了 2011 年减少 7.3 万人之外，其他年份每年依次增加 5.3 万人、9.4 万人、33.0 万人、42.0 万人、34.3 万人、22.1 万人、28.7 万人、147.0 万人、178.8 万人、130.6 万人。增长幅度依次为 -0.76%、0.55%、0.97%、3.39%、4.17%、3.27%、2.04%、2.60%、12.97%、13.96%、8.95%。

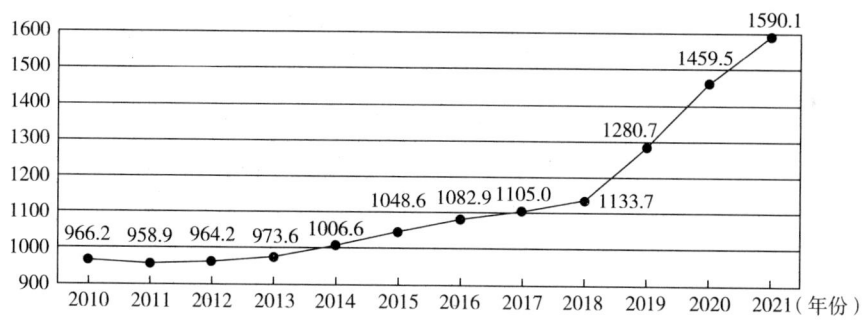

图 3-3 2010~2021 年全国 31 个省份高职（大专）在校生人数变化情况（单位：万人）

如图 3-4 所示，2021 年全国高职在校生人数平均为 512934 人，人数最少的省份是西藏，仅为 12783 人，人数最多的省份是河南，达到了 1377911 人。除了西藏与河南，其他各个省份高职在校生人数分别为：青海 31819 人、宁夏 66104 人、北京 68027 人、海南 111938 人、上海 141877 人、天津 210523 人、内蒙古 226604 人、吉林 245900 人、甘肃 290978 人、新疆 292817 人、黑龙江 304723 人、山西 353570 人、辽宁 447337 人、福建 463772 人、贵州 475812 人、重庆 488557 人、浙江 526632 人、云南 528635 人、陕西 534304 人、江西

680980人、广西719735人、湖北724233人、安徽759366人、湖南777578人、河北777785人、四川873713人、江苏896557人、山东1236344人、广东1254052人。

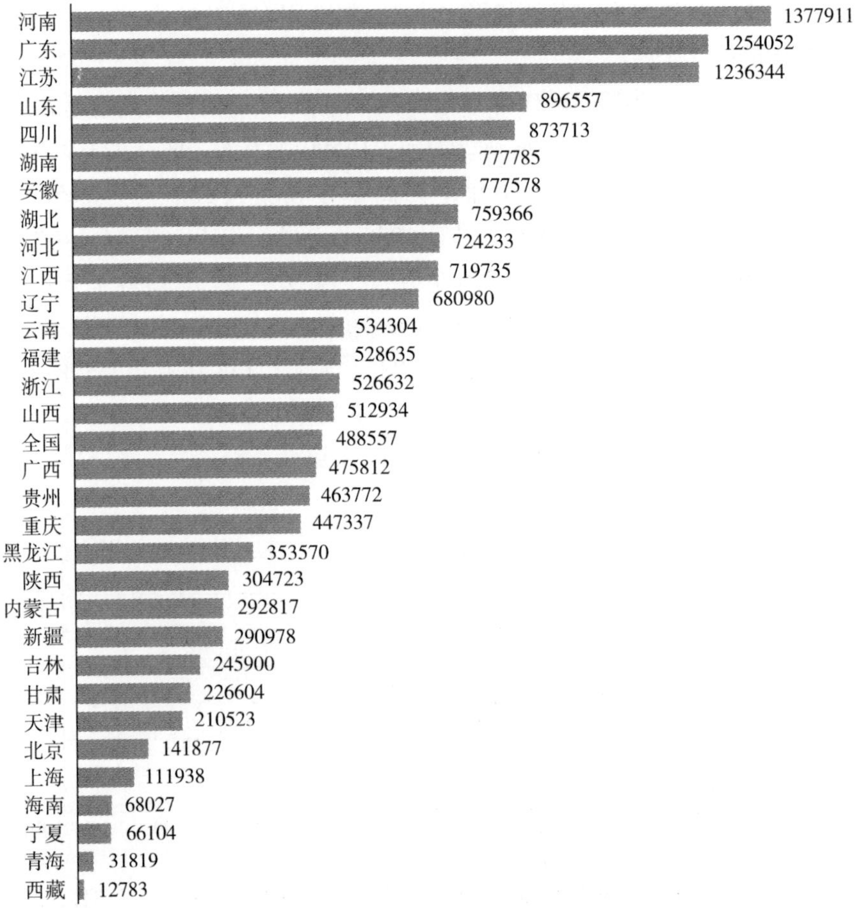

图3-4 全国31个省份2021年高等职业教育（大专）在校生人数（单位：人）

可以发现高职学校的在校生人数依旧呈现三个特征：一是在区域分布上，西部规模小，东中部相对较大；二是人口基数较大的省份，高职在校生人数相对较多；三是高职在校生人数低于全国平均水平的省份多于超过全国平均水平的省份。

三、高职/普通本科在校生人数比

在校生人数是衡量职业教育办学规模的绝对指标,而高职/普通本科的在校生人数比则是衡量高职教育规模的相对指标,对于判断职业教育的规模更加有效。因此,本书用高职/普通本科在校生人数比作为衡量职业教育办学规模的第三个指标。

数量上高职院校已经占据了高等院校的半壁江山,受到高校扩招的影响,高职在校生人数/普通本科在校生人数比经历了大幅变化,如图3-5所示,2010年高职在校生人数/普通本科在校生人数比为76.34%,到2014年降至65.15%,2014~2018年该比例在67%徘徊,2019~2021年三年,由于高职百万扩招计划,该比例提升到2021年的83.43%。2010~2021年各年高职在校生人数/普通本科在校生人数比例分别为76.34%、71.05%、67.56%、65.15%、65.32%、66.51%、67.14%、67.03%、66.79%、73.15%、79.94%、83.43%。年度的增长比例依次为-5.29%、-3.49%、-2.42%、0.17%、1.19%、0.63%、-0.11%、-0.23%、6.35%、6.79%、3.49%。

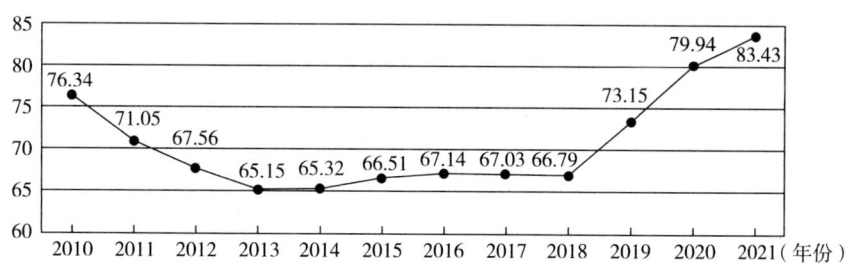

图3-5 2010~2021年全国31个省份高职在校生人数与普通本科在校生比的变化情况(单位:%)

各个省份高等职业教育(职业本科+大专)在校生人数/普通本科在校生人数比如图3-6所示。2021年全国高等职业教育(职业本科+大专)在校生人数/普通本科在校生人数比平均为84.68%。其中比例最高的省份是广西,达到124.33%,比例最低的是北京,为12.39%。高于100%的省份有9个,分别是广西、贵州、新疆、山东、河南、江西、云南、安徽和广东,这些省份的高职以上职业教育规模超过了普通本科在校生规模。

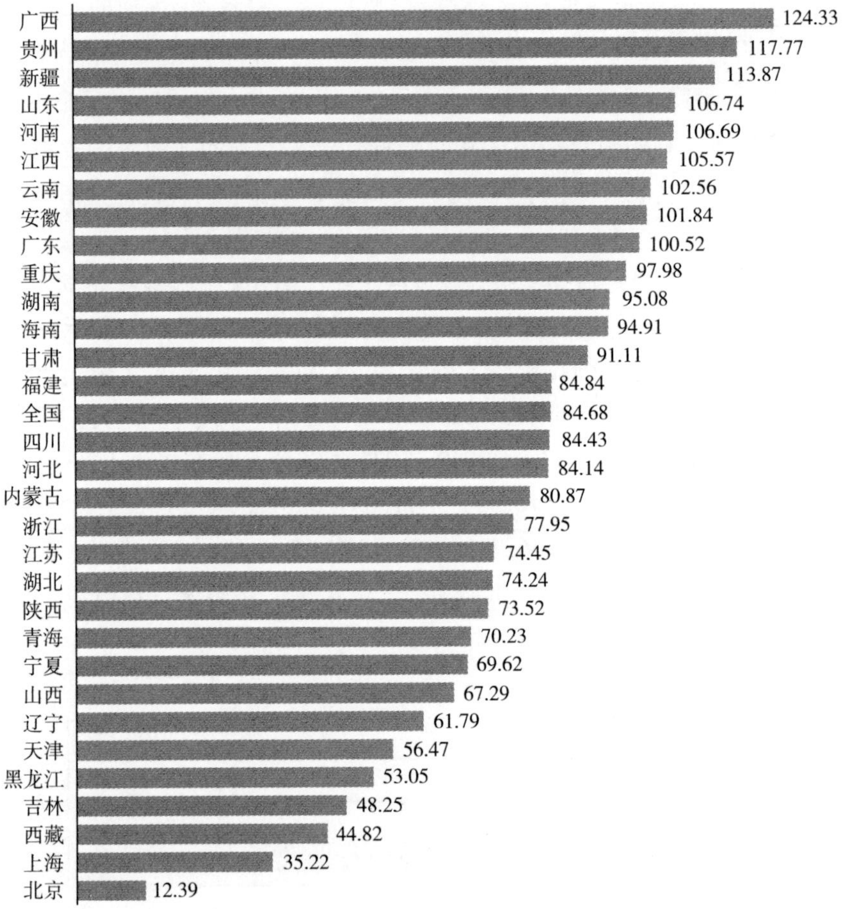

省份	数值
广西	124.33
贵州	117.77
新疆	113.87
山东	106.74
河南	106.69
江西	105.57
云南	102.56
安徽	101.84
广东	100.52
重庆	97.98
湖南	95.08
海南	94.91
甘肃	91.11
福建	84.84
全国	84.68
四川	84.43
河北	84.14
内蒙古	80.87
浙江	77.95
江苏	74.45
湖北	74.24
陕西	73.52
青海	70.23
宁夏	69.62
山西	67.29
辽宁	61.79
天津	56.47
黑龙江	53.05
吉林	48.25
西藏	44.82
上海	35.22
北京	12.39

图 3-6 2021 年全国 31 个省份高等职业教育（职业本科+大专）/

普通本科在校生比（单位:%）

第三节 高等职业教育经费投入省域比较分析

一、一般公共预算教育事业费支出/一般公共预算支出比

办学经费是高职教育改革与发展的重要基础。其中，一般公共预算教育事业

费支出/一般公共预算支出比体现了党和国家对某一类教育的重视程度，也是衡量某一类教育发展基础的重要指标。

一般公共预算教育事业费支出/一般公共预算支出比相对稳定。如图3-7所示，2010~2020年，一般公共预算教育事业费支出/一般公共预算支出比分别为0.34%、0.55%、0.61%、0.55%、0.54%、0.58%、0.61%、0.65%、0.65%、0.67%、0.69%。每一年增长的量依次为0.21%、0.06%、-0.06%、-0.01%、0.04%、0.03%、0.04%、0.00%、0.02%、0.02%。相较于2010年，2020年的绝对增量为0.35%。

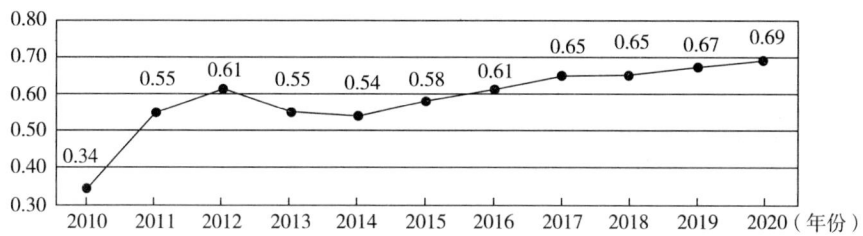

图3-7 2010~2020年高职高专学校一般公共预算教育事业费支出/
一般公共预算支出比变化情况（单位:%）

2020年全国各省份的具体情况如图3-8所示，全国平均水平为0.69%，比例最高的省份是山东，为0.96%；比例最低的省份是上海，为0.16%。

其他省份情况如下：海南0.33%、吉林0.41%、云南0.47%、北京0.48%、西藏0.48%、黑龙江0.53%、辽宁0.57%、内蒙古0.60%、浙江0.62%、四川0.64%、宁夏0.65%、山西0.68%、青海0.68%、新疆0.69%、甘肃0.69%、福建0.70%、湖北0.70%、河北0.71%、天津0.72%、广西0.74%、广东0.75%、陕西0.76%、重庆0.77%、贵州0.80%、江苏0.81%、安徽0.82%、江西0.84%、河南0.90%、湖南0.91%。从以上可见，不足0.5%的省份有6个，分别是上海、海南、吉林、云南、北京、西藏。

二、生均教育经费支出/人均地区生产总值

生均教育经费支出占人均地区生产总值比重是衡量教育发展概况的一个重要指标。运用2010~2020年高职生均教育经费/人均地区生产总值比来测算新时代中国高职教育改革与发展的进展与问题。得出结果如下：

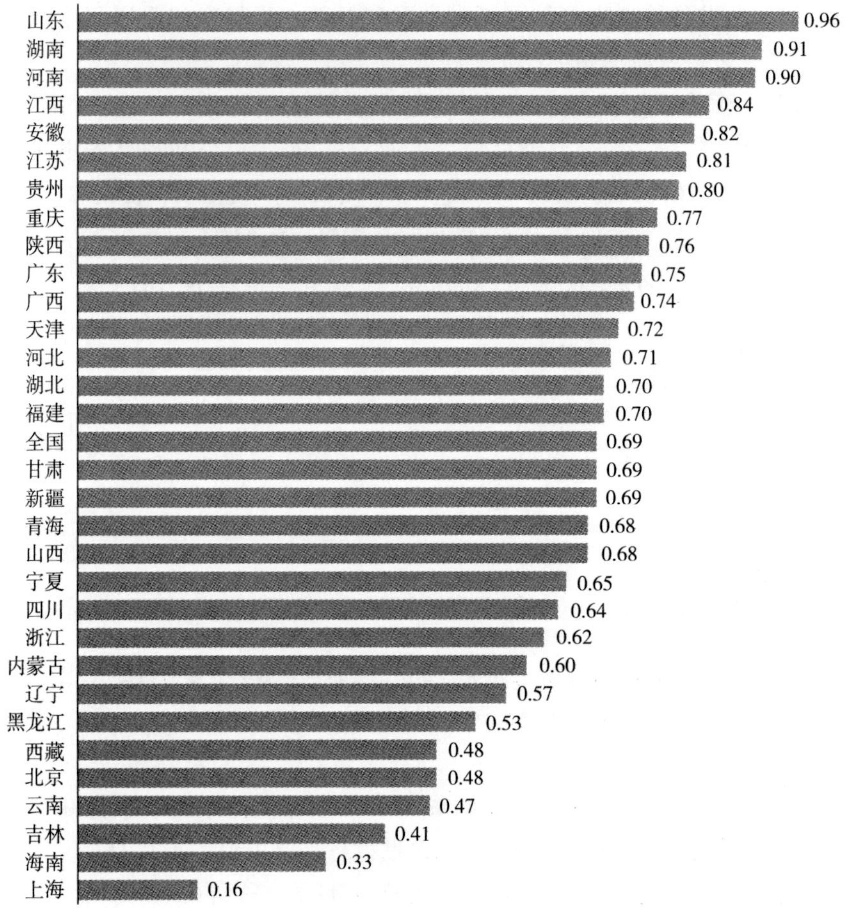

山东	0.96
湖南	0.91
河南	0.90
江西	0.84
安徽	0.82
江苏	0.81
贵州	0.80
重庆	0.77
陕西	0.76
广东	0.75
广西	0.74
天津	0.72
河北	0.71
湖北	0.70
福建	0.70
全国	0.69
甘肃	0.69
新疆	0.69
青海	0.68
山西	0.68
宁夏	0.65
四川	0.64
浙江	0.62
内蒙古	0.60
辽宁	0.57
黑龙江	0.53
西藏	0.48
北京	0.48
云南	0.47
吉林	0.41
海南	0.33
上海	0.16

图 3-8　2020 年高职高专学校一般公共预算教育经费支出/
一般公共预算经费比（单位:%）

2010~2020 年高职生均教育经费支出/人均地区生产总值比有所下降。下降原因主要是高职在校生增长过快。如图 3-9 所示，2010~2020 年高职生均教育经费支出/人均地区生产总值的比例依次为 44.88%、42.84%、43.89%、40.17%、37.39%、40.18%、37.82%、37.27%、36.15%、35.57%、34.99%。相较于上一年的增长率依次为 -2.04%、1.05%、-3.72%、-2.78%、2.79%、-2.36%、-0.55%、-1.12%、-0.58%、-0.58%。其中，2020 年相对于 2010 年的绝对增量为 -9.89%。

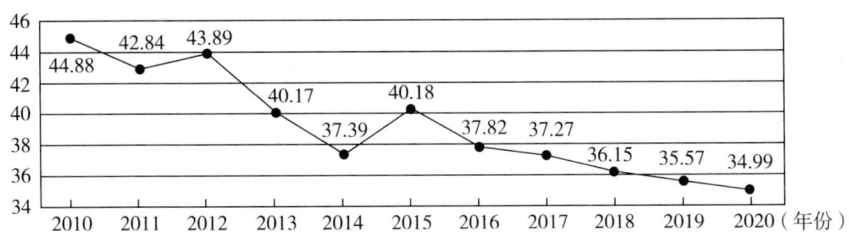

**图 3-9　2010~2020 年高职高专学校生均教育经费支出/
人均国内生产总值比变化情况（单位：%）**

具体到各省份，2020 年高职生均教育经费支出/人均地区生产总值如图 3-10 所示，比例最高的是西藏省，为 130.49%，比例最低的是江苏省，为 23.10%。其他各省份的具体情况如下：天津 25.06%、山东 25.91%、福建 27.15%、浙江 29.52%、湖北 29.82%、上海 30.03%、重庆 30.26%、广东 32.34%、陕西 32.62%、江西 32.78%、湖南 33.31%、安徽 33.81%、辽宁 35.12%、河南 35.21%、内蒙古 38.89%、云南 39.79%、贵州 40.17%、四川 40.24%、河北 40.56%、山西 41.16%、新疆 46.38%、吉林 47.08%、黑龙江 47.62%、北京 48.73%、广西 49.63%、宁夏 53.83%、海南 66.64%、甘肃 86.00%、青海 99.43%。其中，低于全国平均水平的省份有 13 个，分别是江苏、天津、山东、福建、浙江、湖北、上海、重庆、广东、陕西、江西、湖南、安徽。

三、高职普通本科生均公共财政预算教育事业费支出比重

2010~2020 年高职/普通本科生均公共财政预算教育事业费支出比如图 3-11 所示。2010~2020 年高职/普通本科生均公共财政预算教育事业费支出比例依次为 62.55%、54.90%、54.77%、59.73%、60.45%、72.34%、61.55%、76.18%、66.67%、64.69%、62.72%。相较于上一年的增长率依次为 -7.65%、-0.13%、4.96%、0.72%、11.89%、-10.79%、14.63%、-9.51%、-1.97%、-1.97%。

具体到各省份，2020 年高职/普通本科生均公共财政预算教育事业费支出比如图 3-12 所示。2020 年高职/普通本科生均公共财政预算教育事业费支出平均比例为 62.72%，比例最高的省份是北京，比例为 179.58%，比例最低的省份为广东，比例为 50.75%。其他省份的情况如下：湖北 55.04%、海南 56.74%、天津 57.95%、贵州 58.53%、浙江 58.81%、江西 58.85%、上海 63.53%、福建

64.59%、新疆 65.50%、重庆 67.59%、吉林 68.18%、辽宁 69.65%、内蒙古 70.97%、陕西 71.41%、河北 71.48%、甘肃 72.19%、黑龙江 72.26%、河南 73.43%、四川 73.70%、山东 73.73%、湖南 73.87%、山西 76.24%、西藏 77.54%、宁夏 79.39%、江苏 79.43%、云南 79.61%、安徽 84.98%、广西 86.68%、青海 102.95%。

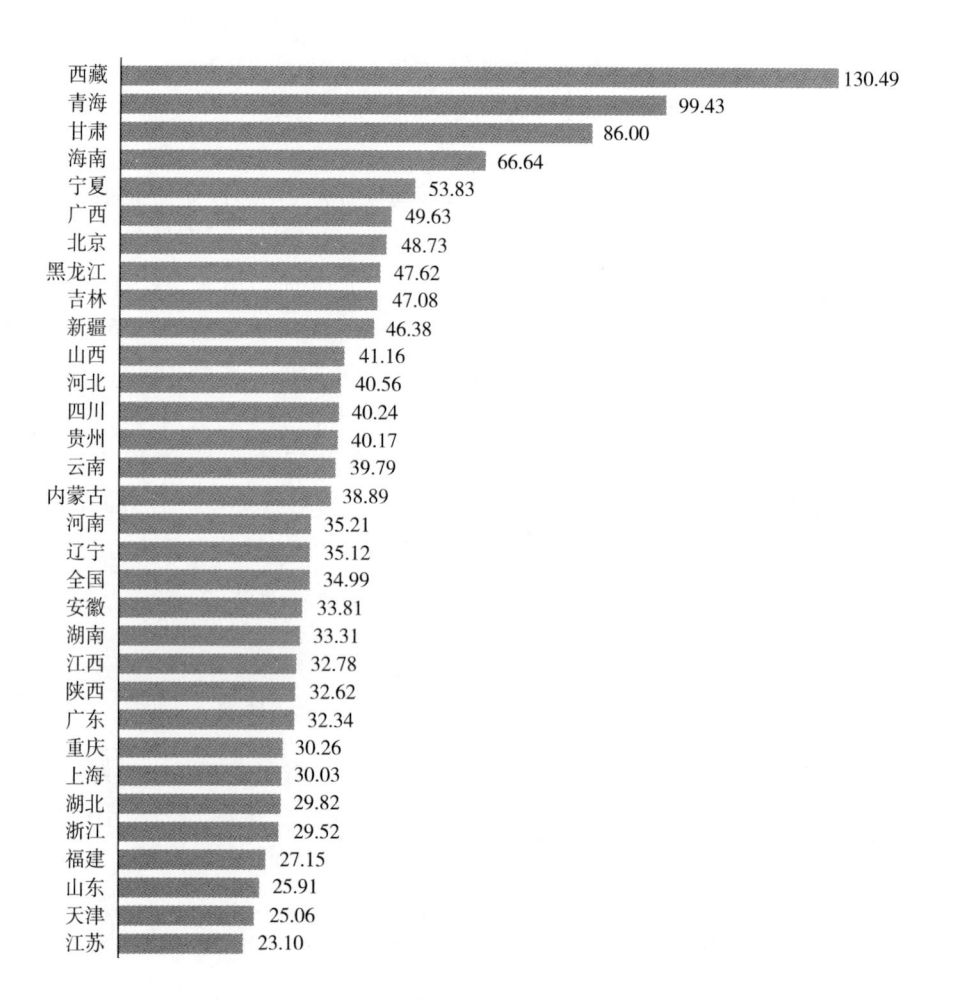

地区	数值
西藏	130.49
青海	99.43
甘肃	86.00
海南	66.64
宁夏	53.83
广西	49.63
北京	48.73
黑龙江	47.62
吉林	47.08
新疆	46.38
山西	41.16
河北	40.56
四川	40.24
贵州	40.17
云南	39.79
内蒙古	38.89
河南	35.21
辽宁	35.12
全国	34.99
安徽	33.81
湖南	33.31
江西	32.78
陕西	32.62
广东	32.34
重庆	30.26
上海	30.03
湖北	29.82
浙江	29.52
福建	27.15
山东	25.91
天津	25.06
江苏	23.10

图 3-10 2020 年高职高专学校生均教育经费支出/人均地区生产总值比（单位：%）

80
75
70
65
60
55
50
62.55
54.90
54.77
59.73
60.45
72.34
61.55
76.18
66.67
64.69
62.72
2010
2011
2012
2013
2014
2015
2016
2017
2018
2019
2020（年份）

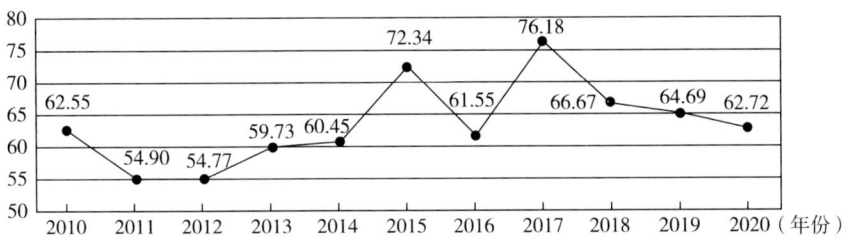

图 3-11　2010~2020 年高职/普通本科生均公共预算教育事业费支出比（单位:%）

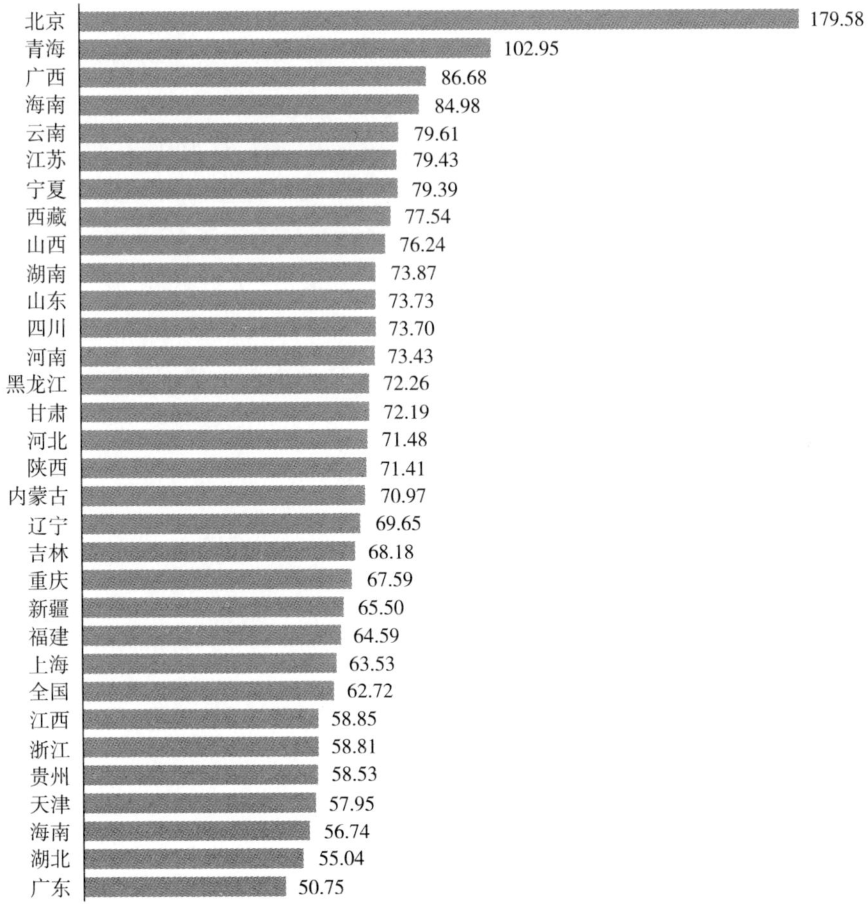

北京 179.58
青海 102.95
广西 86.68
海南 84.98
云南 79.61
江苏 79.43
宁夏 79.39
西藏 77.54
山西 76.24
湖南 73.87
山东 73.73
四川 73.70
河南 73.43
黑龙江 72.26
甘肃 72.19
河北 71.48
陕西 71.41
内蒙古 70.97
辽宁 69.65
吉林 68.18
重庆 67.59
新疆 65.50
福建 64.59
上海 63.53
全国 62.72
江西 58.85
浙江 58.81
贵州 58.53
天津 57.95
海南 56.74
湖北 55.04
广东 50.75

图 3-12　2020 年各地区高职生均公共预算教育事业费支出/
普通本科生均公共预算教育事业费支出（单位:%）

第四节　高等职业教育办学条件省域比较分析

一、生均校舍面积

生均校舍面积是职业教育办学条件的基础性指标。职业院校的所有办学工作都以建筑面积为基础。

如图3-13所示，2010~2021年，由于受到高职学生数和学校数变化的影响，高职生均校舍建筑面积出现先增、后减、再减的变化趋势。2010~2021年，生均校舍建筑面积分别为28.00平方米、28.41平方米、28.64平方米、27.74平方米、27.37平方米、27.20平方米、27.44平方米、27.20平方米、24.08平方米、23.07平方米、21.89平方米。相较于上一年的增量依次为0.41平方米、0.23平方米、0.10平方米、-1.00平方米、-0.37平方米、-0.17平方米、0.24平方米、-0.24平方米、-3.12平方米、-1.01平方米、-1.18平方米。2021年生均校舍建筑面积21.89平方米，相对于2010年的28平方米，减少了6.11平方米。

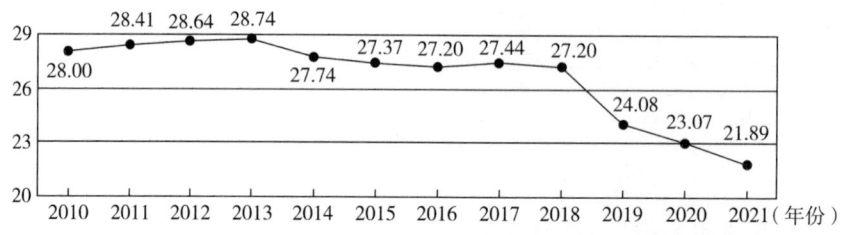

图3-13　2010~2021年高职学校生均校舍建筑面积（单位：平方米）

2021年各省高职教育学校生均校舍建筑面积如图3-14所示。2021年全国平均生均校舍建筑面积为21.89平方米。其中，最高的省份为北京，生均校舍建筑面积达到58.13平方米；最低的省份为吉林，为15.21平方米。其他省份的情况如下：辽宁15.96平方米、海南16.94平方米、广西17.65平方米、河北18.79平方米、天津19.06平方米、云南19.51平方米、陕西19.69平方米、山西20.72平方米、山东20.79平方米、安徽21.23平方米、宁夏21.31平方米、湖北21.33平方米、黑龙江21.66平方米、福建21.70平方米、上海22.01平方米、湖南 22.14 平方米、河南 22.18 平方米、广东 22.27 平方米、甘肃 22.31 平方米、重庆 22.36 平方米、江西 22.87 平方米、新疆 23.22 平方米、四川 23.96 平方米、浙江 24.74 平方米、江苏 25.70 平方米、贵州 26.17 平方米、内蒙古 30.49 平方米、西藏 31.80 平方米、青海 35.48 平方米。

地区	生均校舍建筑面积
北京	58.13
青海	35.48
西藏	31.80
内蒙古	30.49
贵州	26.17
江苏	25.70
浙江	24.74
四川	23.96
新疆	23.22
江西	22.87
重庆	22.36
甘肃	22.31
广东	22.27
河南	22.18
湖南	22.14
上海	22.01
全国	21.89
福建	21.70
黑龙江	21.66
湖北	21.33
宁夏	21.31
安徽	21.23
山东	20.79
山西	20.72
陕西	19.69
云南	19.51
天津	19.06
河北	18.79
广西	17.65
海南	16.94
辽宁	15.96
吉林	15.21

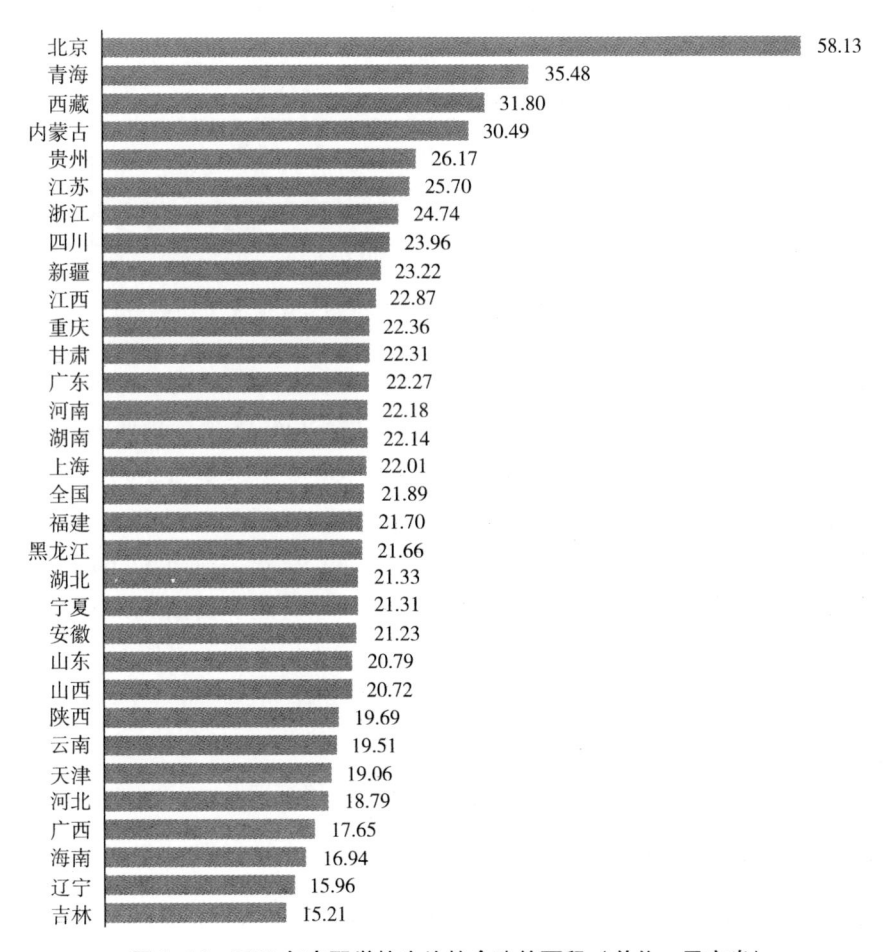

图 3-14 2021 年高职学校生均校舍建筑面积（单位：平方米）

二、生均图书册数

生均图书册数是高职教育办学水平与发展水平的重要体现。图 3-15 显示了 2010~2021 年高职学校生均图书册数变化情况。由图 3-15 可知，2010~2018 年，高职学校生均图书册数总体趋势是逐渐上涨，而 2019~2021 年高职百万扩招计划下，学生数增长过快，导致生均图书册数呈现逐年递减状态。2010~2021年，高职学校生均图书册数依次为63.10册、65.33册、66.92册、68.87册、66.87册、66.58册、67.07册、67.78册、68.15册、62.14册、56.17册、52.36册。相较于前一年的变化量依次为2.23册、1.59册、1.95册、2.0册、-0.29册、0.49册、0.71册、0.37册、-6.01册、-5.97册、-3.82册。

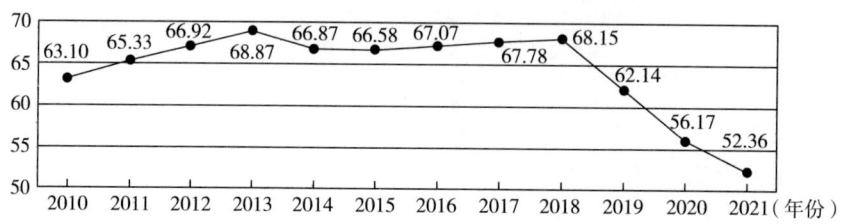

图3-15　2010~2021年高职学校生均图书册数变化情况（单位：册）

2021年各省份的具体情况如图3-16所示。全国高职学校生均图书册数为52.36册，生均图书册数最高的省份是北京，达到166.18册，最低的省份是广西，为32.77册。其他各省份情况如下：甘肃35.98册、新疆36.13册、吉林40.70册、辽宁40.82册、陕西40.83册、云南41.64册、山西45.26册、贵州45.91册、湖北47.96册、海南49.89册、河北49.92册、河南52.64册、福建52.72册、山东52.95册、江西53.84册、湖南54.24册、安徽54.73册、四川55.33册、广东56.09册、内蒙古57.50册、宁夏58.25册、重庆58.41册、天津59.07册、西藏60.33册、上海61.99册、黑龙江62.08册、江苏67.09册、浙江70.24册、青海78.53册。其中，低于50册的省份有广西、甘肃、新疆、吉林、辽宁、陕西、云南、山西、贵州、湖北、海南、河北。

三、生均仪器设备值

职业教育是实践的教育，产教融合、校企合作是职业教育人才培养的基本模式。因此生均仪器设备值是衡量职业教育发展水平的重要指数。图3-17是2010~2021年高职院校生均仪器设备值变化情况。如图3-17可知，2010~2018年高职学校生均仪器设备值是逐年增加的，2019~2021年高职百万扩招行动导致高职学校学生数大量增加，这使得这三年生均仪器设备值出现逐年下滑迹象。具体来看，2010~2021年高职学校生均仪器设备值依次为6115元、6634元、7025元、7673元、7897元、8163元、8570元、9237元、9875元、9469元、9001元、8824元。相较于上年，各年生均仪器设备值变化量依次为519元、391元、

648 元、224 元、266 元、407 元、667 元、638 元、−406 元、−468 元、−177 元。

北京
166.18
青海
78.53
浙江
70.24
江苏
67.09
黑龙江
62.08
上海
61.99
西藏
60.33
天津
59.07
重庆
58.41
宁夏
58.25
内蒙古
57.50
广东
56.09
四川
55.33
安徽
54.73
湖南
54.24
江西
53.84
山东
52.95
福建
52.72
河南
52.64
全国
52.36
河北
49.92
海南
49.89
湖北
47.96
贵州
45.91
山西
45.26
云南
41.64
陕西
40.83
辽宁
40.82
吉林
40.70
新疆
36.13
甘肃
35.98
广西
32.77

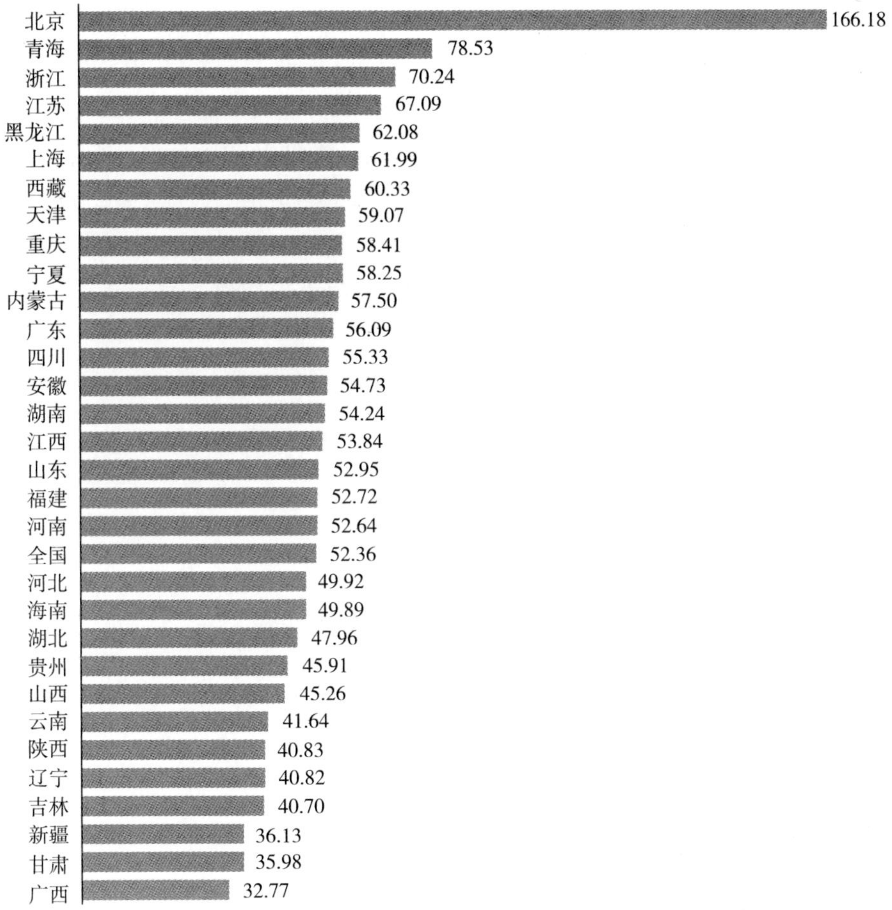

图 3-16 2021 年高职学校生均图书册数（单位：册）

10000
8000
6000
6115
6634
7025
7673
7897
8163
8570
9237
9875
9469
9001
8824
2010
2011
2012
2013
2014
2015
2016
2017
2018
2019
2020
2021（年份）

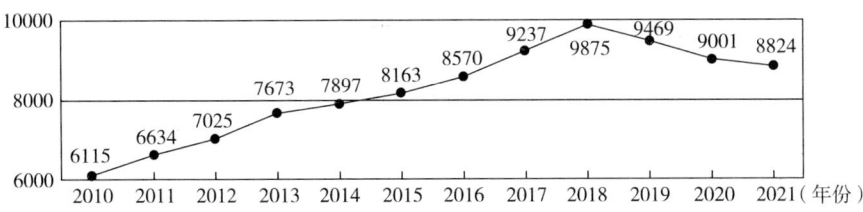

图 3-17 2010~2021 年高职学校生均仪器设备值变化情况（单位：元）

2021年各省份高职院校生均仪器设备值的情况如图3-18所示。其中，高职院校生均仪器设备值全国平均水平是8824元，生均仪器设备值最高的省份是北京，为63159.31元，最低的省份是云南，为5707.40元。其他省份情况如下：河北6289.34元、山西6620.01元、江西6917.60元、海南7035.57元、广西7094.11元、安徽7272.51元、新疆7386.10元、湖北7406.39元、河南7406.82元、重庆7487.18元、甘肃7538.95元、陕西7670.90元、湖南7746.14元、四川7981.46元、山东8123.66元、贵州8398.70元、福建8418.80元、辽宁8566.02元、广东9689.98元、吉林9784.20元、黑龙江10188.01元、江苏12785.58元、浙江12876.87元、天津13987.69元、西藏14313.85元、内蒙古

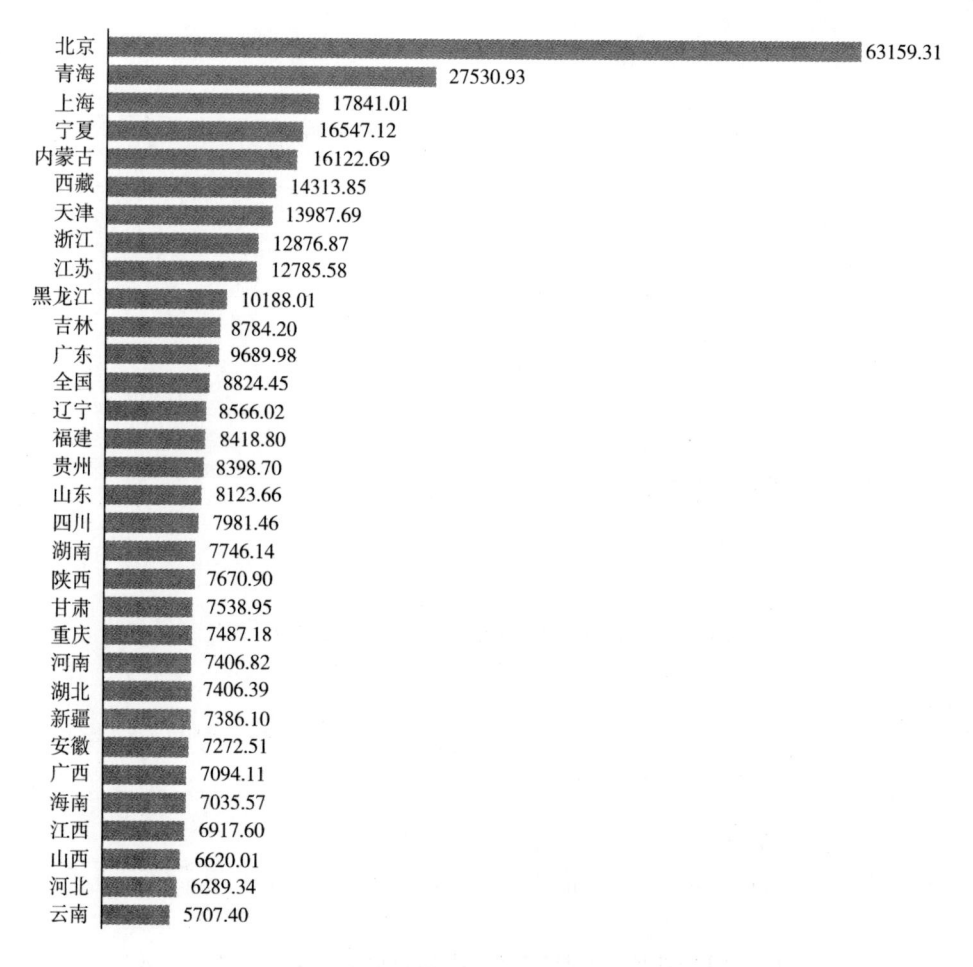

图3-18 2021年高职院校生均仪器设备值（单位：元）

16122.69 元、宁夏 16547.12 元、上海 17841.01 元、青海 27530.93 元。高职学校生均仪器设备值低于全国平均水平的省份要多于高于全国平均水平的省份。

第五节 高等职业教育师资队伍省域比较分析

一、生师比

2010~2021 年，我国高职学校生师比变化情况如图 3-19 所示，2010~2018 年，高职学校生师比缓慢提升，而 2019~2021 年，由于高职百万扩招计划，生师比大幅提升，2020 年达到最高值 20.28。2010~2021 年，我国高职学校生师比依次为 17.21、17.28、17.23、17.11、17.57、17.77、17.73、17.74、17.89、19.24、20.28、19.85。各年较上年的增幅依次为 0.07、-0.05、-0.12、0.46、0.2、-0.04、0.01、0.15、1.35、1.04、-0.43。

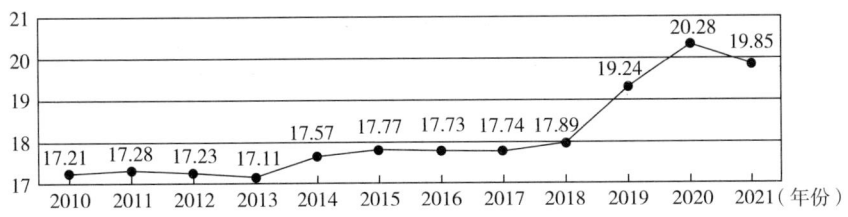

图 3-19 2010~2021 年高职学校生师比变化情况

二、专任教师中"双师型"教师比例

"双师型"教师是职业院校教师的特殊类型，在高职教育发展中具有重要作用。2010~2021 年高职教育专任教师中"双师型"教师比例如图 3-20 所示。

由图 3-20 可知，2010~2021 年高职学校专任教师中"双师型"教师的比例逐年增加。2010~2021 年专任教师中"双师型"教师的比例依次为 33.33%、35.35%、36.13%、36.61%、38.27%、38.96%、39.05%、39.70%、40.51%、41.32%、42.13%、44.21%。各年较上年的增幅依次为 2.02%、0.78%、0.48%、1.66%、0.69%、0.09%、0.65%、0.81%、0.81%、

0.81%、2.08%。

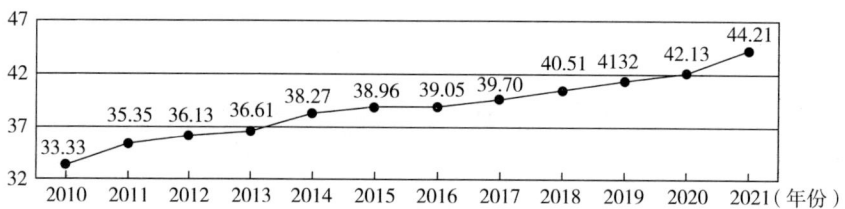

图3-20 2010~2021年高职学校专任教师中"双师型"教师比例（单位:%）

三、高职教师中研究生学历教师比例

教师的数量和类型是高职教育发展水平的重要指标，教师的质量更是衡量高职教育发展水平的指标。运用2010~2021年高职教师中研究生学历教师占比情况测算高职教育教师质量，结果如图3-21所示。

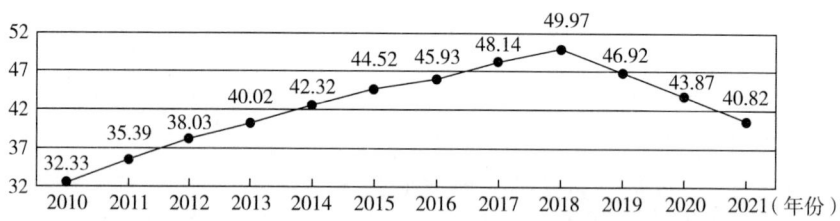

图3-21 2010~2021年我国高职教师中研究生学历教师占比情况（单位:%）

如图3-21所示，2010~2018年，我国高职学校研究生以上学历占专任教师比例逐年升高，2019~2021年该比例逐年降低。2010~2021年该比例依次为32.33%、35.39%、38.03%、40.02%、42.32%、44.52%、45.93%、48.14%、49.97%、46.92%、43.87%、40.82%。各年较上年增减的比例依次为3.06%、2.64%、1.99%、2.30%、2.20%、1.41%、2.21%、1.83%、-3.05%、-3.05%、-3.05%。

2021年全国各省份高职院校研究生学历教师占专任教师比例情况如图3-22所示。2021年全国的高职院校研究生学历教师占专任教师比例平均值为40.82%，该比例最高的省份为上海，达到61.37%，最低的省份为青海，为19.97%。其他各省情况依次为：甘肃25.62%、黑龙江29.09%、贵州30.63%、新疆 31.42%、云南 32.04%、内蒙古 33.91%、辽宁 35.97%、西藏 36.03%、江西 36.22%、山西 36.26%、四川 37.99%、吉林 38.37%、福建 38.65%、河南 38.84%、河北 39.19%、宁夏 39.22%、湖北 39.53%、湖南 39.95%、山东 42.12%、广西 42.23%、安徽 42.28%、陕西 42.68%、海南 43.66%、天津 44.11%、广东 47.07%、重庆 47.25%、江苏 49.96%、浙江 56.14%、北京 58.70%。从以上可知，低于全国平均水平的省份多于高于全国平均水平的省份。该指标低于 35% 的省份有青海、甘肃、黑龙江、贵州、新疆、云南、内蒙古。

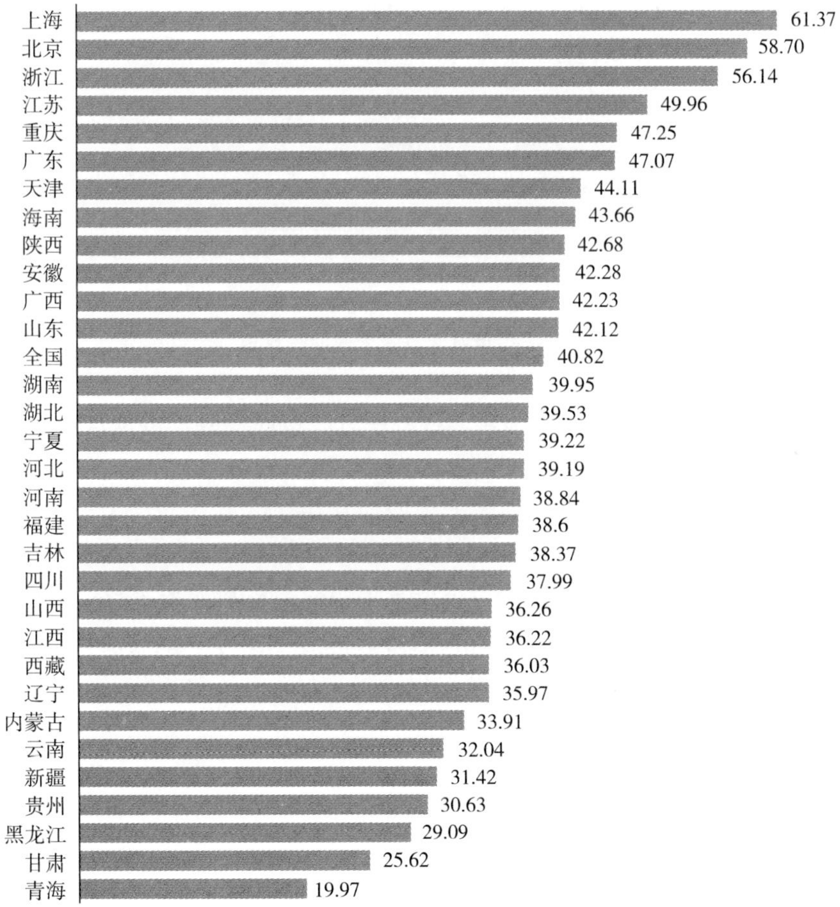

图 3-22　2021 年各地区高职院校研究生学历教师人数占专任教师比例情况（单位：%）

第六节 高等职业教育服务能力省域比较分析

一、每万平方公里高职院校数

服务国家产业发展与科技创新是高职教育的重要使命，运用每万平方公里高职院校数衡量高职院校的社会服务能力，结果如图3-23所示。

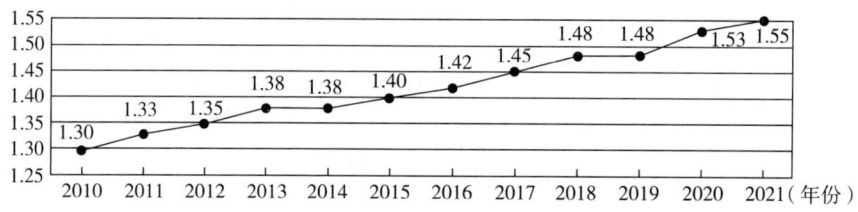

图 3-23 2010~2021 年每万平方公里高职院校数（单位：所）

由图3-23可知，2010~2021年，每万平方公里高职院校数依次为1.30所、1.33所、1.35所、1.38所、1.38所、1.40所、1.42所、1.45所、1.48所、1.48所、1.53所、1.55所。分别较上年增加0.04所、0.02所、0.02所、0.01所、0.01所、0.02所、0.03所、0.03所、0.01所、0.05所、0.02所。

2021年全国31个省份每万平方公里高等职业院校数如图3-24所示。2021年全国平均每万平方公里高等职业院校数为1.55所，其中，最高的省份是上海，达到38.09所，最低的省份是西藏，仅有0.02所。其他省份依次为：青海0.11所、新疆0.21所、内蒙古0.31所、甘肃0.59所、黑龙江0.88所、云南1.31所、吉林1.54所、四川1.68所、宁夏1.81所、陕西1.95所、广西1.99所、贵州2.61所、山西3.07所、河北3.30所、湖北3.34所、辽宁3.50所、湖南3.59所、江西3.65所、海南3.82所、浙江4.81所、福建4.90所、广东5.17所、重庆5.22所、安徽5.37所、山东5.40所、河南5.93所、江苏8.67所、北京14.88所、天津23.01所。低于全国平均水平的省份有8个，分别是西藏、青海、新疆、内蒙古、甘肃、黑龙江、云南、吉林。

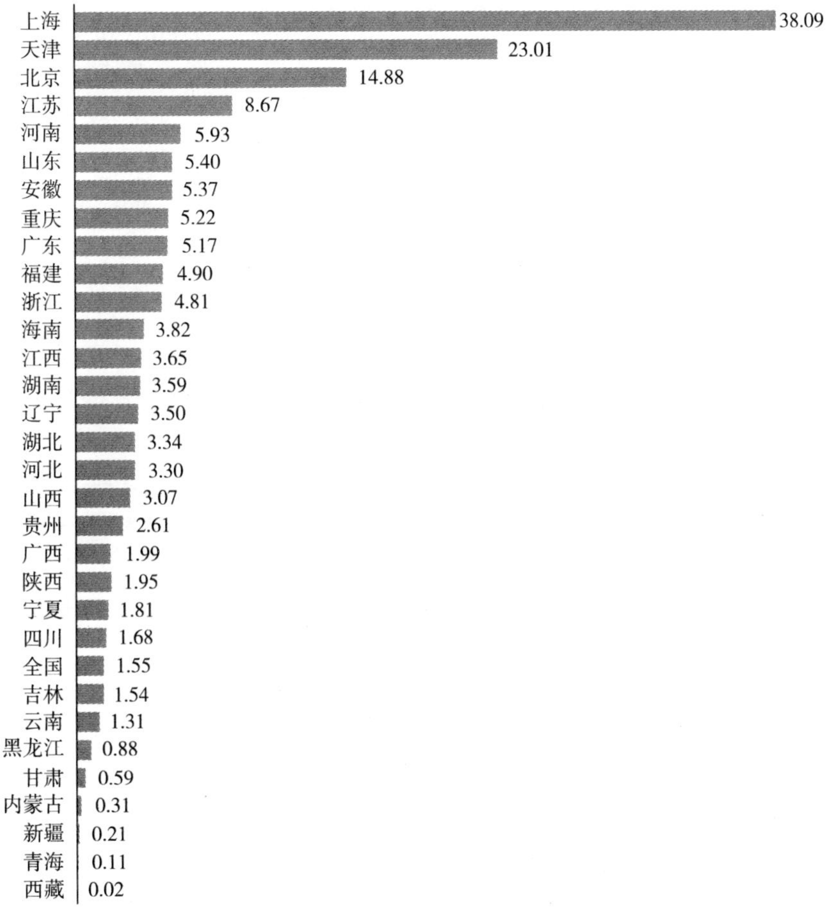

图 3-24　2021 年全国 31 个省份每万平方公里高等职业院校数（单位：所）

二、每十万人高职院校学生数

高职教育服务区域经济主要还是通过学生数来实现的。本书运用 2010~2021 年全国每十万人中高职在校生数进行分析。

如图 3-25 所示，2010~2021 年，每十万人中高职在校生数呈现逐年增减趋势。2010~2021 年每十万人中高职在校生人数分别为 720.56 人、711.69 人、712.09 人、715.50 人、735.92 人、762.83 人、783.17 人、794.92 人、812.47 人、914.76 人、1033.55 人、1125.65 人。各年较上年分别增加 -8.86 人、0.40 人、3.41 人、20.41 人、26.91 人、20.34 人、11.75 人、17.55 人、102.29 人、118.80 人、92.10 人。

1200
1100
1000
900
800
700
720.56
711.69
712.09
715.50
735.92
762.83
783.17
794.92
812.47
914.76
1033.55
1125.65
2010
2011
2012
2013
2014
2015
2016
2017
2018
2019
2020
2021（年份）

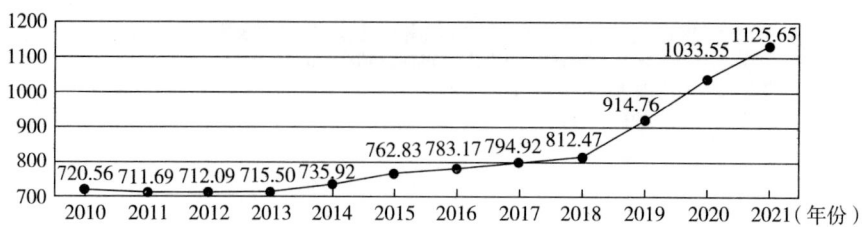

图 3-25　2010~2021 年每十万人中高职在校生数（单位：人）

2021 年全国 31 个省份每十万人口中高职在校生数如图 3-26 所示。2021 年全国每十万人口中高职在校生数为 1125. 65 人，该指标最高的省份是天津，为

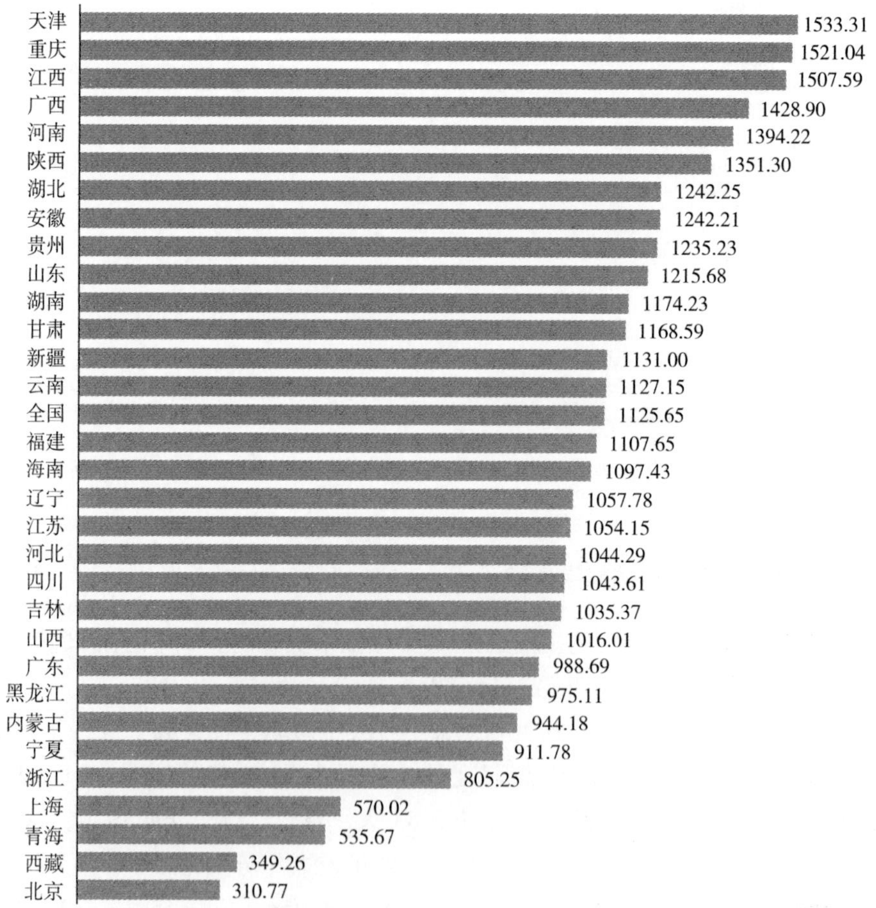

天津 1533.31
重庆 1521.04
江西 1507.59
广西 1428.90
河南 1394.22
陕西 1351.30
湖北 1242.25
安徽 1242.21
贵州 1235.23
山东 1215.68
湖南 1174.23
甘肃 1168.59
新疆 1131.00
云南 1127.15
全国 1125.65
福建 1107.65
海南 1097.43
辽宁 1057.78
江苏 1054.15
河北 1044.29
四川 1043.61
吉林 1035.37
山西 1016.01
广东 988.69
黑龙江 975.11
内蒙古 944.18
宁夏 911.78
浙江 805.25
上海 570.02
青海 535.67
西藏 349.26
北京 310.77

图 3-26　2021 年全国 31 个省份每十万人口中高职在校生数（单位：人）

1533.31人,最低的省份为北京,为310.77人,其他省份的情况依次为:西藏349.26人、青海535.67人、上海570.02人、浙江805.25人、宁夏911.78人、内蒙古944.18人、黑龙江975.11人、广东988.69人、山西1016.01人、吉林1035.37人、四川1043.61人、河北1044.29人、江苏1054.15人、辽宁1057.78人、海南1097.43人、福建1107.65人、云南1127.15人、新疆1131.00人、甘肃1168.59人、湖南1174.23人、山东1215.68人、贵州1235.23人、安徽1242.21人、湖北1242.25人、陕西1351.30人、河南1394.22人、广西1428.90人、江西1507.59人、重庆1521.04人。

第二篇

数字经济背景下我国高职教育新发展

数字经济是继农业经济、工业经济之后的主要经济形态，国务院印发《"十四五"数字经济发展规划》，明确到2025年，我国数字经济迈向全面扩展期，数字经济核心产业增加值占GDP比重达到10%，数字经济竞争力和影响力稳步提升。同时，还提出加强职业院校（含技工院校）数字技术技能类人才培养，深化数字经济领域新工科、新文科建设。广东省贯彻落实国家政策，发布全国省级层面首个数字经济发展指引——《广东省数字经济发展指引1.0》，系统地提出了广东省数字经济发展两大核心，即数字产业化和产业数字化，其中数字产业化包括数字经济核心产业和数字经济新兴产业，产业数字化包括工业数字化、农业数字化以及服务数字化。新的经济形态会带来新的人才变化，新职业、新岗位不断涌现。

第四章　职教桥数据库与数据处理分析

第一节　职教桥数据库概况

职教桥大数据中心多年来积累了海量的数据信息，包含互联网公开的产业数据、人才需求数据、企业信息数据、政策信息数据、国家行业库专业库、专业备案库数据等数十种数据信息资产，有着超过300个数据来源渠道。数据最终存储到集群数据仓库，年采集数量超过一亿条，行业岗位覆盖率超过93%，数据收集质量高。本书重点使用了人才需求数据信息，其维度主要包括岗位名称、学历要求、工作经验要求、企业名称、企业类型、企业规模、企业所在行业、工作地址、岗位关键词、岗位类型、工作薪资、招聘人数、能力要求、工作职责等。

截止2023年6月，职教桥已积累了超过3000万余家企业、5亿产业人才需求的数据。本次项目分析选取了其中近1年（2022年1~12月）的产业人才需求数据进行分析，时间相邻，覆盖面广，具有较强的统计代表性。

一、数据来源说明

采集网络上公开的产业链数据、行业人才需求数据、国家职业分类大典、全国各学历层次专业设置数据、国家政策信息数据、国家行业库专业库数据等十多种数据类型，并形成综合数据源集群。

为确保数据的完整性和全面性，每月动态持续采集互联网上主流综合性招聘网站、行业垂直招聘网站、全国各地区地域性招聘网站、国企/事业单位招聘网站以及多个校园招聘平台总共不低于100个数据采集渠道的行业人才需求信息

（包含岗位 ID、岗位名称、学历要求、工作经验要求、企业名称、企业类型、企业规模、企业所在行业、工作地址、岗位关键词、岗位类型、工作薪资、招聘人数、能力要求和工作职责等维度）。

采集后的多源异构数据，由于数据来源于众多平台，各平台数据标准不一，且存在各类因多平台发布、信息调整等问题，会产生因内容差异导致的普通的数据去重操作无法有效排除重复数据等该领域特有的数据问题。为去除无效信息，提升整体数据质量，为后续相关处理阶段做好前期准备，在数据预处理阶段，以月份为数据处理的基础单位，进行了大量的数据调整及预处理工作，其中重点处理有以下几种：

（一）原始数据去重

按各平台的招聘信息发布的原始岗位唯一标识 ID 进行重复性识别，保留时间最新的一条信息作为唯一信息。

（二）去除无效信息/错乱信息

去除数据中几乎全部信息为空的无效招聘数据，去除列信息错乱且无调整价值的无效数据。

（三）调整错乱信息

将列信息位置错误的相关数据进行调整，恢复原有的信息对应。

（四）去除异常时间信息

各招聘平台信息有效时间实际为 2 个月，将采集日期往前 2 个月以上的数据进行删除处理。

（五）岗位详情信息预处理

对岗位职责、任职要求两个长文本信息进行预处理，清洗杂乱字符。

（六）英文翻译

针对岗位信息全部为英文的招聘信息进行自动化翻译。

（七）全平台数据重复识别

制定"重复数据识别处理算法"，通过多平台间以及历史数据对比，比对岗位名称、企业名称、工作地点、岗位职责和任职要求等重点信息，对不同平台的重复信息进行识别。确定多平台中同一企业同一招聘信息的唯一有效数据。识别无重复后，过滤掉重复发布信息公司和建立对虚假招聘信息的识别，最终得到无重复的行业人才需求信息。

二、数据清洗说明

因各个数据渠道采集的数据存在标准不统一问题，使用数据必须先进行数据

ETL（抽取 Extraction、转换 Transformation、加载 Loading）以解决数据标准不统一、脏数据、空数据、异常数据等情况。例如将学历、工作经验、企业规模、企业性质、薪资、工作地点、招聘人数等维度进行数据清洗和数据标准化。数据清洗包括对原始数据的清洗变换，对缺失值、异常值的处理和填充；连续变量离散化、构造属性；数据标准化包括删除属性、降维、PCA、合并属性等等，最终得到数据标准一致且干净的分析源数据。在数据清洗阶段，以月份、平台、字段（信息列）为数据处理的基础单位，进行了大量的数据清洗工作，其中重点处理有以下几种：

（一）数据清洗预处理

对各个平台的数据进行清洗工作前的预处理，包括新增重要字段信息、统一数据格式、去除无效字符等。

（二）模块化数据清洗

按不同月份、不同平台对数据里不同信息进行模块化清洗工作，针对20余种数据信息逐一进行清洗、填充等操作。

（三）清洗结果自动检查

针对所有清洗输出结果进行自动检查，识别未满足标准要求的数据集及数据细节。

（四）数据填充、一致性调整

首先对异常数据进行信息重置，填充为空，其次对所有信息为空的数据进行多轮填充，包括文本识别信息填充、类KNN算法填充、关联关系填充、一致性调整填充等。

（五）衍生数据信息挖掘

针对基础信息进行深入数据挖掘，提取高价值数据信息。

（六）数据合并

将所有清洗结果进行合并，追加更新。

综上，数据清洗全流程如图4-1所示。

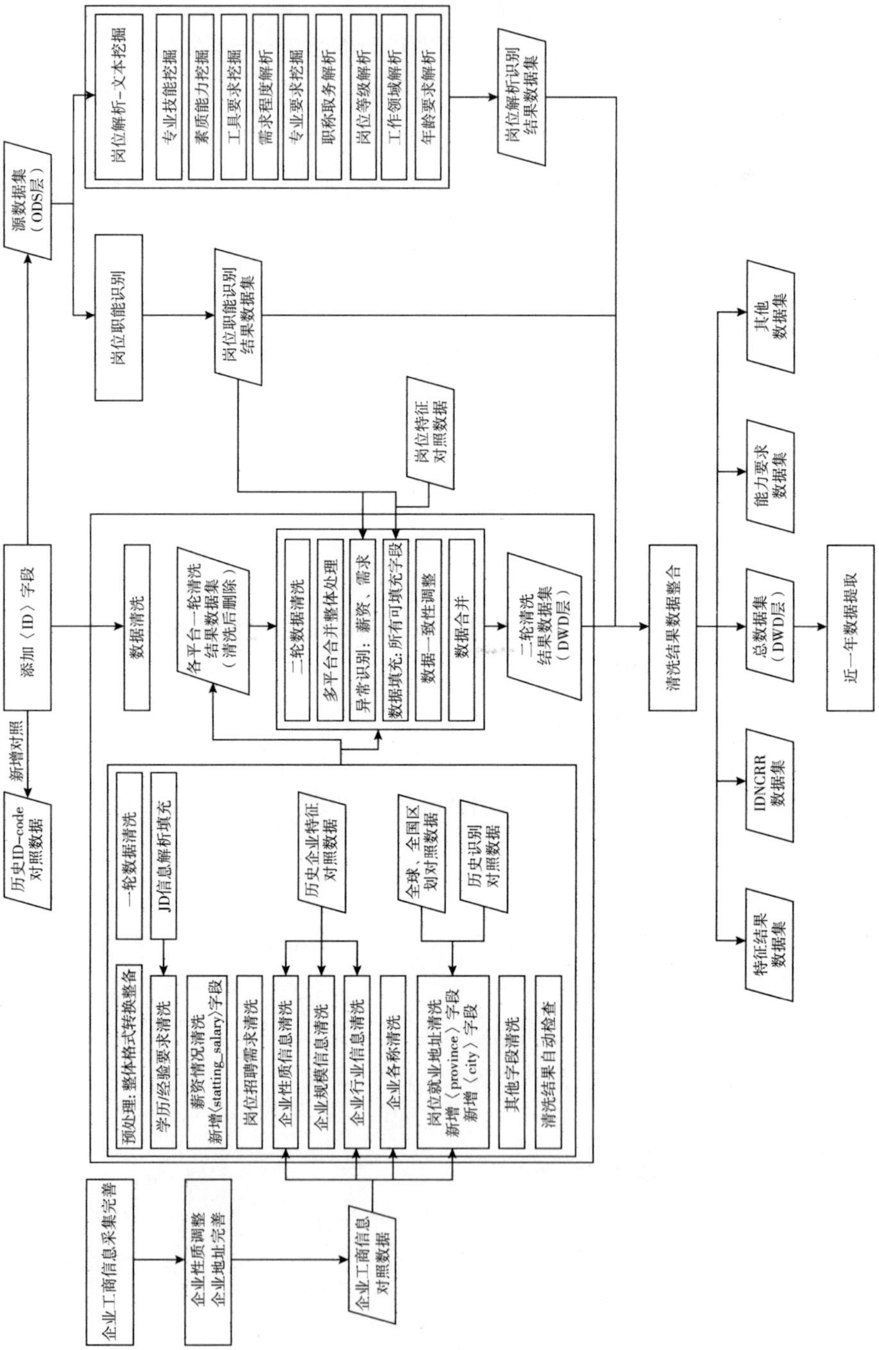
源数据集（ODS层）
岗位解析-文本挖掘
专业技能挖掘
素质能力挖掘
工具要求挖掘
需求程度解析
专业要求挖掘
职称职务解析
岗位等级解析
工作领域解析
年龄要求解析
岗位解析识别结果数据集
岗位职能识别
岗位职能识别结果数据集
历史ID-code对照数据
新增对照
添加〈ID〉字段
数据清洗
各平台一轮清洗结果数据集（清洗后删除）
岗位特征对照数据
二轮数据清洗
多平台合并整体处理
异常识别：薪资、需求
数据填充：所有可填充字段
数据一致性调整
数据合并
二轮清洗结果数据集（DWD层）
一轮数据清洗
JD信息解析填充
历史企业特征对照数据
全球、全国区划对照数据
历史识别对照数据
预处理：整体格式转换整备
学历/经验要求清洗
薪资情况清洗 新增〈statting_salary〉字段
岗位招聘需求清洗
企业性质信息清洗
企业规模信息清洗
企业行业信息清洗
企业名称清洗
岗位就业地址清洗 新增〈province〉字段 新增〈city〉字段
其他字段清洗
清洗结果自动检查
企业工商信息采集完善
企业性质调整 企业地址完善
企业工商信息对照数据
清洗结果数据整合
特征结果数据集
IDNCRR数据集
总数据集（DWD层）
能力要求数据集
其他数据集
近一年数据提取

图 4-1 数据清洗全流程

第二节　岗位标准化识别说明

一、候选集的拉取

根据词语权重从招聘岗位名和描述中分别选取 2 个和 5 个关键词，只要职能中出现这 7 个关键词，就将该职能纳入候选集。只要招聘文本出现"关键词-职能"倒排索引中的词，就将该词对应的职能纳入候选集，这部分职能为"规则命中"职能。"关键词-职能"倒排索引构建是基于库内全行业职能体系和简历进行统计，取每个职能下互信息相关度较高的词（PMI>3）建立的。最终候选集是这两步拉取的候选集的并集。

二、候选集的过滤

设定规则，将符合该规则的职能从候选集中删除。规则包括以下方面：

（1）职能核心关键词命中过滤。每个职能预定义了必须命中的关键词，例如 java 开发工程师的必中关键词为 java，电器销售的必中关键词为电器和销售。如果全文都没有命中该职能的所有核心关键词，则删除该职能（"规则命中"职能除外）。

（2）否定词过滤。预定义了一系列否定词规则用于过滤掉明显互斥的结果，否定词规则：如果招聘岗位名出现某关键词，则职能名肯定不出现某关键词的形式，例如如果招聘岗位名出现研发，则结果肯定不会是销售。如果触发了否定词规则，直接删除该职能。

（3）英文核心词过滤。当输入招聘岗位名和职能名中都有英文关键词且英文关键词失配的时候，直接过滤。这步过滤可有效避免出现如将 php 工程师识别为 java 工程师的情况。

（4）相似性过滤。计算招聘描述向量与候选职能向量之间的相似性，过滤相似分数过低的。

三、对应职能的确定

对上一步过滤的候选职能集合进行打分。打分考虑了招聘岗位名命中的关键词及权重、招聘描述向量与职能文本向量之间的相似度、招聘描述关键词向量和职能的关键词向量之间的相似度、招聘描述命中的职能核心技能的数量、招聘标题与职能名间的文本重合率、职能本身属性（热度、是否有行业属性等）、是否属于"规则命中"职能、英文核心词是否命中等十几个因素。通过深度学习得到一个合适的分数阈值，得分大于阈值的职能为招聘岗位对应的职能。

第三节　数据预测技术说明

一、CEEMDAN 分解

CEEMDAN（Complete Ensemble Empirical Mode Decomposition with Adaptive Noise）是一种用于信号和数据分解的方法，它可以将原始数据分解成多个本征模式函数（Intrinsic Mode Functions，IMF）以及一个残差项。

使用 CEEMDAN 对人才需求数据进行分解，以获取数据中的不同时间尺度或频率成分。对准备好的时间序列数据应用 CEEMDAN 算法。CEEMDAN 通过将原始数据分解为多个 IMF 和一个残差项来提取数据的频率或时间尺度特征。每个 IMF 都是一个本征模式函数，代表了原始数据在不同频率或时间尺度上的成分。通过观察和理解每个 IMF 的特点，可以得出人才需求数据中不同频率或时间尺度成分的信息。考虑每个 IMF 的振幅、周期性、趋势等特征，将分解得到的 IMF 和残差项进行重构，以获得完整的分解数据。通过将各个 IMF 相加，可以还原原始数据，从而获得数据的全局特征。

CEEMDAN 分解可以发现人才需求数据中不同时间尺度或频率上的变化模式和趋势。通过分析每个 IMF 的特征，可以获得数据的周期性、趋势、季节性等方面的信息，为人才需求的预测、趋势分析和决策提供参考。

二、组合预测

使用分解出的 IMF 特征，将其与灰色预测模型、时间序列模型和神经网络模型等算法进行组合预测。对于每个 IMF 特征，分别应用适当的预测算法，如灰色预测模型、时间序列模型或神经网络模型，以获得相应的预测结果。然后，通过加权平均或其他组合方法，将不同算法得到的预测结果整合在一起，得到最终的组合预测结果。这样的组合预测方法可以充分利用各个算法的优势,提高预测的准确性和稳定性,以支持人才需求数据的预测和决策。

三、模型评估

对人才需求数据的预测效果进行模型评估时,使用均方误差(MSE)、均方根误差(RMSE)、平均绝对误差(MAE)、相对平均误差(RAE)、相对均方误差(RSE)和决定系数(R^2)等常见的评估指标。这些指标可以衡量模型的预测准确性和拟合程度,越小的误差值和接近于1的决定系数表示模型的预测能力越好。此外,也运用预测误差的可视化分析和采用交叉验证等验证方法,以全面评估模型的稳定性和泛化能力。综合使用适当的指标和方法,对人才需求数据预测模型进行全面评估,从而确定其预测效果和适用性。

第四节 数据维度说明

一、人才需求数量维度

人才需求与职业院校专业建设错位的直接后果就是学生结构性失业。需求量维度,主要包括各地区人才需求量、各学历人才需求量等,为学校结合人才需求变化趋势及时进行专业调整提供数据支撑。

二、人才需求城市维度

随着新一线城市快速发展和对人才的吸引力度不断加强,人才在城市间的流动更加频繁。城市维度,主要包括主要岗位人才的城市需求量、各学历人才的城市需求量、城市的岗位薪资分布等,为学校把握各地人才需求以及结合当地人才需求进行专业定位提供数据支撑。

三、人才经验要求维度

工作经验,是考核人才专业成熟度、人际交往敏感度、行业规则熟悉度的重要参考指标。经验维度,主要包括岗位人才工作经验要求分布、不同经验人才的薪资分布、不同经验人才的需求量等,为学校厘清学生的职业生涯发展路径提供数据支撑。

四、人才学历要求维度

随着行业界限逐渐模糊，人才跨行业流动越来越频繁，行业学历人才构成呈现多样性。学历维度，主要包括岗位人才学历要求分布、各学历人才的岗位需求量、不同学历人才的薪资对比等，为学校结合本学历层次开展针对性人才培养提供数据支撑。

第五章　数字经济背景下新职业新岗位分析

第一节　新职业新岗位发展背景分析

一、职业教育政策分析

党的二十大报告提出，要完善促进创业带动就业的保障制度，支持和规范发展新就业形态。近年来，党中央、国务院更是多次发文，提出动态发布新职业信息，鼓励新职业规范化发展，更好地保障新职业从业者的合法劳动权益。《国务院办公厅关于支持多渠道灵活就业的意见》提出支持发展新就业形态，推动新职业发布和应用；《中华人民共和国国民经济和社会发展第十四个五年规划和2035年远景目标纲要》提出支持和规范发展新就业形态；《国务院关于印发"十四五"就业促进规划的通知》提出健全职业分类动态调整机制，持续开发新职业，发布新职业标准。同时，广东省积极相应国家政策，省人社厅在新职业推介、新工匠培育等方面持续发力，推出多项新职业人才服务举措，重点突破新职业技能评定问题，打造"新工匠"概念，极大提升了新职业从业者的获得感与幸福感。可以发现，多项政策推动新职业新岗位有序、规范发展，为人才培养提供政策指引。

职业教育肩负着培养多样化人才的重要职责，随着社会人才需求的变化，职业教育也需要不断调整和发展，以增强其适应性。《关于推动现代职业教育高质量发展的意见》和《关于深化现代职业教育体系建设改革的意见》均提出切实增强职业教育适应性，培养更多高素质技术技能人才、能工巧匠、大国工匠。同时，作为职业教育领域的重要法律文件——《中华人民共和国职业教育法》明确表示要增强职业教育适应性。因此，职业教育必须紧跟行业发展，切实增强自身适应性，实现高质量发展。

二、数字经济发展分析

数字经济是现代化经济体系的重要支撑，目前，数字经济已成为驱动我国经济实现发展的新引擎，其催生出的各种新业态成为中国经济新的重要增长点。根据中国信息通信研究院发布的《中国数字经济发展报告（2022）》，2021年我国数字经济规模达45.5万亿元，占GDP比重达39.8%；2022年，我国数字经济规模达50.2万亿元，总量稳居世界第二，占GDP比重提升至41.5%（见图5-1）。可见，数字经济在国民经济中的地位更加稳固、支撑作用更加明显。

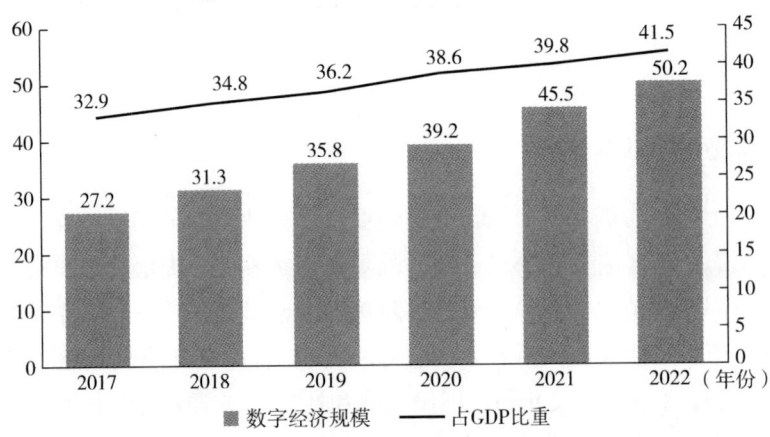

图5-1　2017~2022年我国数字经济规模及占GDP比重（单位：万亿元，%）

数据来源：中国信息通信研究院。

从数字经济的内部结构看，数字产业化主导地位持续稳固。2021年，我国数字产业化规模为8.4万亿元（见图5-2），占数字经济比重为18.3%，占GDP比重为7.3%，数字产业化发展正经历由量的扩张到质的提升的转变；2021年，产业数字化规模达到37.2万亿元（见图5-2），同比名义增长17.2%，占数字经济比重为81.7%，占GDP比重为32.5%，产业数字化转型持续向纵深加速发展。

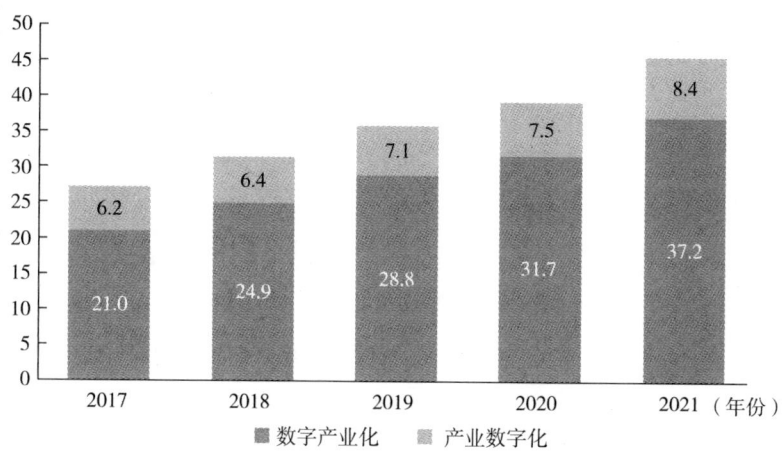

图 5-2　我国数字经济内部结构（单位：万亿元）

数据来源：中国信息通信研究院。

　　数字经济的快速发展带来人才需求的新变化。由于数字经济的迅猛发展，我国数字人才需求量持续上升。中国信息通信研究院发布的《中国数字经济发展与就业白皮书（2019 年）》显示，2018 年我国数字经济吸纳就业人数达到 1.91 亿；到 2025 年，新技术的引进和人机之间劳动分工的变化将导致 8500 万个工作岗位消失，同时创造 9700 万个新的劳动岗位，预计数字经济带动就业人数将达到 3.79 亿。

　　人才需求的区域分布方面，数字人才的分布和数字经济发展水平高度一致，数字人才大量聚集在一线城市和新一线城市。整体来看，我国数字人才集中分布在东部和南部城市。根据图 5-3，2022 年下半年数字人才需求最大的前十大城市分别是广州、深圳、北京、上海、武汉、成都、西安、杭州、苏州、合肥，其中前四位是一线城市，第五到第十是新一线城市。十大城市合计占全国数字人才的75%，人才需求的集中度较高。

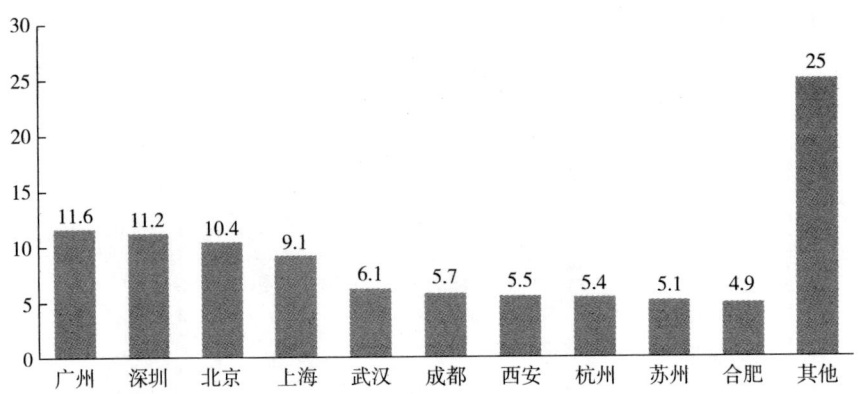

图5-3 2022年7~12月数字人才需求城市分布情况（单位：%）

数据来源：人瑞人才、德勤中国。

第二节 数字经济背景下新职业新岗位分析

在人社部颁布的《中华人民共和国职业分类大典（2022年版）》中，一共新增了158个新职业新岗位（见表5-1），且首次增加了"数字职业"标识（标识为S），共标识数字职业97个。其中，新增的数字职业岗位共42个。

表5-1 新职业新岗位具体情况

类别	数量	行业类别	具体岗位
新职业新岗位	158	政府机构类	中国共产党基层组织负责人、监察机关负责人、监察人员、政务服务办事员、城市管理网格员、退役军人事务员、基层法律服务工作者、医疗保障专理员、辅警、仲裁秘书、调解员、军官（警官）、军士（警士）、义务兵、文职人员
		农业类	湿地保护修复工程技术人员、农业经理人、农业数字化技术员
		水利类	节水工程技术人员
		能源动力类	稀土工程技术人员、电力交易员、综合能源服务员、电池及电池系统维修保养师、煤提质工
		环境安全与保护类	碳排放管理员、碳汇计量评估师、化工生产现场技术员、碳管理工程技术人员

·62·

续表

类别	数量	行业类别	具体岗位
新职业新岗位	158	气象类	人工影响天气特种作业操作员
		轻工纺织类	日用化学用品配方师
		金属制品制造类	眼镜架制作工、金箔制作工
		机械设计制造	铸造工程技术人员、工业设计工艺师、增材制造设备操作员
		设备装调制造类	办公设备与耗材再制造工、无人机装调检修工、激光设备安装调试员、智能硬件装调员、物联网安装调试员、机电设备维修工
		机器人操作运维类	工业机器人系统运维员、工业视觉系统运维员、工业机器人系统操作员
		电子产品类	电子电气产品检验员
		交通运输类	公路养护工程技术人员、民航飞行签派工程技术人员、汽车救援员、航空安全员、机场场务员、无人机驾驶员、公路水运工程试验检测员、管廊运维员、铁路综合维修工、城市轨道交通检修工、航空发动机修理工、航空器外场维护员
		建筑类	混凝土工程技术人员、验房师、建设工程质量检测员、建筑幕墙设计师、建筑信息模型技术员、建筑节能减排咨询师、装配式建筑施工员、乡村建设工匠
		智能信息技术类	人工智能工程技术人员、物联网工程技术人员、大数据工程技术人员、云计算工程技术人员、智能制造工程技术人员、工业互联网工程技术人员、虚拟现实工程技术人员、区块链工程技术人员、集成电路工程技术人员、机器人工程技术人员、增材制造工程技术人员、数据安全工程技术人员、密码工程技术人员
		软件和信息技术服务类	数据库运行管理员、人工智能训练师、区块链应用操作员、服务机器人应用技术员、电子数据取证分析师、信息系统适配验证师、数字孪生应用技术员、虚拟现实产品设计师
		通信网络类	信息安全测试员、数字化解决方案设计师、密码技术应用员
		财经商贸类	供应链工程技术人员、易货经济专业人员、数字化管理师、企业合规师、招标采购专业人员、技术经理人、不动产确权登记专业人员、公司金融顾问、期货专业人员、基金专业人员、金融科技师、连锁经营管理师、易师、二手车经纪人、互联网营销师、供应链管理师、国际快递业务师、快递站点管理师、保险公估人、保险经纪人、资产管理师、拍卖服务师、商务数据分析师、网约配送员、全媒体运营师

续表

类别	数量	行业类别	具体岗位
新职业新岗位	158	教育类	心理学研究人员、体育学研究人员、高等职业学校教师、初级中学教师、在线学习服务师、国防教育辅导员、家庭教育指导师
		体育类	体育经理人、电子竞技运营师、电子竞技员
		文化艺术类	文物展陈专业人员、彩灯艺术设计师、乐器设计师、斫琴师、钟表设计师、漆艺师、桌面游戏设计师、档案数字化管理师、图书馆服务员
		食品类	调饮师、食品安全管理师、酒体设计师
		旅游类	景区运营管理师、会展服务师、研学旅行指导师
		医药卫生类	健康照护师、呼吸治疗师、出生缺陷防控咨询师、老年人能力评估师、康复辅助技术咨询师、社群健康助理员、森林园林康养师、盲人医疗按摩人员
		公关管理与服务类	职业技术实训指导专业人员、版权运营专业人员、医保经办专业人员、企业人力资源管理师、职业培训师、招聘师、劳务派遣管理员、劳务经纪人、汽车代驾员、民宿管家、宴会定制服务师
数字职业岗位	97	农业类	农业数字化技术员
		环境安全与保护类	碳汇计量评估师
		地质勘探类	地球物理地球化学与遥感勘查工程技术人员
		测绘类	大地测量工程技术人员、工程测量工程技术人员、摄影测量与遥感工程技术人员、地图制图工程技术人员、海洋测绘工程技术人员、地理国情监测工程技术人员、地理信息系统工程技术人员、导航与位置服务工程技术人员、地质测绘工程技术人员、大地测量员、摄影测量员、工程测量员、海洋测绘员
		气象类	气象观测工程技术人员、天气预报工程技术人员、气候监测预测工程技术人员、气象服务工程技术人员、人工影响天气工程技术人员、航空气象员
		海洋工程类	海洋调查与监测工程技术人员、海洋环境预报工程技术人员、海洋工程勘察设计工程技术人员
		地震工程类	地震监测预测工程技术人员
		化工产品生产类	化工总控工

续表

类别	数量	行业类别	具体岗位
数字职业岗位	97	机械设计制造	工业设计工艺师、增材制造设备操作员、工业设计工程技术人员、自动控制工程技术人员
		机器人操作运维类	工业机器人系统运维员、工业视觉系统运维员、工业机器人系统操作员
		建筑类	建筑信息模型技术员、工程勘察与岩土工程技术人员、智能楼宇管理员
		智能信息技术类	人工智能工程技术人员、物联网工程技术人员、大数据工程技术人员、云计算工程技术人员、智能制造工程技术人员、工业互联网工程技术人员、虚拟现实工程技术人员、区块链工程技术人员、集成电路工程技术人员、机器人工程技术人员、增材制造工程技术人员、数据安全工程技术人员、密码工程技术人员
		电子工程类	雷达导航工程技术人员、广播视听设备工程技术人员、广播电视传输覆盖工程技术人员
		信息和通信工程类	计算机软件工程技术人员、计算机网络工程技术人员、信息系统分析工程技术人员、嵌入式系统设计工程技术人员、信息安全工程技术人员、通信工程技术人员、信息系统运行维护工程技术人员、信息管理工程技术人员
		软件和信息技术服务类	计算机程序设计员、计算机软件测试员、数据库运行管理员、人工智能训练师、区块链应用操作员、服务机器人应用技术员、电子数据取证分析师、信息系统适配验证师、数字孪生应用技术员、虚拟现实产品设计师
		通信网络类	信息通信网络机务员、信息通信网络动力机务员、无线电监测与设备运维员、信息通信网络运行管理员、网络与信息安全管理员、信息通信信息化系统管理员、信息安全测试员、数字化解决方案设计师、密码技术应用员、信息通信网络终端维修员
		财经商贸类	供应链工程技术人员、数字化管理师、金融科技师、互联网营销师、供应链管理师、商务数据分析师、全媒体运营师、物流工程技术人员、数据分析处理工程技术人员、电子商务师
		体育类	电子竞技员

· 65 ·

续表

类别	数量	行业类别	具体岗位
数字职业岗位	97	文化艺术类	桌面游戏设计师、档案数字化管理师、数字媒体艺术专业人员
		新闻传播类	数字出版编辑、网络编辑
新增数字职业岗位	42	农业类	农业数字化技术员
		环境安全与保护类	碳汇计量评估师
		机械设计制造	工业设计工艺师、增材制造设备操作员
		机器人操作运维类	工业机器人系统运维员、工业视觉系统运维员、工业机器人系统操作员
		建筑类	建筑信息模型技术员
		智能信息技术类	人工智能工程技术人员、物联网工程技术人员、大数据工程技术人员、云计算工程技术人员、智能制造工程技术人员、工业互联网工程技术人员、虚拟现实工程技术人员、区块链工程技术人员、集成电路工程技术人员、机器人工程技术人员、增材制造工程技术人员、数据安全工程技术人员、密码工程技术人员
		软件和信息技术服务类	数据库运行管理员、人工智能训练师、区块链应用操作员、服务机器人应用技术员、电子数据取证分析师、信息系统适配验证师、数字孪生应用技术员、虚拟现实产品设计师
		通信网络类	信息安全测试员、数字化解决方案设计师、密码技术应用员
		财经商贸类	供应链工程技术人员、数字化管理师、金融科技师、互联网营销师、供应链管理师、商务数据分析师、全媒体运营师
		体育类	电子竞技员
		文化艺术类	桌面游戏设计师、档案数字化管理师

结合表5-1可知，一共有42个新增的数字化岗位。其中，通过筛选掉近三年人才市场需求规模不足，或不属于工业、制造业、商务贸易行业、现代生产性服务业等重点行业领域的岗位，项目组一共筛选出了27个新增的目标数字化岗位，并对岗位进行了行业分类，以便后文对这些岗位人才需求情况进行具体分析。具体岗位如表5-2所示。

表 5-2　新增的目标数字化岗位及行业分类情况

行业类别	具体岗位
智能信息技术类	人工智能工程技术人员、物联网工程技术人员、大数据工程技术人员、云计算工程技术人员、智能制造工程技术人员、工业互联网工程技术人员、虚拟现实工程技术人员、区块链工程技术人员、集成电路工程技术人员、机器人工程技术人员、增材制造工程技术人员、数据安全工程技术人员、密码工程技术人员
财经商贸类	供应链工程技术人员、数字化管理师、金融科技师、互联网营销师、供应链管理师、商务数据分析师、全媒体运营师
软件和信息技术服务类	数据库运行管理员、人工智能训练师、信息系统适配验证师、数字孪生应用技术员
通信网络类	信息安全测试员
机械设计制造	工业设计工艺师
建筑类	建筑信息模型技术员

第六章　数字经济背景下新职业新岗位人才需求分析

第一节　新职业新岗位人才需求总体情况分析

一、目标新职业新岗位及其岗位描述

结合前文分析结果,以下是选取的重点领域的27个目标新职业新岗位,为了帮助读者理解岗位,调研团队结合岗位需求大数据分析及相关岗位职业规范,对岗位进行了描述说明,具体岗位释义如表6-1所示。

表6-1　新职业新岗位及其简要描述

序号	行业类别	岗位名称	岗位描述
1	财经商贸	全媒体运营师	全媒体运营师,指的是综合利用各种媒介技术和渠道,运用网络信息技术和相关工具,采用数据分析、创意策划等方式,从事对信息进行加工、匹配、分发、传播、反馈等工作的人员
2	财经商贸	互联网营销师	互联网营销师,指的是研究数字化信息平台的用户定位和运营方式,设计策划营销方案,搭建数字化营销场景,运用网络交互性与传播公信力对企业产品进行多平台营销推广,通过采集分析销售数据给予企业或产品优化建议的人员
3	机械设计制造	工业设计工艺师	工业设计工艺师,指的是通过对设计对象进行技术需求调研,运用工业设计技术和技术路径,提出设计实施方法并构画设计方案和设计原型,进行产品、系统、服务等方面的设计、优化和咨询的人员

续表

序号	行业类别	岗位名称	岗位描述
4	智能信息技术	大数据工程技术人员	大数据工程技术人员,指的是从事大数据采集、清洗、分析、治理、挖掘等技术研究,设计、开发、管理和维护大数据系统,监管、保障大数据安全,提供大数据技术咨询和服务的人员
5	智能信息技术	机器人工程技术人员	机器人工程技术人员,指的是从事机器人结构、控制、感知技术和集成机器人系统及产品研究、设计,制定机器人产品检测方案并进行检测评估,制订机器人产品、系统、工艺、应用标准和规范,提供机器人技术咨询和服务的人员
6	财经商贸	商务数据分析师	商务数据分析师,指的是从事商务行为相关数据采集、清洗、挖掘、分析,建立商务数据指标体系并产出数据模型,形成数据分析报告并指导他人应用,识别、分析业务问题与发展机会,并提出解决策略的人员
7	智能信息技术	云计算工程技术人员	云计算工程技术人员,指的是从事云计算技术、大规模数据管理、数据存储等技术研究,云系统构建、部署、运维、安全监管,云资源管理和应用,提供云计算系统技术咨询和服务的人员
8	智能信息技术	人工智能工程技术人员	人工智能工程技术人员,指的是从事人工智能相关算法、深度学习技术的分析、研究和开发,设计、优化、运维、管理和应用人工智能系统,提供人工智能相关技术咨询和技术服务的人员
9	智能信息技术	物联网工程技术人员	物联网工程技术人员,指的是从事物联网架构、平台、芯片、传感器、智能标签等技术的研究和开发,以及物联网工程的设计、测试、维护、管理和服务的人员
10	智能信息技术	集成电路工程技术人员	集成电路工程技术人员,指的是从事集成电路设计、工艺开发、封装设计和信号完整性分析,集成电路测试方案设计及实施测试,开发电子设计自动化工具的人员
11	通信网络	信息安全测试员	信息安全测试员,指的是从事网络信息安全渗透测试、合规测试、个人信息保护合规管理等工作,分析研究信息安全攻防技术,采集分析评测目标相关信息,制订安全测试方案及计划,并对评测目标进行漏洞检测、渗透测试的人员
12	软件和信息技术服务	数据库运行管理员	数据库运行管理员,指的是从事数据库安装配置、性能监控、故障诊断、排除等日常维护,制订、实施与完善数据库的备份还原、复制等容灾方案,提出并实施优化数据库性能及数据库集群方案,进行数据库维护和管理的人员
13	财经商贸	金融科技师	金融科技师,指的是从事金融科技、数字金融领域应用技术研究、产品设计、服务运营,研究、制定相关标准规范,跟进相关产品运营情况并提出产品优化升级建议的人员
14	财经商贸	供应链管理师	供应链管理师,指的是运用供应链技术、管理方法和工具,从事产品设计、采购、生产、销售、服务等全过程协同,控制供应链系统成本,提供供应链技术咨询和服务的人员

续表

序号	行业类别	岗位名称	岗位描述
15	财经商贸	数字化管理师	数字化管理师,指的是使用数字化智能移动办公平台,搭建企业及组织人员管理架构,制订数字化办公推进计划和实施方案,进行企业及组织经营在线化、数字化管理的人员
16	软件和信息技术服务	信息系统适配验证师	信息系统适配验证师,指的是从事信息系统基础环境、终端、安全体系、业务系统的适配、测试、调优、数据迁移、维护等工作,提供信息系统适配技术咨询和支持的人员
17	智能信息技术	区块链工程技术人员	区块链工程技术人员,指的是从事区块链架构设计、底层技术、系统应用、系统测试、系统部署、运行维护,以及区块链技术方案设计、报告撰写,提供区块链技术咨询和服务的人员
18	智能信息技术	数据安全工程技术人员	数据安全工程技术人员,指的是从事数据安全需求分析挖掘、技术方案设计、项目实施、运营管理,分析、评估和优化数据安全保护技术,提供数据安全技术咨询服务的人员
19	财经商贸	供应链工程技术人员	供应链工程技术人员,指的是结合经济形势与企业特性,从事供应链系统、平台研究与构建及其风险防控,设计、开发供应链相关模型、技术、工具与方法,制定供应链工程项目实施方案和计划的人员
20	智能信息技术	虚拟现实工程技术人员	虚拟现实工程技术人员,指的是从事虚拟现实技术的研究、设计、开发,使用虚拟现实引擎及相关工具,进行虚拟现实产品的策划、设计、编码、测试、维护和服务,提供虚拟现实技术咨询、培训和支持的人员
21	智能信息技术	增材制造工程技术人员	增材制造工程技术人员,指的是从事增材制造技术、装备、产品、工艺等方面的研发、设计并指导应用,检测、评估增材制造产品质量,制定增材制造材料、装备、工艺、应用标准和规范的人员
22	智能信息技术	智能制造工程技术人员	智能制造工程技术人员,指的是从事智能制造相关技术的研究、开发,应用智能制造虚拟仿真技术,对智能制造装备、生产线进行设计、安装、调试、管控和应用,提供智能制造相关技术咨询和服务的人员
23	软件和信息技术服务	人工智能训练师	人工智能训练师,指的是使用智能训练软件,从事人工智能产品使用数据库管理、数据标注、算法参数设置、人机交互设计、性能测试跟踪等工作的人员
24	智能信息技术	密码工程技术人员	密码工程技术人员,指的是从事密码算法与协议实现、设备和系统研制、产品检测与认证、服务系统设计建设、标准编制、密码管理、专业技术培训咨询的人员
25	智能信息技术	工业互联网工程技术人员	工业互联网工程技术人员,指的是从事工业互联网规划设计、技术研发、测试验își、工程实施、运营管理和运维服务等,监管并保障工业互联网网络、平台及数据安全,提供工业互联网咨询服务与工程实施指导的人员

续表

序号	行业类别	岗位名称	岗位描述
26	建筑	建筑信息模型技术员	建筑信息模型技术员，指的是使用计算机软件模拟工程建造，改进其全过程工程工序，从事建筑信息模型的搭建、复核、维护管理、可视化设计，以及施工管理和后期运维的人员
27	软件和信息技术服务	数字孪生应用技术员	数字孪生应用技术员，指的是使用仿真技术工具和数字孪生平台，构建、运行、维护、优化调试数字孪生体，应用机器学习、虚拟现实等技术，建立数字孪生模型与物理实体的数据映射关系，监控、预测并优化实体系统运行状态的人员

资料来源：职教桥大数据中心。下同。

二、新职业新岗位不同区域的人才需求总体情况分析

为了解全国及广东省27个目标新职业新岗位的人才需求情况，调研团队利用大数据技术对各区域近一年（2022年6月~2023年6月）目标新职业新岗位的企业人才需求数据进行整合和分析。大数据分析所使用的分析样本来源于各大主流招聘网站，截至2023年6月，大数据分析结果显示，全国目前27个目标新职业新岗位的人才需求总量约为636.1万人，其中，广东省的目标新职业新岗位人才需求总量约为167.1万人，约占全国需求总量的26.3%。

根据表6-2，全国人才需求量排名前八的目标新职业新岗位主要有：全媒体运营师（2785751）→互联网营销师（1932363）→工业设计工艺师（273480）→大数据工程技术人员（190216）→机器人工程技术人员（185731）→商务数据分析师（125168）→云计算工程技术人员（114945）→人工智能工程技术人员（101612）。

表6-2 目标新职业新岗位不同区域的人才需求情况

序号	岗位名称	全国人才需求量 数量（人）	全国人才需求量 排序	广东省人才需求量 数量（人）	广东省人才需求量 排序	大湾区人才需求量 数量（人）	大湾区人才需求量 排序	佛山市人才需求量 数量（人）	佛山市人才需求量 排序
1	全媒体运营师	2785751	1	717422	1	673191	1	38912	1
2	互联网营销师	1932363	2	603074	2	561164	2	33439	2
3	工业设计工艺师	273480	3	69416	3	65647	3	5824	3
4	大数据工程技术人员	190216	4	40622	5	40489	5	1517	5

续表

序号	岗位名称	全国人才需求量 数量(人)	排序	广东省人才需求量 数量(人)	排序	大湾区人才需求量 数量(人)	排序	佛山市人才需求量 数量(人)	排序
5	机器人工程技术人员	185731	5	42823	4	42360	4	5772	4
6	商务数据分析师	125168	6	29099	6	28807	6	1275	6
7	云计算工程技术人员	114945	7	22668	7	22078	7	1024	10
8	人工智能工程技术人员	101612	8	20072	8	19916	8	838	11
9	物联网工程技术人员	75190	10	15715	9	15597	9	1062	8
10	集成电路工程技术人员	87331	9	10705	13	10683	12	183	22
11	信息安全测试员	60348	11	10773	12	10642	13	307	19
12	数据库运行管理员	40337	15	8103	15	7887	15	431	13
13	金融科技师	56985	12	10991	11	10753	11	337	18
14	供应链管理师	43005	14	11449	10	11013	10	1138	7
15	数字化管理师	44778	13	9583	14	9365	14	1062	8
16	信息系统适配验证师	29857	16	5278	19	5043	19	411	15
17	区块链工程技术人员	24725	20	5654	18	5648	18	122	24
18	数据安全工程技术人员	21711	23	4416	22	4290	21	187	21
19	供应链工程技术人员	22433	22	6067	17	5988	17	415	14
20	虚拟现实工程技术人员	27548	18	5105	20	5032	20	347	17
21	增材制造工程技术人员	25972	19	7575	16	7532	16	506	12
22	智能制造工程技术人员	27699	17	4542	21	4085	22	411	15
23	人工智能训练师	23450	21	2844	23	2755	23	211	20
24	密码工程技术人员	12390	24	1901	25	1935	25	67	26
25	工业互联网工程技术人员	9203	26	1208	27	1182	27	95	25
26	建筑信息模型技术员	9970	25	2440	24	2330	24	51	27
27	数字孪生应用技术员	8342	27	1357	26	1329	26	150	23
	岗位需求总量（人）	6360540		1670902		1576741		96094	

广东省人才需求量排名前八的目标新职业新岗位主要有：全媒体运营师（717422）→互联网营销师（603074）→工业设计工艺师（69416）→机器人工程技术人员（42823）→大数据工程技术人员（40622）→商务数据分析师（29099）→云计算工程技术人员（22668）→人工智能工程技术人员（20072）。

大湾区人才需求量排名前八的目标新职业新岗位主要有：全媒体运营师（673191）→互联网营销师（561164）→工业设计工艺师（65647）→机器人工程技术人员（42360）→大数据工程技术人员（40489）→商务数据分析师（28807）→云计算工程技术人员（22078）→人工智能工程技术人员（19916）。

佛山市人才需求量排名前八的目标新职业新岗位主要有：全媒体运营师（38912）→互联网营销师（33439）→工业设计工艺师（5824）→机器人工程技术人员（5772）→大数据工程技术人员（1517）→商务数据分析师（1275）→供应链管理师（1138）→物联网工程技术人员（1062）。

综上可知，不同区域范围内，新职业新岗位的人才需求量大体保持一致，部分岗位人才需求量存在一定差异。其中，无论是全国、广东省、大湾区还是佛山市，人才需求均排名前八的新职业新岗位均有：全媒体运营师、互联网营销师、工业设计工艺师、大数据工程技术人员、机器人工程技术人员、商务数据分析师。

由图6-1、图6-2、图6-3可知，目标新职业新岗位的人才需求量集中分布在华南、华东、华北和华中等地区，从全国各省份目标新职业新岗位的人才需求量来看，需求量排名前五的省份分别为广东、上海、北京、浙江和江苏，其中，广东省目标新职业新岗位的人才需求量远超其他省份，在全国居于首位，需求量约为167.1万。而从广东省内各城市目标新职业新岗位的人才需求量来看，需求量排名前五的城市分别为广州市、深圳市、佛山市、东莞市和珠海市，其中，佛山市的目标新职业新岗位人才需求量位居省内第三，约占广东省岗位人才需求总量的5.7%。

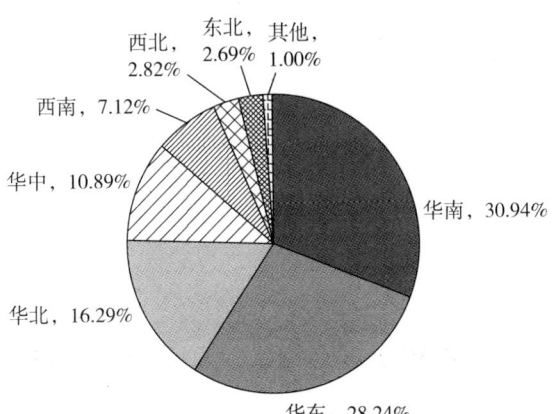

图6-1 全国目标新职业新岗位的人才需求区域分布

数据来源：职教桥大数据中心。

数字经济背景下我国高职教育高质量发展报告

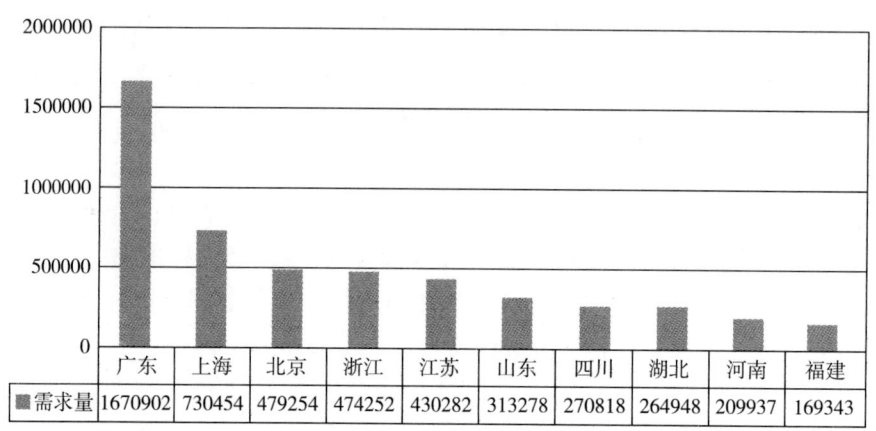

图 6-2 全国目标新职业新岗位人才需求量排名前 10 的省份（单位：人）

数据来源：职教桥大数据中心。

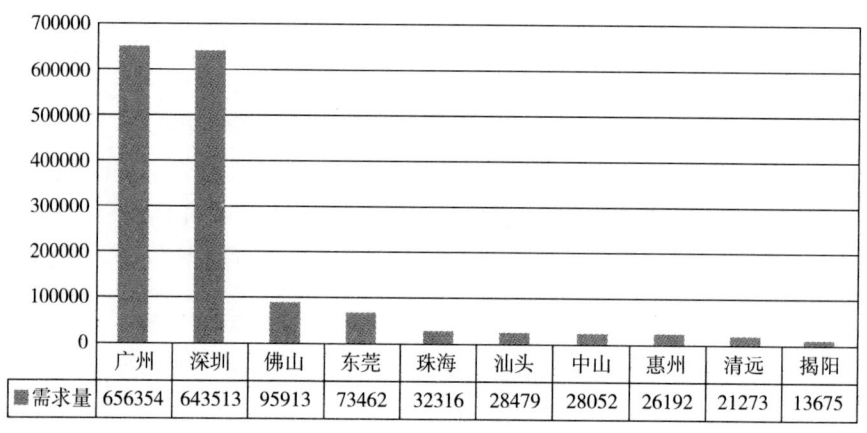

图 6-3 广东省目标新职业新岗位人才需求量排名前 10 的城市（单位：人）

数据来源：职教桥大数据中心。

第二节 新职业新岗位人才需求预测分析

根据大数据分析结果可知，如图 6-4、表 6-3、表 6-4 所示，总体来看，无论是全国还是广东省，近几年目标新职业新岗位的人才需求情况大体一致，均呈现先小幅下降后稳步回升的趋势,与人才需求趋势相同的新职业新岗位具体有供应链工程技术人员、工业设计工艺师、建筑信息模型技术员、商务数据分析师、信息系统适配验证师、数据库运行管理员、信息安全测试员、供应链管理师、金融科技师、密码工程技术人员、人工智能工程技术人员、数据安全工程技术人员、机器人工程技术人员、区块链工程技术人员、智能制造工程技术人员、云计算工程技术人员、大数据工程技术人员、物联网工程技术人员和全媒体运营师等;另外,数字孪生应用技术员和增材制造工程技术人员这两个岗位近几年人才需求则始终保持持续上升的趋势。

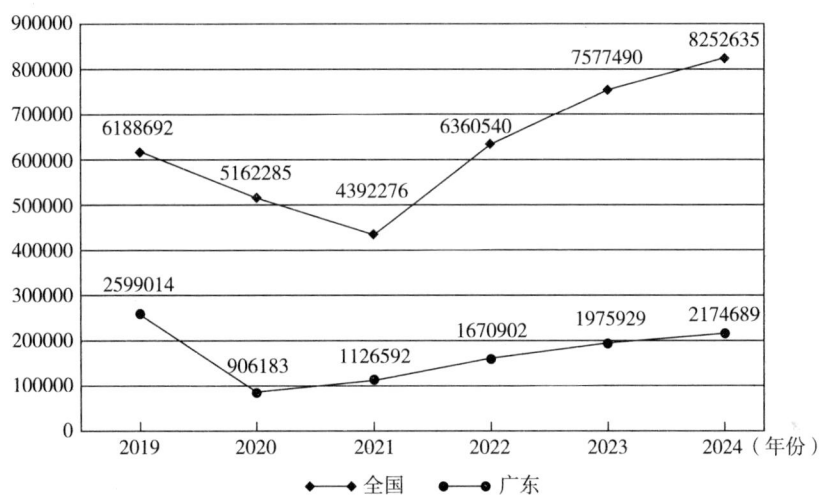

图 6-4　2019~2024 年全国及广东省目标新职业新岗位的
人才总体需求及预测分析（单位：人）

数据来源：职教桥大数据中心。

表 6-3　2019~2024 年全国目标新职业新岗位的人才需求及趋势分析　单位：人

序号	岗位名称	全国人才需求及趋势情况						
		2019年	2020年	2021年	2022年	2023年	2024年	趋势图
1	供应链工程技术人员	26675	13934	15504	22433	26920	29073	
2	数字化管理师	10901	13346	20508	44778	58211	81496	
3	工业设计工艺师	215656	165638	170196	273480	311767	321120	
4	建筑信息模型技术员	8503	4858	5436	9970	14955	19442	

· 75 ·

续表

序号	岗位名称	全国人才需求及趋势情况					
		2019年	2020年	2021年	2022年	2023年	2024年	趋势图
5	商务数据分析师	103884	78384	77064	125168	150202	165222	
6	数字孪生应用技术员	121	1210	1932	8342	12513	18519	
7	信息系统适配验证师	21329	16527	18648	29857	38814	46577	
8	人工智能训练师	8074	19773	19328	23450	30485	39935	
9	数据库运行管理员	42966	30756	24696	40337	43967	44847	
10	信息安全测试员	46409	35907	34116	60348	69400	72176	
11	供应链管理师	36179	25068	26352	43005	52466	56663	
12	互联网营销师	2034046	1828307	1414956	1932363	2144923	2230720	
13	金融科技师	71830	20642	24708	56985	85478	102573	
14	密码工程技术人员	7359	5031	4860	12390	18585	26019	
15	人工智能工程技术人员	61292	48459	47148	101612	127015	163849	
16	数据安全工程技术人员	15246	9941	11340	21711	26053	29180	
17	增材制造工程技术人员	2662	10584	14088	25972	36361	47269	
18	机器人工程技术人员	153549	77243	91332	185731	250737	303392	
19	集成电路工程技术人员	60071	81116	79360	87331	93444	95313	
20	区块链工程技术人员	17523	16182	15996	24725	34615	45346	
21	虚拟现实工程技术人员	7040	20971	19056	27548	39945	49132	
22	工业互联网工程技术人员	3311	3337	4332	9203	12884	15590	
23	智能制造工程技术人员	22000	14712	22272	27699	33239	40551	
24	云计算工程技术人员	94633	62341	65220	114745	162072	199349	

续表

序号	岗位名称	全国人才需求及趋势情况					
		2019年	2020年	2021年	2022年	2023年	2024年	趋势图
25	大数据工程技术人员	147851	112667	101172	190216	266302	319563	
26	物联网工程技术人员	63393	40143	46104	75190	93236	112815	
27	全媒体运营师	2906189	2405108	2016552	2785751	3342901	3576904	

表6-4　2019~2024年广东省目标新职业新岗位的人才需求及趋势分析

序号	岗位名称	广东省人才需求及趋势情况					
		2019年	2020年	2021年	2022年	2023年	2024年	趋势图
1	供应链工程技术人员	5786	3181	4212	6067	7280	7936	
2	数字化管理师	3058	3043	3912	9583	12458	17690	
3	工业设计工艺师	80240	32571	51456	69416	79134	83091	
4	建筑信息模型技术员	2948	968	1980	2440	3660	4831	
5	商务数据分析师	27819	14643	17412	29099	34919	39458	
6	数字孪生应用技术员	44	277	624	1357	2036	2992	
7	信息系统适配验证师	4224	2299	3456	5278	6861	8440	
8	人工智能训练师	1936	2324	2512	2844	3697	4917	
9	数据库运行管理员	7403	4512	4752	8103	8832	9186	
10	信息安全测试员	11220	5446	6324	10773	12389	13008	
11	供应链管理师	10703	4772	6144	11449	13968	15225	
12	互联网营销师	1400201	341147	425292	603074	669412	709577	

续表

序号	岗位名称	广东省人才需求及趋势情况					
		2019年	2020年	2021年	2022年	2023年	2024年	趋势图
13	金融科技师	17006	3302	5400	10991	16487	19949	
14	密码工程技术人员	1122	951	1140	1901	2852	4021	
15	人工智能工程技术人员	18832	6673	9456	20072	25090	31864	
16	数据安全工程技术人员	3586	1539	2280	4416	5299	6041	
17	增材制造工程技术人员	693	1936	4824	7575	10605	13999	
18	机器人工程技术人员	53438	15317	24060	42823	57811	71686	
19	集成电路工程技术人员	6020	7230	6820	10705	11454	11798	
20	区块链工程技术人员	8250	3665	3552	5654	7916	10290	
21	虚拟现实工程技术人员	1936	2783	3912	5105	7402	9401	
22	工业互联网工程技术人员	682	311	684	1208	1691	2063	
23	智能制造工程技术人员	5841	2798	3504	4542	5450	6813	
24	云计算工程技术人员	23342	9284	13344	22668	31962	38674	
25	大数据工程技术人员	33891	17668	21492	40622	56871	69382	
26	物联网工程技术人员	16522	6483	11316	15715	19487	23969	
27	全媒体运营师	852271	411060	486732	717422	860906	938388	

第七章　数字经济背景下新职业新岗位特征分析

第一节　新职业新岗位的人才需求特征分析

一、新职业新岗位的人才经验要求情况分析

总体来看，无论是全国还是广东省，随着岗位工作经验要求的增加，相应的岗位人才需求量随之减少，且目标新职业新岗位的人才需求集中在5年工作经验要求，其中，在广东省，要求1~3年工作经验的岗位人才需求量最大，之后依次是无经验要求和3~5年工作经验要求，要求5年以上工作经验的岗位人才需求量占比较少，可见目标新职业新岗位虽对工作经验有一定的要求，但要求并不会太高（见图7-3）。

结合表7-1、表7-2可知，无论是全国还是广东省，以无经验要求占比居多的新职业新岗位有机器人工程技术人员、人工智能工程技术人员、集成电路工程技术人员、金融科技师、供应链管理师、数字化管理师、人工智能训练师、密码工程技术人员、工业互联网工程技术人员，这些岗位对工作经验要求不高，较为适合无太多工作实践经验的毕业生就业。以1~3年工作经验要求占比居多的新职业新岗位有信息安全测试员和信息系统适配验证师，而在广东省，以1~3年工作经验要求为主的新职业新岗位还有全媒体运营师、互联网营销师、工业设计工艺师、商务数据分析师、虚拟现实工程技术人员、增材制造工程技术人员、智能制造工程技术人员、建筑信息模型技术员。大数据工程技术人员、云计算工程

技术人员、数据库运行管理员、区块链工程技术人员、数据安全工程技术人员等岗位对工作经验要求较高，大多要求具备3~5年工作经验。

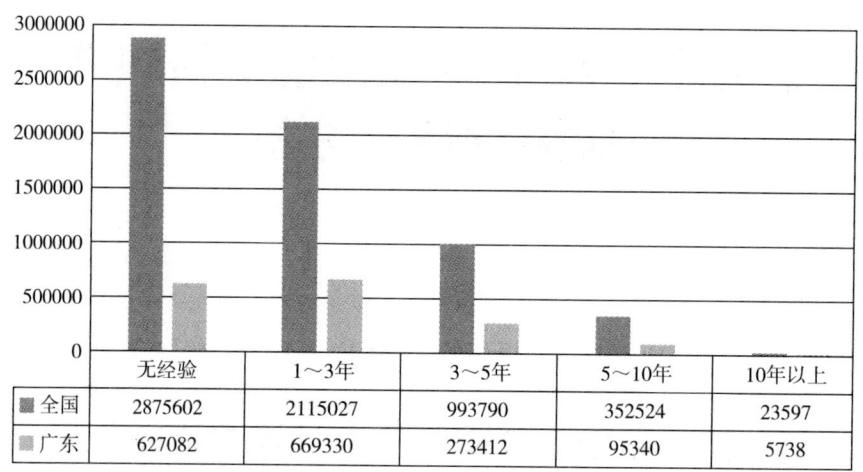

图 7-1　全国及广东省目标新职业新岗位不同工作经验的人才需求量分布（单位：人）

数据来源：职教桥大数据中心。

表 7-1　全国目标新职业新岗位人才经验要求分布

序号	岗位名称	全国需求量（人）	工作经验要求（%）				
			无经验（%）	1~3年（%）	3~5年（%）	5~10年（%）	10年以上（%）
1	全媒体运营师	2785751	48.85	35.81	11.96	3.21	0.16
2	互联网营销师	1932363	45.40	37.74	12.60	4.02	0.24
3	工业设计工艺师	273480	42.19	25.54	22.31	9.30	0.66
4	大数据工程技术人员	190216	23.08	20.50	39.59	16.18	0.65
5	机器人工程技术人员	185731	39.53	24.30	25.81	9.73	0.63
6	商务数据分析师	125168	39.74	28.41	22.67	8.81	0.37
7	云计算工程技术人员	114945	28.20	25.08	30.92	14.88	0.93
8	人工智能工程技术人员	101612	55.79	17.95	19.01	6.42	0.82
9	物联网工程技术人员	75190	31.65	24.45	29.27	13.69	0.94
10	集成电路工程技术人员	87331	58.14	18.08	15.97	7.24	0.57
11	信息安全测试员	60348	32.72	34.26	25.04	7.50	0.48
12	数据库运行管理员	40337	20.26	28.08	37.40	13.89	0.37

第七章 数字经济背景下新职业新岗位特征分析

续表

序号	岗位名称	全国需求量（人）	工作经验要求（%）			
			无经验（%）	1~3年（%）	3~5年（%）	5~10年（%）	10年以上（%）
13	金融科技师	56985	58.69	18.72	14.84	7.09	0.67
14	供应链管理师	43005	37.70	15.49	19.18	23.28	4.35
15	数字化管理师	44778	38.23	15.86	22.30	20.42	3.18
16	信息系统适配验证师	29857	28.39	37.98	24.98	7.94	0.71
17	区块链工程技术人员	24725	29.97	19.91	34.73	14.45	0.94
18	数据安全工程技术人员	21711	26.36	23.74	32.15	16.78	0.96
19	供应链工程技术人员	22433	19.81	17.76	29.17	28.94	4.32
20	虚拟现实工程技术人员	27548	40.32	29.51	23.40	6.44	0.34
21	增材制造工程技术人员	25972	49.69	28.78	15.93	5.06	0.54
22	智能制造工程技术人员	27699	45.36	24.93	19.27	9.48	0.96
23	人工智能训练师	23450	72.90	17.25	7.05	2.63	0.17
24	密码工程技术人员	12390	43.96	22.62	25.59	7.28	0.55
25	工业互联网工程技术人员	9203	36.90	16.97	26.09	17.15	2.89
26	建筑信息模型技术员	9970	43.46	32.44	19.41	4.19	0.50
27	数字孪生应用技术员	8342	43.27	16.35	25.79	12.81	1.77

表7-2 广东省目标新职业新岗位人才经验要求分布

序号	岗位名称	广东省需求量（人）	工作经验要求（%）			
			无经验（%）	1~3年（%）	3~5年（%）	5~10年（%）	10年以上（%）
1	全媒体运营师	717422	39.35	43.73	13.21	3.56	0.15
2	互联网营销师	603074	40.47	43.07	12.42	3.83	0.21
3	工业设计工艺师	69416	29.84	33.30	26.31	9.95	0.59
4	大数据工程技术人员	40622	14.86	19.09	46.03	19.22	0.81
5	机器人工程技术人员	42823	30.56	27.92	29.21	11.66	0.65
6	商务数据分析师	29099	28.87	34.39	27.42	9.13	0.19
7	云计算工程技术人员	22668	22.06	25.83	33.61	17.51	0.98
8	人工智能工程技术人员	20072	52.15	19.03	21.59	6.57	0.66
9	物联网工程技术人员	15715	20.00	27.45	34.08	17.07	1.40

续表

序号	岗位名称	广东省需求量（人）	无经验（%）	1~3年（%）	3~5年（%）	5~10年（%）	10年以上（%）
10	集成电路工程技术人员	10705	51.76	19.92	18.62	9.08	0.63
11	信息安全测试员	10773	19.72	37.66	32.13	9.39	1.10
12	数据库运行管理员	8103	12.28	29.31	39.42	18.75	0.25
13	金融科技师	10991	48.45	20.80	18.73	10.68	1.34
14	供应链管理师	11449	32.55	15.49	20.60	26.84	4.52
15	数字化管理师	9583	29.79	18.28	27.09	21.92	2.91
16	信息系统适配验证师	5278	23.29	40.66	25.35	10.00	0.70
17	区块链工程技术人员	5654	18.55	23.63	40.01	16.57	1.24
18	数据安全工程技术人员	4416	18.48	26.68	38.79	15.38	0.68
19	供应链工程技术人员	6067	12.36	19.61	32.06	32.14	3.82
20	虚拟现实工程技术人员	5105	29.46	37.79	24.51	7.80	0.45
21	增材制造工程技术人员	7575	35.18	36.21	20.16	7.58	0.87
22	智能制造工程技术人员	4542	28.38	32.43	24.90	12.53	1.76
23	人工智能训练师	2844	60.76	25.88	9.49	3.48	0.39
24	密码工程技术人员	1901	32.82	28.62	29.98	8.42	0.16
25	工业互联网工程技术人员	1208	33.94	18.96	25.33	19.29	2.48
26	建筑信息模型技术员	2440	33.85	37.46	23.40	5.29	0.00
27	数字孪生应用技术员	1357	29.85	16.21	30.14	19.68	4.13

二、新职业新岗位对人才学历要求情况分析

如图7-2所示，无论是全国还是广东省，目标新职业新岗位大多要求大专或本科学历，其中，大专学历要求的岗位人才需求量最多，本科学历要求的人才需求位居第二，还有部分岗位人才需求不限学历要求或要求高中/中技/中专学历，硕士及以上学历要求的岗位人才需求量很少。

结合表7-3、表7-4可知，无论是全国还是广东省，全媒体运营师和互联网营销师这两个岗位均以大专学历要求为主，较为适合高职毕业生就业；而在广东省范围内，以大专学历要求占比居多的新职业新岗位还有工业设计工艺师、信息系统适配验证师、增材制造工程技术人员和建筑信息模型技术员。其余岗位则对

学历要求较高，均以本科学历要求占比居多。

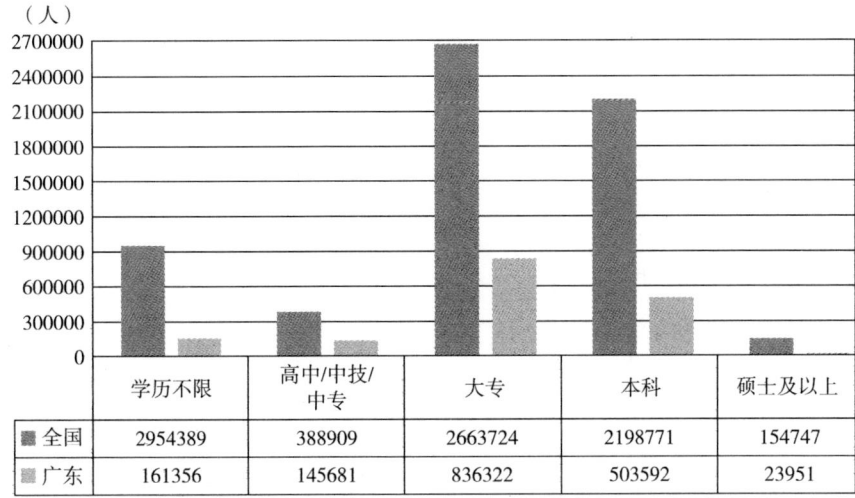

图 7-2　全国及广东省目标新职业新岗位不同学历要求的人才需求量分布（单位：人）

数据来源：职教桥大数据中心。

表 7-3　全国目标新职业新岗位人才学历要求分布

序号	岗位名称	全国需求量（人）	学历要求（%）				
			学历不限	高中/中技/中专	大专	本科	硕士及以上
1	全媒体运营师	2785751	18.56	5.36	44.14	31.50	0.44
2	互联网营销师	1932363	17.14	10.65	52.22	19.77	0.22
3	工业设计工艺师	273480	8.65	3.21	34.12	50.20	3.82
4	大数据工程技术人员	190216	2.89	0.76	21.00	71.79	3.56
5	机器人工程技术人员	185731	4.98	2.59	28.19	51.35	12.88
6	商务数据分析师	125168	5.51	1.35	24.35	65.70	3.09
7	云计算工程技术人员	114945	4.23	0.63	26.37	64.72	4.04
8	人工智能工程技术人员	101612	7.08	1.92	10.23	52.24	28.53
9	物联网工程技术人员	75190	6.13	1.04	24.37	62.34	6.12
10	集成电路工程技术人员	87431	7.98	1.56	12.48	51.26	26.72
11	信息安全测试员	60348	5.04	0.29	28.70	63.06	2.91

· 83 ·

续表

序号	岗位名称	全国需求量（人）	学历要求（%）				
			学历不限	高中/中技/中专	大专	本科	硕士及以上
12	数据库运行管理员	40337	2.17	0.92	33.80	61.68	1.43
13	金融科技师	56985	12.15	5.57	23.51	50.89	7.88
14	供应链管理师	43005	4.63	1.46	29.29	60.46	4.16
15	数字化管理师	44778	5.01	1.06	25.00	64.62	4.30
16	信息系统适配验证师	29857	3.82	1.72	41.89	50.16	2.40
17	区块链工程技术人员	24725	8.43	0.26	13.12	67.49	10.70
18	数据安全工程技术人员	21711	3.99	2.86	27.41	59.18	6.55
19	供应链工程技术人员	22433	4.45	1.17	29.28	61.03	4.07
20	虚拟现实工程技术人员	27548	10.65	2.15	36.94	47.76	2.51
21	增材制造工程技术人员	25972	8.36	5.23	28.77	40.25	17.39
22	智能制造工程技术人员	27699	14.49	7.40	33.27	35.14	9.70
23	人工智能训练师	23450	21.77	6.39	32.18	32.75	6.90
24	密码工程技术人员	12390	3.91	2.24	15.30	60.94	17.61
25	工业互联网工程技术人员	9203	9.73	0.93	14.45	59.65	15.23
26	建筑信息模型技术员	9970	10.80	1.14	40.73	41.72	5.61
27	数字孪生应用技术员	8342	3.31	0.44	11.84	63.32	21.09

表7-4 广东省目标新职业新岗位人才学历要求分布

序号	岗位名称	广东省需求量（人）	学历要求（%）				
			学历不限	高中/中技/中专	大专	本科	硕士及以上
1	全媒体运营师	717422	11.92	7.33	51.81	28.65	0.28
2	互联网营销师	603074	10.08	13.94	58.15	17.70	0.12
3	工业设计工艺师	69416	5.66	4.43	46.26	41.81	1.83
4	大数据工程技术人员	40622	1.78	0.21	23.62	72.10	2.29
5	机器人工程技术人员	42823	3.63	3.45	33.64	48.15	11.12
6	商务数据分析师	29099	3.14	1.41	29.65	63.92	1.88
7	云计算工程技术人员	22668	2.50	0.52	30.37	64.41	2.20

续表

序号	岗位名称	广东省需求量（人）	学历要求（%）			
			学历不限	高中/中技/中专	大专	本科	硕士及以上
8	人工智能工程技术人员	20072	13.12	2.05	11.01	47.12	26.71
9	物联网工程技术人员	15715	2.22	1.46	31.56	60.88	3.88
10	集成电路工程技术人员	10705	5.85	0.92	18.58	50.44	24.20
11	信息安全测试员	10773	1.95	0.53	36.14	59.56	1.83
12	数据库运行管理员	8103	1.11	1.73	38.62	57.97	0.58
13	金融科技师	10991	5.85	6.82	26.30	55.94	5.09
14	供应链管理师	11449	2.86	1.62	36.70	56.88	1.95
15	数字化管理师	9583	2.77	1.31	24.37	67.63	3.92
16	信息系统适配验证师	5278	1.82	2.69	49.37	43.88	2.24
17	区块链工程技术人员	5654	4.17	0.35	21.75	65.86	7.85
18	数据安全工程技术人员	4416	3.19	3.74	29.44	59.90	3.74
19	供应链工程技术人员	6067	1.14	1.34	39.20	56.95	1.38
20	虚拟现实工程技术人员	5105	6.64	2.90	36.12	51.17	3.17
21	增材制造工程技术人员	7575	2.61	6.34	42.32	39.87	8.86
22	智能制造工程技术人员	4542	10.50	9.80	28.95	41.41	9.34
23	人工智能训练师	2844	11.18	2.92	29.89	46.66	9.35
24	密码工程技术人员	1901	1.58	6.73	15.31	58.71	17.67
25	工业互联网工程技术人员	1208	13.16	4.14	13.33	61.42	7.95
26	建筑信息模型技术员	2440	4.92	1.56	53.40	37.83	2.30
27	数字孪生应用技术员	1357	1.11	2.51	15.18	51.73	29.48

三、新职业新岗位人才所在行业类型分布

由图7-3、图7-4可知，无论是全国还是广东省，目标新职业新岗位的人才需求主要分布在互联网/电子商务、计算机软件、机械/设备/重工、中介/专业服务（咨询、人力资源、财会）等行业，其中，广东省互联网/电子商务行业和计算机软件行业的人才需求量最大。

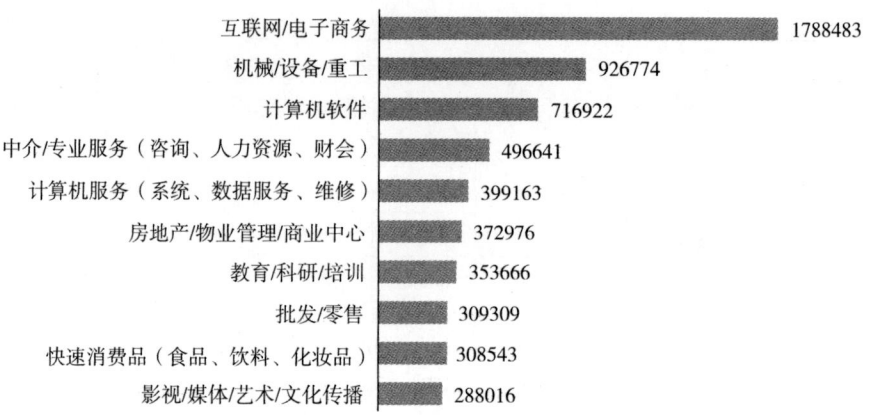

图 7-3　全国目标新职业新岗位人才需求所在排名前 10 的行业类型分布（单位：人）
数据来源：职教桥大数据中心。

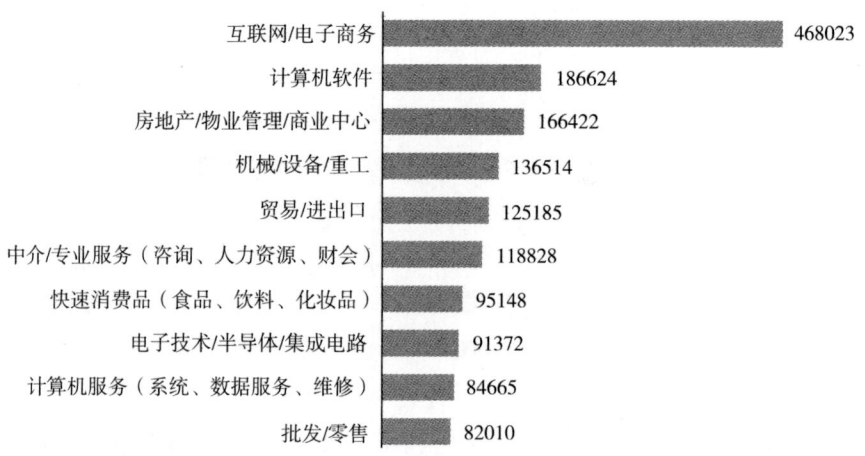

图 7-4　广东省目标新职业新岗位人才需求所在排名前 10 的行业类型分布（单位：人）
数据来源：职教桥大数据中心。

第二节　新职业新岗位的人才需求特征预测分析

一、新职业新岗位的人才经验要求趋势分析

结合全国和广东省近几年目标新职业新岗位的人才经验要求指数来看（见表

7-5、表7-6），人工智能训练师、互联网营销师、集成电路工程技术人员、全媒体运营师等岗位的经验要求指数多接近2，说明这些岗位较多要求1~3年的岗位工作经验；数字化管理师、数据库运行管理员、供应链管理师、数据安全工程技术人员、区块链工程技术人员、工业互联网工程技术人员、云计算工程技术人员、大数据工程技术人员、物联网工程技术人员等岗位的经验要求指数较多接近4，说明这些岗位工作经验要求较高，较多要求3~5年工作经验。总体来看，无论是全国还是广东省，目标新职业新岗位的经验要求集中分布在5年工作经验。另外，从近几年的经验要求指数变化趋势看，目标新职业新岗位的经验要求指数较为稳定，仅在很小幅度范围内上下波动，且预测未来大多数岗位工作经验要求指数将呈现缓慢上升趋势。值得注意的是，信息安全测试员的工作经验要求指数有持续下降的趋势，说明未来该岗位对工作经验要求将有所下降。

表7-5　2019~2024年全国目标新职业新岗位的人才经验要求及趋势分析

序号	岗位名称	全国目标新职业新岗位人才经验要求及趋势情况					
		2019年	2020年	2021年	2022年	2023年	2024年	趋势图
1	供应链工程技术人员	4.6146	4.539	5.1562	4.4395	4.815	5.022	
2	数字化管理师	4.1451	3.9235	4.4978	3.4088	3.6356	3.9719	
3	工业设计工艺师	2.9681	2.8536	3.0522	2.4107	2.8247	2.9632	
4	建筑信息模型技术员	2.2615	2.8703	2.7261	2.0318	2.5634	2.7741	
5	商务数据分析师	2.9329	2.8403	3.0705	2.39	2.561	2.6748	
6	数字孪生应用技术员	5.397	2.624	3.6448	2.8012	3.4714	3.7673	
7	信息系统适配验证师	2.8502	2.673	2.9463	2.6027	2.7265	2.8018	
8	人工智能训练师	1.7294	0.8357	1.0793	1.2143	1.2084	1.2175	
9	数据库运行管理员	3.712	3.3455	3.5511	3.2561	3.3787	3.4694	
10	信息安全测试员	3.3582	3.0545	3.088	2.4849	2.2448	2.3021	
11	供应链管理师	4.3351	3.9978	4.6775	3.664	3.828	3.9714	
12	互联网营销师	1.9744	1.5594	1.9719	1.8233	1.8956	1.9047	

续表

序号	岗位名称	全国目标新职业新岗位人才经验要求及趋势情况					
		2019年	2020年	2021年	2022年	2023年	2024年	趋势图
13	金融科技师	2.6789	2.6725	2.815	1.8937	2.2472	2.5361	
14	密码工程技术人员	2.9326	2.7748	3.0262	2.3243	2.5109	2.7244	
15	人工智能工程技术人员	2.6949	2.4483	2.8958	2.0029	2.2146	2.5058	
16	数据安全工程技术人员	3.5356	3.5907	3.7588	3.2951	3.5075	3.6673	
17	增材制造工程技术人员	2.8317	2.2075	2.3347	1.9217	2.004	2.0408	
18	机器人工程技术人员	3.5104	3.0839	3.2829	2.5403	2.7864	2.8416	
19	集成电路工程技术人员	3.0718	1.1806	1.2402	1.9196	1.7016	1.6845	
20	区块链工程技术人员	3.82	3.4656	3.5018	3.162	3.2938	3.3021	
21	虚拟现实工程技术人员	2.8106	2.0499	2.3544	2.2618	2.3154	2.4402	
22	工业互联网工程技术人员	3.867	3.8765	4.5498	3.2873	3.5375	3.8807	
23	智能制造工程技术人员	2.68	2.2689	1.997	2.3512	2.4734	2.5174	
24	云计算工程技术人员	3.7534	3.7698	3.8685	3.1349	3.246	3.4206	
25	大数据工程技术人员	4.0106	3.8443	4.0576	3.42	3.4932	3.5652	
26	物联网工程技术人员	3.6991	3.5109	3.6978	2.9858	3.2455	3.5018	
27	全媒体运营师	2.1595	1.4881	1.8772	1.7036	1.8841	1.9079	

注：

1. 表中数据为经验要求指数。

2. 经验要求指数指标，即按工作经验中位数作为不同工作经验的权重，进而统计得到的工作经验要求加权平均数，具体权重值为｛"无经验"＝0.5，"1～3年"＝2，"3～5年"＝4，"5～10年"＝7.5，"10年以上"＝15｝。

表7-6 2019~2024年广东省目标新职业新岗位的人才经验要求及趋势分析

序号	岗位名称	2019年	2020年	2021年	2022年	2023年	2024年	趋势图
1	供应链工程技术人员	4.2616	4.6734	4.7494	4.7199	4.682	4.7021	
2	数字化管理师	5.2026	4.645	4.4465	3.6787	3.9241	4.1617	
3	工业设计工艺师	3.3491	3.0459	2.9982	2.7024	2.8274	2.9014	
4	建筑信息模型技术员	2.1446	2.5221	2.533	2.2512	2.471	2.633	
5	商务数据分析师	2.8876	2.8145	2.8089	2.6422	2.7263	2.8547	
6	数字孪生应用技术员	5.75	2.0554	3.0379	3.7746	4.226	5.335	
7	信息系统适配验证师	3.2494	2.8531	2.9413	2.7986	3.0311	3.1452	
8	人工智能训练师	1.5048	0.9263	1.3336	1.5205	1.4072	1.3395	
9	数据库运行管理员	3.894	3.7352	3.6447	3.6682	3.5144	3.4901	
10	信息安全测试员	3.7267	3.3241	3.304	3.0063	3.1261	3.2577	
11	供应链管理师	4.2375	4.5969	5.0063	3.9876	4.3682	4.7602	
12	互联网营销师	1.9684	1.8921	1.9167	1.8793	1.9029	2.012	
13	金融科技师	3.2067	3.3911	2.7995	2.4095	2.6034	2.8844	
14	密码工程技术人员	3.1664	1.9868	2.4103	2.5912	2.5041	2.631	
15	人工智能工程技术人员	2.9989	2.8431	2.858	2.0967	2.4671	2.7754	
16	数据安全工程技术人员	3.7431	4.5964	3.3836	3.4331	3.3716	3.4016	
17	增材制造工程技术人员	3.2348	2.9462	2.5984	2.4055	2.3757	2.3055	
18	机器人工程技术人员	3.5055	3.0683	3.0663	2.8516	3.093	3.1536	
19	集成电路工程技术人员	3.0305	2.2641	2.4964	2.1775	2.335	2.4176	
20	区块链工程技术人员	4.1702	3.7251	3.8361	3.5945	3.4135	3.5526	

续表

序号	岗位名称	广东省目标新职业新岗位人才经验要求及趋势情况					
		2019年	2020年	2021年	2022年	2023年	2024年	趋势图
21	虚拟现实工程技术人员	3.1087	1.9716	2.2271	2.536	2.7352	2.8027	
22	工业互联网工程技术人员	5.0473	4.0477	4.1684	3.3808	3.5061	3.7393	
23	智能制造工程技术人员	3.4729	3.2209	2.3054	2.9902	3.0605	3.1281	
24	云计算工程技术人员	3.7999	3.8017	3.7188	3.4315	3.5017	3.5542	
25	大数据工程技术人员	4.04	4.2448	4.0387	3.8603	3.964	4.13	
26	物联网工程技术人员	3.998	3.8968	3.8596	3.5024	3.4719	3.615	
27	全媒体运营师	2.2135	1.9393	2.0036	1.8893	1.9503	2.0207	

注：

1. 表中数据为经验要求指数。

2. 经验要求指数指标，即按工作经验中位数作为不同工作经验的权重，进而统计得到的工作经验要求加权平均数，具体权重值为｛"无经验"＝0.5，"1~3年"＝2，"3~5年"＝4，"5~10年"＝7.5，"10年以上"＝15｝。

二、新职业新岗位的人才学历要求趋势分析

结合全国和广东省近几年目标新职业新岗位的人才学历要求指数来看（见表7-7、表7-8），人工智能训练师、互联网营销师、全媒体运营师等岗位的学历要求指数较多接近6，说明这些岗位较多要求大专学历层次；数字孪生应用技术员、密码工程技术人员、人工智能工程技术人员、工业互联网工程技术人员、云计算工程技术人员、大数据工程技术人员等岗位的学历要求指数接近8，说明这些岗位对学历要求较高，较多要求本科学历层次；其余岗位的学历要求指数均接近7，说明这些岗位绝大多数要求大专或本科学历层次。总体来看，无论是全国还是广东省，目标新职业新岗位绝大多数要求大专或本科学历。另外，从近几年的学历要求指数变化趋势看，目标新职业新岗位的学历要求指数较为稳定，仅在很小幅度范围内上下波动，且预测未来大多数岗位学历要求指数会呈现缓慢上升趋势，说明未来随着社会的发展和技术的更新迭代，社会对这些新职业新岗位的学历要求也会提高。

第七章 数字经济背景下新职业新岗位特征分析

表 7-7 2019~2024 年全国目标新职业新岗位的人才学历要求及趋势分析

序号	岗位名称	全国目标新职业新岗位人才学历要求及趋势情况						
		2019年	2020年	2021年	2022年	2023年	2024年	趋势图
1	供应链工程技术人员	7.022	6.8018	7.1616	7.182	7.3162	7.3914	
2	数字化管理师	7.3669	7.0051	6.9774	7.2422	7.0744	7.1403	
3	工业设计工艺师	6.9062	6.6056	6.8514	6.7466	6.9241	7.0836	
4	建筑信息模型技术员	6.867	6.8709	6.8776	6.604	6.8184	6.9402	
5	商务数据分析师	7.3747	7.1209	7.2853	7.1902	7.3302	7.4071	
6	数字孪生应用技术员	7.8236	7.5732	8.0075	7.9688	8.0474	8.0972	
7	信息系统适配验证师	6.9746	6.5807	6.9136	6.9114	7.0106	7.0447	
8	人工智能训练师	5.789	3.6298	4.1262	5.9318	5.7341	5.6619	
9	数据库运行管理员	7.22	7.1102	7.1984	7.1856	7.249	7.302	
10	信息安全测试员	7.2318	7.2063	7.2971	7.1702	7.2381	7.3125	
11	供应链管理师	7.1611	6.8536	7.0962	7.1612	7.2127	7.2539	
12	互联网营销师	5.8555	5.0301	5.5455	5.5056	5.7449	5.8022	
13	金融科技师	7.1157	6.6129	7.0107	6.7356	6.9364	7.0145	
14	密码工程技术人员	7.2872	7.6786	7.6633	7.722	7.7723	7.8065	
15	人工智能工程技术人员	7.8852	7.5643	8.0632	7.8644	8.0157	8.0814	
16	数据安全工程技术人员	7.069	6.9518	7.2275	7.2282	7.2972	7.3147	
17	增材制造工程技术人员	6.8242	7.1784	7.1771	7.0616	7.1935	7.2032	
18	机器人工程技术人员	7.2536	7.1881	7.3045	7.2906	7.4052	7.4116	
19	集成电路工程技术人员	8.1306	4.4842	4.7031	7.7436	7.3536	7.0334	
20	区块链工程技术人员	7.688	7.3446	7.4194	7.4354	7.6045	7.6672	

· 91 ·

续表

序号	岗位名称	全国目标新职业新岗位人才学历要求及趋势情况					
		2019年	2020年	2021年	2022年	2023年	2024年	趋势图
21	虚拟现实工程技术人员	6.7877	6.016	6.4725	6.5872	6.7627	6.8075	
22	工业互联网工程技术人员	7.7064	8.1052	7.8635	7.3938	7.5095	7.5151	
23	智能制造工程技术人员	6.5763	5.899	5.2781	6.3632	6.217	6.0062	
24	云计算工程技术人员	7.5172	7.4181	7.4729	7.2736	7.4011	7.4749	
25	大数据工程技术人员	7.5851	7.4021	7.5971	7.4474	7.5152	7.5984	
26	物联网工程技术人员	7.4698	7.3294	7.4145	7.2256	7.3745	7.404	
27	全媒体运营师	6.2334	5.1227	5.7395	5.798	6.0347	6.0719	

注:
1. 表中数据为学历要求指数。
2. 学历要求指数指标，即通过对不同学历进行权重赋值，进而统计得到的学历要求加权平均数，具体权重值为｛"学历不限"=2，"高中/中技/中专"=4，"大专"=6，"本科"=8，"硕士及以上"=10｝。

表7-8 2019~2024年广东省目标新职业新岗位的人才学历要求及趋势分析

序号	岗位名称	广东省目标新职业新岗位人才学历要求及趋势情况					
		2019年	2020年	2021年	2022年	2023年	2024年	趋势图
1	供应链工程技术人员	6.8578	6.8928	7.0599	7.1224	7.1548	7.2036	
2	数字化管理师	7.5384	7.2401	7.1150	7.3724	7.4452	7.4931	
3	工业设计工艺师	6.7984	6.5914	6.5546	6.5938	6.574	6.6309	
4	建筑信息模型技术员	6.772	6.7826	6.641	6.6212	6.707	6.7524	
5	商务数据分析师	7.2296	7.0825	7.1182	7.1998	7.3431	7.3014	
6	数字孪生应用技术员	7.75	8.0008	7.9074	8.1198	8.206	8.3347	
7	信息系统适配验证师	6.9386	6.6235	6.6482	6.8406	6.9147	7.045	
8	人工智能训练师	4.9558	3.8345	4.9517	6.8016	6.6364	6.7255	
9	数据库运行管理员	7.0384	6.9605	6.9888	7.1062	7.0232	6.9014	

续表

序号	岗位名称	广东省目标新职业新岗位人才学历要求及趋势情况					
		2019年	2020年	2021年	2022年	2023年	2024年	趋势图
10	信息安全测试员	7.1617	7.2213	7.3001	7.1764	7.2574	7.3301	
11	供应链管理师	7.0048	6.8666	6.9683	7.0694	7.1204	7.1984	
12	互联网营销师	5.9291	5.4736	5.6517	5.6762	5.6739	5.61	
13	金融科技师	7.4827	7.1682	6.8796	6.952	7.143	7.2739	
14	密码工程技术人员	7.382	7.5644	7.4873	7.6832	7.7236	7.8086	
15	人工智能工程技术人员	8.2339	7.764	8.049	7.4456	7.7301	7.8832	
16	数据安全工程技术人员	6.6756	7.2383	7.0992	7.1458	7.3044	7.3615	
17	增材制造工程技术人员	6.7211	7.4466	7.0593	6.9206	6.8862	7.0164	
18	机器人工程技术人员	7.2865	7.1627	6.9419	7.193	7.2974	7.3041	
19	集成电路工程技术人员	7.9377	7.2666	6.8905	7.7238	7.647	7.5109	
20	区块链工程技术人员	7.8138	7.0632	7.4739	7.4562	7.5422	7.6384	
21	虚拟现实工程技术人员	7.034	6.0088	6.4971	6.8266	7.0167	7.1209	
22	工业互联网工程技术人员	7.0196	7.8096	7.7957	6.9372	7.174	7.2632	
23	智能制造工程技术人员	7.0607	7.766	5.4166	6.5858	6.6044	6.7237	
24	云计算工程技术人员	7.5401	7.353	7.3408	7.2658	7.4393	7.526	
25	大数据工程技术人员	7.4336	7.5115	7.5188	7.4582	7.5605	7.6228	
26	物联网工程技术人员	7.3863	7.2195	7.265	7.2548	7.3251	7.3044	
27	全媒体运营师	6.2389	5.6581	5.8354	5.9602	5.8408	5.7317	

注：
1. 表中数据为学历要求指数。
2. 学历要求指数指标，即通过对不同学历进行权重赋值，进而统计得到的学历要求加权平均数，具体权重值为：｛"学历不限"＝2，"高中/中技/中专"＝4，"大专"＝6，"本科"＝8，"硕士及以上"＝10｝。

第三篇

当前数字化岗位能力变迁分析

第八章　数字化岗位职业能力大数据分析

第一节　数字化岗位概况

根据《中华人民共和国职业分类大典》（2022年版），共有97个标识的数字化岗位，通过与《中华人民共和国职业分类大典（2015年版）》进行比对，传统的数字化岗位有55个，新增的数字化岗位共42个。筛选掉近三年人才市场需求规模不足，或不属于工业、制造业、商务贸易行业、现代生产性服务业等重点行业领域的岗位，项目组一共筛选出了27个新增数字化岗位和15个传统数字化岗位作为目标分析岗位。

其中，目标新增数字化岗位包括：供应链工程技术人员、人工智能工程技术人员、物联网工程技术人员、大数据工程技术人员、云计算工程技术人员、智能制造工程技术人员、工业互联网工程技术人员、虚拟现实工程技术人员、区块链工程技术人员、集成电路工程技术人员、机器人工程技术人员、增材制造工程技术人员、数据安全工程技术人员、密码工程技术人员、数字化管理师、金融科技师、互联网营销师、供应链管理师、信息安全测试员、数据库运行管理员、人工智能训练师、信息系统适配验证师、数字孪生应用技术员、商务数据分析师、建筑信息模型技术员、工业设计工艺师、全媒体运营师。

目标传统数字化岗位包括：自动控制工程技术人员、通信工程技术人员、计算机软件工程技术人员、计算机网络工程技术人员、信息系统分析工程技术人员、嵌入式系统设计工程技术人员、信息安全工程技术人员、信息系统运行维护工程技人员、物流工程技术人员、信息管理工程技术人员、数据分析处理工程技术人员、工业设计工程技术人员、电子商务师、计算机程序设计员、计算机软件测试员。

第二节 数字化岗位的职业能力分析

一、目标新增数字化岗位工作任务和职业能力分析

（一）人工智能工程技术人员

从人工智能工程技术人员岗位工作任务及岗位职业能力要求情况（见表8-1）来看，人工智能工程技术人员需要着重掌握深度学习、图像处理、自然语言处理、数据挖掘、数据分析、软件开发、图像识别、算法设计、算法研究、性能优化、项目开发、架构设计、算法开发、模型训练、目标检测等关键技术能力，以及具备分析能力、团队合作、学习能力、工作能力、整理优化、设计能力、钻研研究、沟通表达、工作态度、管理能力、开发能力、逻辑思维等关键能力。

表8-1 人工智能工程技术人员岗位工作任务及职业能力情况

岗位工作任务	岗位能力要求
1. 分析、研究人工智能算法、深度学习及神经网络等技术； 2. 规划、设计、开发基于人工智能算法的芯片； 3. 研发、应用、优化语言识别、语义识别、图像识别、生物特征识别等人工智能技术； 4. 处理和分析大规模的数据集； 5. 设计和优化人工智能系统； 6. 验证和测试人工智能模型的准确性和性能； 7. 跟踪和应用最新的人工智能技术和算法； 8. 编写技术文档和报告	1. 扎实掌握机器学习与数据挖掘技术； 2. 熟练数据处理和分析； 3. 具备编程和算法设计能力； 4. 能够进行系统设计和优化； 5. 熟练掌握至少一门编程语言； 6. 掌握模型验证和性能评估能力； 7. 能主动追踪前沿技术、能够持续学习； 8. 具备技术文档编写和优秀的沟通能力
岗位技术能力要求词云图	岗位素质能力要求词云图

(二) 物联网工程技术人员

从物联网工程技术人员岗位工作任务及岗位职业能力要求情况（见表8-2）来看，物联网工程技术人员需要着重掌握软件开发、产品开发、架构设计、项目开发、技术支持、需求分析、方案设计、产品设计、产品研发、文档编写、系统集成、平台开发、系统设计、软件设计、性能优化、代码编写等关键技术能力，以及具备分析能力、设计能力、团队合作、工作能力、整理优化、计划规划、问题解决、开发能力、逻辑思维、学习能力等关键素质能力。

表8-2 物联网工程技术人员岗位工作任务及职业能力情况

岗位工作任务	岗位能力要求
1. 研究、应用物联网技术、体系结构、协议和标准； 2. 研究、设计、开发物联网专用芯片及软硬件系统； 3. 规划、设计、集成、部署物联网系统并指导工程实施； 4. 监控、管理和保障物联网系统安全； 5. 参与物联网项目的规划、实施和管理； 6. 配置和管理物联网网关； 7. 数据采集、处理和分析； 8. 提供物联网系统的技术咨询和技术支持	1. 掌握熟悉物联网硬件、网关、云端平台的软件系统架构； 2. 熟悉设备端、云端API和SDK的设计； 3. 能够远程监控和故障排除； 4. 具备较强的动手能力和学习能力； 5. 具备物联网系统设计和开发经验； 6. 具备网络配置和管理的能力； 7. 具备物联网安全性和隐私保护的意识和实践能力； 8. 具备一定的项目管理和协调能力
岗位技术能力要求词云图	岗位素质能力要求词云图
![技术能力词云]	![素质能力词云]

(三) 大数据工程技术人员

从大数据工程技术人员岗位工作任务及岗位职业能力要求情况（见表8-3）来看，大数据工程技术人员需要着重掌握架构设计、数据分析、性能调优、性能优化、大数据开发、数据挖掘、项目开发、数据治理、模型设计、数据开发、系统设计、系统开发、软件开发、文档编写、需求分析、数据建模、数据服务等关键技术能力，以及具备分析能力、整理优化、设计能力、工作能力、团队合作、沟通表达、开发能力、计划规划、管理能力、组织协调、工作态度、学习能力、问题解决、逻辑思维等关键素质能力。

· 99 ·

数字经济背景下我国高职教育高质量发展报告

表8-3 大数据工程技术人员岗位工作任务及职业能力情况

岗位工作任务	岗位能力要求
1. 研究和开发大数据采集、清洗、存储及管理、分析及挖掘、展现及应用等有关技术； 2. 研究、应用大数据平台体系架构、技术和标准； 3. 设计、开发、集成、测试大数据软硬件系统； 4. 负责数据采集、清洗、整合、分析等开发工作； 5. 完成项目的数据分析及建模工作； 6. 负责数据仓库建设、设计、优化和落地； 7. 进行数据安全和隐私保护； 8. 优化大数据处理和分析性能	1. 精通数据建模、数据体系建设； 2. 具备数据仓库架构设计、模型设计和处理性能调优等能力； 3. 能够进行数据采集和处理； 4. 熟练使用大数据技术和分析工具； 5. 具备数据可视化和报告工具的应用能力； 6. 熟悉分布式系统、分布式计算系统的工作机制； 7. 具备数据安全和隐私保护的意识； 8. 逻辑思维能力强，能够独立的分析和解决问题
岗位技术能力要求词云图	岗位素质能力要求词云图

（四）云计算工程技术人员

从云计算工程技术人员岗位工作任务及岗位职业能力要求情况（见表8-4）来看，云计算工程技术人员需要着重掌握架构设计、技术支持、项目管理、方案设计、软件开发、性能优化、故障处理、平台开发、项目实施、团队协作、文档编写、性能调优、系统集成、平台运维、系统运维、运维管理、系统开发、系统设计、需求分析等关键技术能力，以及具备分析能力、整理优化、工作能力、团队合作、计划规划、问题解决、逻辑思维、客户维护、开发能力、学习能力、理解能力、项目管理、钻研研究、沟通协调等关键素质能力。

表8-4 云计算工程技术人员岗位工作任务及职业能力情况

岗位工作任务	岗位能力要求
1. 开发虚拟化、云平台、云资源管理和分发等云计算技术以及大规模数据管理、分布式数据存储等相关技术； 2. 研究、应用云计算技术、体系架构、协议和标准； 3. 部署、配置和维护云基础架构和服务； 4. 进行云资源规划和优化； 5. 管理、维护并保障云计算系统的稳定运行； 6. 监控、保障云计算系统安全； 7. 提供云计算系统的技术咨询和技术服务	1. 熟悉计算机网络； 2. 熟悉操作系统、数据库、虚拟化等； 3. 了解路由器、防火墙、交换机、负载均衡等网络设备的原理并能简单配置； 4. 掌握云资源规划和优化的知识和技能； 5. 具备云平台运行和性能管理和监控能力； 6. 熟悉数据中心业务数据备份、容灾技术； 7. 熟悉工作任务拆分、日常管理和技术培训； 8. 具备较强的逻辑思维和文档编写能力

第八章 数字化岗位职业能力大数据分析

续表

岗位技术能力要求词云图	岗位素质能力要求词云图
(词云图)	(词云图)

（五）智能制造工程技术人员

从智能制造工程技术人员岗位工作任务及职业能力要求情况来看，智能制造工程技术人员需要着重掌握智能制造、技术支持、设备安装、软件开发、设备开发、产品研发、安装调试、方案设计、系统集成、项目开发、项目实施、硬件开发、技术服务、系统设计、工程设计、工程实施、机械设计等关键技术能力，以及具备设计能力、团队合作、计划规划、组织协调、分析能力、创新创意、开发能力、学习能力、客户维护、逻辑思维、项目管理、执行能力、沟通协调、抗压能力等关键素质能力。

表8-5 智能制造工程技术人员岗位工作任务及职业能力情况

岗位工作任务	岗位能力要求
1. 分析、研究、开发智能制造相关技术； 2. 研究、设计、开发智能制造装备、生产线； 3. 开发和集成自动化控制系统； 4. 参与生产线自动化技术方案的评估和规划； 5. 设计、操作、应用智能检测系统； 6. 操作、应用工业软件进行数字化设计与制造； 7. 指导应用智能制造装备和生产线进行智能加工； 8. 编写系统测试使用手册，培训相关技术人员	1. 掌握丰富的工业生产、自动化、信息化相关知识； 2. 对现场生产制造管理、生产跟踪、质量管理、生产物流等有深刻理解； 3. 能将智能制造理念融入设计、工艺、制造全过程； 4. 能够解决智能化进程中的实际问题； 5. 具备产线智能化项目经验； 6. 熟悉传感器网络与物联网、自动检测技术应用； 7. 精通自动化生产设备原理、具备丰富PLC维护经验； 8. 具备良好的智能制造前瞻性
岗位技术能力要求词云图	岗位素质能力要求词云图
(词云图)	(词云图)

（六）工业互联网工程技术人员

从工业互联网工程技术人员岗位工作任务及岗位职业能力要求情况（见表8-6）来看，工业互联网工程技术人员需要着重掌握智能制造、架构设计、产品设计、项目管理、项目实施、软件开发、方案设计、数据分析、需求分析、需求调研、技术支持、技术研究、平台建设、项目开发、运营管理、原型设计、文档编写、数据采集、万物互联等关键技术能力，以及具备分析能力、组织协调、计划规划、团队合作、设计能力、工作能力、整理优化、沟通表达、工作态度、客户维护、问题解决、项目管理、创新创意、钻研研究、学习能力等关键素质能力。

表8-6 工业互联网工程技术人员岗位工作任务及职业能力情况

岗位工作任务	岗位能力要求
1. 研究、设计网路互联与数据互通、共享等解决方案并指导工程实施； 2. 研究、开发、应用工业大数据的采集技术、工业机理模型和高级数据分析挖掘技术； 3. 规划、设计、部署工业互联网安全系统； 4. 监控、管理和保障工业互联网网络、平台及数据安全； 5. 构建、调测、维护工业互联网网络监控相关信息动态维护网络链路和网络资源； 6. 进行设备和传感器的联网和集成； 7. 与跨部门团队合作，实施工业互联网解决方案	1. 拥有工业互联网系统设计和实施经验； 2. 具备设备和传感器联网和集成的技术知识； 3. 具备工业互联网平台的建立和管理的能力和经验； 4. 熟悉掌握设备监控和维护的技术和方法； 5. 具备一定工业互联网安全的意识和实践能力； 6. 逻辑性强，优秀的团队协作及沟通能力，能协调各方资源将需求落地； 7. 对工业互联网标准和技术有一定的了解和应用能力
岗位技术能力要求词云图	岗位素质能力要求词云图

（七）虚拟现实工程技术人员

从虚拟现实工程技术人员岗位工作任务及岗位职业能力要求情况（见表8-7）来看，虚拟现实工程技术人员需要着重掌握项目开发、软件开发、游戏开发、产品开发、架构设计、性能优化、引擎开发、功能开发、技术支持、程序开发、应用开发、方案设计、产品设计、系统设计、用户体验、VR应用、VR开发、需求分析等关键技术能力,以及具备团队合作、设计能力、整理优化、工作能力、分析能力、学习能力、管理能力、逻辑思维、创新创意、项目管理、问题解决等关键素质能力。

表8-7 虚拟现实工程技术人员岗位工作任务及职业能力情况

岗位工作任务	岗位能力要求
1. 进行虚拟现实技术的研究、设计、开发; 2. 设计、开发、集成、测试虚拟现实硬件系统; 3. 负责三维软件及虚拟现实软件的研发与维护; 4. 管理、监控、维护并保障虚拟现实产品的稳定和安全运行; 5. 提供虚拟现实技术相关的技术咨询、技术培训和技术支持服务; 6. 与设计团队和开发团队合作,实施虚拟现实项目; 7. 跟踪并应用最新的虚拟现实技术	1. 具备虚拟现实应用的设计和开发经验; 2. 具备虚拟现实场景和交互体验设计的能力; 3. 具备良好的编程和开发能力,熟悉虚拟现实开发语言和工具; 4. 具备虚拟现实应用故障排除和问题解决能力; 5. 对虚拟现实硬件和软件技术的熟悉和应用能力; 6. 拥有较强的学习能力和理解能力; 7. 具备3D建模和设计能力,熟悉相关软件和工具
岗位技术能力要求词云图	岗位素质能力要求词云图

(八)区块链工程技术人员

从区块链工程技术人员岗位工作任务及岗位职业能力要求情况(见表8-8)来看,区块链工程技术人员需要着重掌握区块链应用、架构设计、底层实现、应用开发、项目开发、系统开发、区块链开发、软件开发、合约开发、产品设计、性能优化、性能调优、前端开发、文档编写、技术开发等关键技术能力,以及具备分析能力、整理优化、团队合作、设计能力、工作能力、开发能力、组织协调、钻研研究、管理能力、逻辑思维、学习能力、工作态度、问题解决等关键素质能力。

表8-8　区块链工程技术人员岗位工作任务及职业能力情况

岗位工作任务	岗位能力要求
1. 分析研究分布式账本、隐私保护机制、密码学算法、共识机制、智能合约等技术； 2. 负责底层区块链架构设计及关键部分实现编写区块链技术报告； 3. 设计开发区块链性能评测指标及工具； 4. 设计和开发区块链解决方案； 5. 处理区块链系统应用过程中的部署、调试、运行管理等问题； 6. 优化区块链系统的性能和安全； 7. 实施区块链网络和智能合约； 8. 提供区块链技术咨询及服务	1. 扎实的计算机理论和网络知识； 2. 熟练掌握JAVA区块链系统开发语言； 3. 良好的设计能力和编码习惯； 4. 熟悉区块链加密算法，共识机制，安全协议，分布式计算、智能合约等底层协议与运行机制； 5. 熟练掌握超级账本区块链的原理、机制、相关加密算法以及主流的共识算法； 6. 具备区块链网络和智能合约的搭建和实施能力； 7. 具备区块链应用落地，合约开发经验； 8. 高效的学习能力和分析解决问题能力
岗位技术能力要求词云图	岗位素质能力要求词云图
（区块链应用、架构设计等词云图）	（设计能力、分析能力、团队合作等词云图）

（九）集成电路工程技术人员

从集成电路工程技术人员岗位工作任务及岗位职业能力要求情况（见表8-9）来看，集成电路工程技术人员需要着重掌握电路设计、版图设计、集成电路设计、芯片设计、芯片测试、ic设计、仿真验证、设计开发、技术支持、模拟集成、信号处理等关键技术能力，以及具备设计能力、分析能力、团队合作、工作能力、工作态度、沟通表达、计划规划、管理能力、整理优化、组织协调、学习能力等关键素质能力。

表8-9　集成电路工程技术人员岗位工作任务及职业能力情况

岗位工作任务	岗位能力要求
1. 进行集成电路的算法设计、架构搭建、电路设计、版图绘制； 2. 开发集成电路制造的光刻、刻蚀、注入、清洗、薄膜、化学机械抛光等工艺； 3. 进行集成电路的封装设计分析相关信号的完整性； 4. 设计集成电路测试方案实施测试过程； 5. 开发集成电路设计、制造、测试所用电子设计自动化工具； 6. 建立仿真模型及特征化工艺参数并进行数据格式标准化； 7. 进行电路模拟和布局； 8. 进行电路仿真和优化	1. 掌握电路模拟和布局的技术知识； 2. 扎实的电路设计理论基础； 3. 能够解决电路设计和制造相关的问题； 4. 熟练掌握电路功能和性能验证的方法和工具； 5. 能够进行电路仿真和优化； 6. 精通模拟数字电路分析及设计； 7. 熟练掌握数字电路、模拟电路应用设计； 8. 有强烈的持续学习的意识，有创新能力

第八章 数字化岗位职业能力大数据分析

续表

岗位技术能力要求词云图	岗位素质能力要求词云图
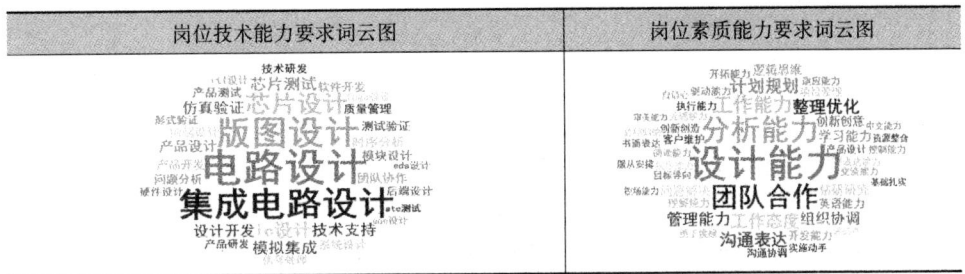	

（十）机器人工程技术人员

从机器人工程技术人员岗位工作任务及岗位职业能力要求情况（见表8-10）来看，机器人工程技术人员需要着重掌握软件开发、技术支持、方案设计、机械设计、机器人应用、电气设计、算法开发、项目开发、项目管理、设计开发、系统集成、产品开发、产品设计、plc编程、电路设计、智能制造、软件设计等关键技术能力，以及具备设计能力、分析能力、团队合作、工作能力、整理优化、管理能力、工作态度、学习能力、问题解决、逻辑思维、开发能力、沟通协调、钻研研究、抗压能力、英语能力等关键素质能力。

表8-10 机器人工程技术人员岗位工作任务及职业能力情况

岗位工作任务	岗位能力要求
1. 研究、开发机器人结构、控制、感知等相关技术； 2. 研究、规划机器人系统及产品整体架构； 3. 设计、开发机器人系统制订产品解决方案； 4. 研究、设计机器人控制算法、应用软件、工艺软件或操作系统、信息处理系统； 5. 进行机器人运动规划和路径规划； 6. 制订机器人产品或系统质量与性能的测试与检定方案进行产品检测、质量评估； 7. 排除机器人设备故障、分析故障原因及制定应对措施	1. 了解机器人控制系统，熟悉机器人周边设备； 2. 具备移动机器人控制或规划的经验； 3. 掌握机器人编程和控制的技能； 4. 对机器人感知和定位技术有一定的了解和应用能力； 5. 具备算法设计和数据分析能力； 6. 具备机器人故障排除和问题解决能力； 7. 有较强的沟通与协调能力、较强的逻辑思维能力
岗位技术能力要求词云图	岗位素质能力要求词云图

· 105 ·

(十一)增材制造工程技术人员

从增材制造工程技术人员岗位工作任务及岗位职业能力要求情况(见表8-11)来看,增材制造工程技术人员需要着重掌握3D打印、智能制造、结构设计、技术支持、产品设计、三维设计、智能设计、制造服务、设备操作、分析仿真、工艺开发、机械设计、模具设计、工业设计、材料研发、产品结构设计、性能测试、智能铸造等关键技术能力,以及具备分析能力、设计能力、团队合作、工作能力、组织协调、学习能力、创新创意、问题解决、客户维护、逻辑思维、沟通协调、开发能力、实施动手、驱动能力、开拓能力、抗压能力等关键素质能力。

表8-11 增材制造工程技术人员岗位工作任务及职业能力情况

岗位工作任务	岗位能力要求
1. 研究开发增材制造技术与方法; 2. 进行增材制造工艺设计和优化; 3. 设计、集成增材制造装备进行可靠性测试; 4. 研发增材制造专用成型头、检测与监控核心功能部件等; 5. 进行增材制造过程的质量控制、检测、评估增材制造产品质量; 6. 制订增材制造材料、装备、工艺、应用标准和规范; 7. 指导产品生产制造	1. 有增材制造工艺设计和优化经验; 2. 了解材料选择和准备的知识和技能; 3. 能够进行增材制造设备操作和机器维护; 4. 掌握增材制造质量控制的方法和技能; 5. 具备增材制造问题和故障排除能力; 6. 熟悉增材制造设备及增材质量检测; 7. 熟练使用二维软件及三维软件
岗位技术能力要求词云图	岗位素质能力要求词云图

(十二)数据安全工程技术人员

从数据安全工程技术人员岗位工作任务及岗位职业能力要求情况(见表8-12)来看,数据安全工程技术人员需要着重掌握安全管理、数据治理、数据分析、数据管理、架构设计、网络维护、技术支持、数据备份、故障处理、漏洞扫描、电脑维护、数据维护、系统维护、风险评估、性能优化、质量管理、权限管理、隐私保护、故障排除、态势感知、文档编写、日志分析等关键技术能力,以及具备分析能力、管理能力、工作能力、整理优化、计划规划、沟通表达、团队合作、设计能力、工作态度、学习能力、逻辑思维、问题解决等关键素质能力。

表 8-12 数据安全工程技术人员岗位工作任务及职业能力情况

岗位工作任务	岗位能力要求
1. 收集、分析数据安全保护需求提供数据安全技术咨询服务； 2. 制订数据安全工程技术解决方案实现对数据处理全流程的安全保护； 3. 监测、分析和解决数据安全保护相关技术问题； 4. 统筹数据安全技术方案的具体实施、运营，负责技术方案的落地实施； 5. 进行安全漏洞和威胁的监测和防御； 6. 进行安全事件响应和应急处理； 7. 提供数据安全培训和意识提升	1. 有数据安全风险评估和漏洞分析的经验； 2. 具备数据安全策略和措施的设计和实施能力； 3. 掌握安全事件响应和应急处理的技术和方法； 4. 具备安全漏洞和威胁监测和防御的知识和技能； 5. 能够组织安全培训和提升员工的安全意识； 6. 熟悉主流数据安全与隐私保护的法律法规和标准规范； 7. 熟悉数据安全治理体系，理解数据架构与数据治理
岗位技术能力要求词云图	岗位素质能力要求词云图

（十三）密码工程技术人员

从密码工程技术人员岗位工作任务及岗位职业能力要求情况（见表 8-13）来看，密码工程技术人员需要着重掌握密码应用、密码管理、安全性评估、安全管理、技术支持、软件开发、性能优化、安全测评、密码测评、密钥管理、方案设计、风险评估、密码服务、技术研究、安全测试、算法实现、安全评估、保护测评、隐私保护、文档编写等关键技术能力，以及具备分析能力、团队合作、工作能力、设计能力、整理优化、学习能力、计划规划、问题解决、开发能力、项目管理、执行能力、理解能力、逻辑思维、工作态度、沟通协调等关键素质能力。

（十四）供应链工程技术人员

从供应链工程技术人员岗位工作任务及岗位职业能力要求情况（见表 8-14）来看，供应链工程技术人员需要着重掌握供应链管理、数据分析、供应商管理、项目管理、质量管理、产品设计、供应商开发、战略规划、成本控制、采购管理、库存管理等关键技术能力,以及具备组织协调、计划规划、管理能力、分析能力、整理优化、工作能力、客户维护、工作态度、逻辑思维、谈判能力、业务能力、沟通协调、学习能力等关键素质能力。

表 8-13 密码工程技术人员岗位工作任务及职业能力情况

岗位工作任务	岗位能力要求
1. 进行密码算法和协议的设计和开发; 2. 研究、设计密码协议与实现; 3. 研究、设计密码软硬件模块与实现; 4. 研究、设计密码设备和系统; 5. 实施密码安全机制和技术; 6. 进行密码攻击和防御研究; 7. 提供密码安全咨询和建议; 8. 撰写测试报告及手册文档	1. 有密码算法和协议设计和开发经验; 2. 熟悉密码和信息安全相关知识; 3. 熟悉国内外各类密码算法、密码协议标准; 4. 掌握密码攻击和防御研究的知识; 5. 能够提供密码安全咨询和培训; 6. 能灵活运用研究领域的相关技术; 7. 熟练掌握至少一种高级编程语言; 8. 具备一定英文文献阅读能力
岗位技术能力要求词云图	岗位素质能力要求词云图

表 8-14 供应链工程技术人员岗位工作任务及职业能力情况

岗位工作任务	岗位能力要求
1. 研究经济形势对于供应链发展的要求制订供应链系统发展规划; 2. 挖掘供应链构建、优化与再造的需求; 3. 制订企业与组织的供应链战略梳理供应链逻辑构建供应链系统; 4. 研究、开发应急供应链策略与体系构建技术; 5. 设计供应链网络化、数字化、智能化平台模型; 6. 开发和实施供应链信息系统和技术工具; 7. 分析市场趋势和需求预测; 8. 建设供应链体系安全机制、供应链风险防范保障机制	1. 掌握供应链管理和优化能力; 2. 具备数据分析和解决问题的能力; 3. 具有 IT 技术和系统开发经验; 4. 了解供应链流程和各个环节的关系; 5. 熟练运用数字化供应链管理软件和技术工具; 6. 具备一定的市场趋势分析和需求预测能力; 7. 具备物流管理和优化经验; 8. 了解相关行业的供应链特点和趋势

第八章 数字化岗位职业能力大数据分析

续表

岗位技术能力要求词云图	岗位素质能力要求词云图
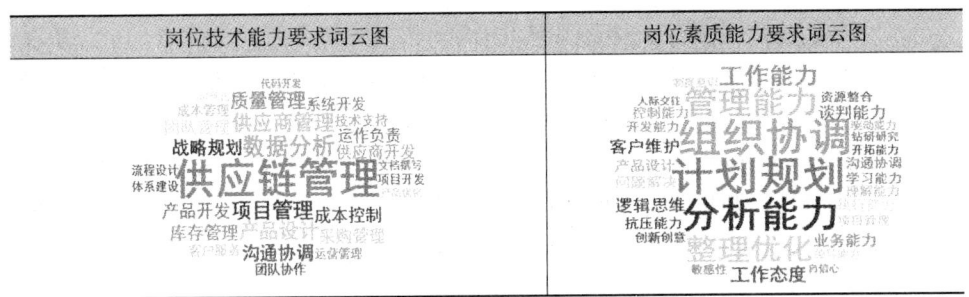	

（十五）数字化管理师

从数字化管理师岗位工作任务及岗位职业能力要求情况（见表8-15）来看，数字化管理师需要着重掌握项目管理、数字化转型、项目实施、数据分析、运营管理、数字化运营、需求调研、方案设计、信息化建设、数字化管理、需求分析等关键技术能力，以及具备分析能力、组织协调、计划规划、管理能力、团队合作、工作态度、项目管理、客户维护、设计能力、业务能力、逻辑思维、问题解决、资源整合、沟通协调、执行能力、学习能力等关键素质能力。

表8-15 数字化管理师岗位工作任务及职业能力情况

岗位工作任务	岗位能力要求
1. 搭建企业及组织的人员管理架构； 2. 制订数字化办公推进计划和实施方案进行扁平可视化管理； 3. 搭建数字化办公模块维护组织运转流程； 4. 进行业务流程、业务行为的在线化和企业及组织的大数据决策分析； 5. 优化企业及组织信息通道进行组织在线、沟通在线、协同在线、业务在线控制成本改进生产、销售等管理工作； 6. 寻找并应用数字化解决方案； 7. 与各部门合作推进数字化创新； 8. 跟踪并应用最新的数字化管理趋势	1. 有数字化管理经验； 2. 具备较强的业务流程分析和系统需求分析的能力； 3. 具备数字化解决方案的评估和应用能力； 4. 具备数字化工具管理、运维的能力； 5. 较强的分析、规划、组织能力，良好的业务理解能力； 6. 具备数据分析、统筹管理的能力； 7. 思维活跃开阔、逻辑清晰、跨部门沟通能力； 8. 有数字化意识与市场敏感性
岗位技术能力要求词云图	岗位素质能力要求词云图

· 109 ·

(十六) 金融科技师

从金融科技师岗位工作任务及岗位职业能力要求情况（见表8-16）来看，金融科技师需要着重掌握金融服务、数据分析、项目管理、科技服务、客户服务、风险管理、产品设计、股权投资、产品销售、财富管理、需求分析等关键技术能力，以及具备分析能力、工作态度、团队合作、计划规划、组织协调、学习能力、逻辑思维、开拓能力、钻研研究、业务能力、策划能力、执行能力、问题解决、资源整合、抗压能力、沟通协调等关键素质能力。

表8-16 金融科技师岗位工作任务及职业能力情况

岗位工作任务	岗位能力要求
1. 研究、分析数字技术融入金融业务的模式、方法和路径； 2. 编制金融科技、数字金融产品模式创新、流程优化、渠道融合的设计方案和工作计划； 3. 研发、部署和应用金融科技、数字金融服务产品； 4. 进行金融数据分析和模型建立； 5. 进行金融风险评估和控制； 6. 开发和实施金融科技解决方案； 7. 提供金融科技咨询和支持	1. 熟悉金融科技领域的法规和政策； 2. 有金融科技解决方案开发和实施经验； 3. 能够对金融数据进行分析和建模； 4. 掌握金融风险评估和控制相关知识； 5. 对金融行业未来的发展趋势及市场格局有充分的了解； 6. 具备较强工作条理性及协调能力
岗位技术能力要求词云图	岗位素质能力要求词云图

(十七) 互联网营销师

从互联网营销师岗位工作任务及岗位职业能力要求情况（见表8-17）来看，互联网营销师需要着重掌握数据分析、营销推广、平台运营、运营管理、产品销售、网络营销、运营推广、新媒体推广、互联网销售、市场推广、网络推广、电商运营、营销策划、市场调研、市场营销、商务谈判、品牌营销、品牌推广、客户服务、广告投放等关键技术能力，以及具备分析能力、团队合作、工作态度、计划规划、工作能力、沟通表达、执行能力、逻辑思维、开拓能力、谈判能力、抗压能力、创新创意、资源整合、学习能力等关键素质能力。

表 8-17　互联网营销师岗位工作任务及职业能力情况

岗位工作任务	岗位能力要求
1. 搭建数字化营销场景通过直播或短视频等多种方式对产品进行多平台营销推广； 2. 选定相关产品设计策划营销方案； 3. 协同各部门之间的业务沟通与团队协作； 4. 策划、执行在线推广活动； 5. 进行数据分析和营销效果评估； 6. 负责数据端的可视化运营； 7. 管理和优化网站和社交媒体； 8. 进行市场分析和竞品分析	1. 熟悉网络平台的运作和推广的各种方式； 2. 熟悉互联网行业； 3. 具备较强的市场分析、情报收集能力； 4. 具备互联网营销策略制定和执行的能力； 5. 擅长数据分析，具备一定的数据敏感度； 6. 具一定的文案撰写能力、审美能力； 7. 能够应对突发事件； 8. 良好的沟通技巧、协调能力以及商务谈判技巧
岗位技术能力要求词云图	岗位素质能力要求词云图

（十八）供应链管理师

从供应链管理师岗位工作任务及岗位职业能力要求情况（见表 8-18）来看，供应链管理师需要着重掌握供应链管理、供应商管理、数据分析、物流管理、成本控制、库存管理、质量管理、成本管理、供应商开发、供应链运营、订单管理、物料采购、库存周转、需求预测、采购管理、供应商评估、供应链运作、物流配送、供应商谈判等关键技术能力，以及具备组织协调、计划规划、管理能力、分析能力、整理优化、工作态度、谈判能力、逻辑思维、客户维护、沟通协调、控制能力、执行能力、抗压能力等关键素质能力。

表 8-18　供应链管理师岗位工作任务及职业能力情况

岗位工作任务	岗位能力要求
1. 实施销售和运作计划； 2. 进行库存管理协调供需关系； 3. 规划和优化供应链战略和流程； 4. 制订采购策略对供应商进行整合与评估； 5. 运用供应链平台管理客户、内部供应链、供应商及交易； 6. 进行供应链数据分析和业绩评估； 7. 实施供应链成本控制和效率改进； 8. 建立和健全供应商、承运商的开发、维护、跟踪及评估体系	1. 具备丰富的企业供应链管理实操经验； 2. 精通供应链管理知识、谈判技巧、审核文件能力； 3. 熟悉供应链管理各环节的相关流程； 4. 能够对生产、采购、物流等方面资源进行有效规划、整合及优化； 5. 能够对供应链战略和流程规划优化； 6. 具备供应链数据分析和业绩评估的能力； 7. 具备较强的逻辑思维能力和成本意识； 8. 熟练使用办公软件及相关的 ERP 物资管理软件

续表

岗位技术能力要求词云图	岗位素质能力要求词云图
(词云图)	(词云图)

(十九) 商务数据分析师

从商务数据分析师岗位工作任务及岗位职业能力要求情况（见表8-19）来看，商务数据分析师需要着重掌握数据分析、数据挖掘、数据支持、数据统计、数据运营、数据提取、数据采集、数据运营、统计分析、数据建模、数据监控、数据清洗、数据治理、商业分析、数据开发、数据应用、报告撰写、数据洞察、数据服务等关键技术能力，以及具备分析能力、整理优化、团队合作、工作能力、沟通表达、管理能力、组织协调、逻辑思维、学习能力等关键素质能力。

表8-19 商务数据分析师岗位工作任务及职业能力情况

岗位工作任务	岗位能力要求
1. 采集、清洗企业商务数据，建立商务数据指标体系；	1. 熟悉商务数据分析工具；
2. 分析、挖掘商务数据产出数据模型；	2. 掌握数据收集、清洗和分析的技能；
3. 撰写、制作、发布可视化数据和商务分析报告；	3. 具备业务数据报告和可视化的能力；
4. 制定和执行数据驱动的业务决策；	4. 能快速理解业务逻辑，懂得数据科学；
5. 进行市场和竞争对手分析；	5. 有较好的数据分析和报告编写能力；
6. 监控数据指标识别、分析业务问题与发展机会；	6. 具备解决复杂业务数据分析问题的能力；
7. 提供数据应用咨询服务	7. 具备优秀的沟通协调能力和团队协作精神
岗位技术能力要求词云图	岗位素质能力要求词云图
(词云图)	(词云图)

(二十) 全媒体运营师

从全媒体运营师岗位工作任务及岗位职业能力要求情况（见表8-20）来看，

全媒体运营师需要着重掌握数据分析、新媒体运营、社群运营、文案撰写、运营管理、平台管理、网络营销、营销策划、营销推广、品牌推广、网络推广、市场推广、视频剪辑、自媒体运营、广告投放、用户运营等关键技术能力,以及具备分析能力、策划能力、团队合作、整理优化、组织协调、管理能力、创新创意、逻辑思维、学习能力、执行能力、资源整合等关键素质能力。

表8-20 全媒体运营师岗位工作任务及职业能力情况

岗位工作任务	岗位能力要求
1. 制定和执行全媒体运营策略; 2. 对媒介和受众进行数据化分析指导媒体运营和信息传播的匹配性与精准性; 3. 对文字、声音、影像、动画、网页等信息内容进行策划和加工; 4. 将信息载体向目标受众进行精准分发、传播和营销; 5. 采集相关数据实时数据分析、监控情况精准调整媒体分发的渠道、策略和动作; 6. 建立全媒体传播矩阵构建多维度立体化的信息出入口对各端口进行协同运营; 7. 管理和维护社交媒体账号和内容	1. 熟悉各平台的生态、底层逻辑、流量热点; 2. 具备较好的原创文案功底,图文审美能力; 3. 具备优秀的信息搜集编辑能力; 4. 能够运用数据分析工具,提供各媒体平台的运营报告; 5. 善于通过数据分析挖掘问题并制定相应运营策略; 6. 善于捕捉热点,有较好的数据辨别提取能力和缝隙能力; 7. 熟知新媒体运营思路和运营策略
岗位技术能力要求词云图	岗位素质能力要求词云图

（二十一）数据库运行管理员

从数据库运行管理员岗位工作任务及岗位职业能力要求情况（见表8-21）来看,数据库运行管理员需要着重掌握性能优化、故障处理、数据库管理、性能调优、架构设计、技术支持、数据库备份、备份恢复、性能分析、故障诊断、权限管理、系统管理、安全管理、性能监控、sql优化、sql调优等关键技术能力,以及具备整理优化、分析能力、管理能力、工作能力、团队合作、沟通表达、计划规划、设计能力、工作态度等关键素质能力。

表8-21 数据库运行管理员岗位工作任务及职业能力情况

岗位工作任务	岗位能力要求
1. 负责数据库的安装、升级和配置； 2. 进行数据库的日常监控和维护； 3. 进行数据库性能调优和优化； 4. 制订、实施与完善数据库的备份还原、复制、镜像等容灾方案； 5. 进行数据迁移和转换； 6. 定期进行数据库性能评估和优化； 7. 参与数据库设计和架构，提供数据库相关的技术支持和咨询； 8. 管理数据库用户和权限	1. 熟悉数据库管理工具和技术； 2. 精通主流数据库脚本优化、性能监控及分析、高可用和集群的部署及维护； 3. 了解数据库范式化、反范式化和索引等设计原则； 4. 熟悉常用的备份和恢复工具和方法； 5. 熟悉数据库的安装、配置、维护和性能优化等操作； 6. 能够独立编写、优化复杂的 SQL 查询； 7. 了解数据库的权限管理、身份验证、加密等技术； 8. 具备数据迁移和转换的技能
岗位技术能力要求词云图	岗位素质能力要求词云图

（二十二）人工智能训练师

从人工智能训练师岗位工作任务及岗位职业能力要求情况（见表8-22）来看，人工智能训练师需要着重掌握数据标注、数据分析、深度学习、数据采集、模型训练、图像识别、图像处理、序列标注、数据挖掘、人机交互、算法研发、图像标注、目标检测等关键技术能力，以及具备分析能力、整理优化、工作能力、团队合作、工作态度、计划规划、逻辑思维、设计能力、理解能力、问题解决等关键素质能力。

表8-22 人工智能训练师岗位工作任务及职业能力情况

岗位工作任务	岗位能力要求
1. 收集和准备训练数据； 2. 对已有的数据进行调查、分析和处理； 3. 标注和加工图片、文字、语音等业务的原始数据； 4. 通过算法模型对数据进行建模、测试和优化； 5. 训练和评测人工智能产品相关算法、功能和性能； 6. 进行模型性能评估和优化； 7. 设计人工智能产品的交互流程和应用解决方案； 8. 监控、分析、管理人工智能产品应用数据	1. 熟悉 AI 数据标注工具及平台； 2. 精通至少一种编程语言； 3. 了解数据结构、算法、统计学和线性代数等知识； 4. 具备模型性能评估和优化的能力； 5. 对数据敏感，具备较强的数据分析能力； 6. 具备较强的学习能力和逻辑思维能力

续表

岗位技术能力要求词云图	岗位素质能力要求词云图

（二十三）信息系统适配验证师

从信息系统适配验证师岗位工作任务及岗位职业能力要求情况（见表8-23）来看，信息系统适配验证师需要着重掌握信息系统建设、技术支持、安全管理、设备管理、信息管理、项目管理、网络维护、系统管理、系统开发、系统实施、系统运行、系统维护、系统建设、故障排除等关键技术能力，以及具备管理能力、分析能力、组织协调、工作能力、计划规划、问题解决、沟通协调、学习能力、执行能力、逻辑思维等关键素质能力。

表8-23 信息系统适配验证师岗位工作任务及职业能力情况

岗位工作任务	岗位能力要求
1. 分析信息系统适配过程中不同技术路线特性； 2. 进行信息系统适配验证和测试； 3. 制订信息系统异构适配移植方案； 4. 部署基础环境、外设、终端、安全体系、业务系统对异构组件进行编译； 5. 对系统软硬件产品组合进行适配功能验证、性能验证和参数调优； 6. 分析和处理在适配过程中因环境差异导致的问题	1. 掌握信息系统适配验证和测试的技术； 2. 了解功能和性能测试相关的知识； 3. 测试结果分析和报告的能力； 4. 熟悉信息系统开发和集成流程； 5. 具有较好的团队合作精神和良好的执行能力； 6. 具备较强的学习能力
岗位技术能力要求词云图	岗位素质能力要求词云图

（二十四）数字孪生应用技术员

从数字孪生应用技术员岗位工作任务及岗位职业能力要求情况（见表8-24）

来看，数字孪生应用技术员需要着重掌握智能制造、架构设计、项目开发、产品设计、性能优化、应用开发、虚拟仿真、方案设计、系统集成、原型设计、技术研发、平台开发、深度学习、数据融合等关键技术能力，以及具备分析能力、整理优化、团队合作、设计能力、计划规划、工作态度、学习能力、问题解决、开发能力、项目管理、客户维护、创新创意等关键素质能力。

表 8-24　数字孪生应用技术员岗位工作任务及职业能力情况

岗位工作任务	岗位能力要求
1. 安装、部署数字孪生平台搭建并维护数字孪生体的开发环境、运行环境及验证环境； 2. 导入、配置、构建数字孪生模型部署并维护数字孪生模型； 3. 建立数字孪生模型与物理实体的数据映射关系； 4. 进行数字孪生体调试优化及功能验证； 5. 采集并处理物理实体数据驱动数字孪生体； 6. 协助测试和应用人员完成系统测试与解决应用中的问题； 7. 进行数字孪生体的维护更新、优化升级提供诊断、预测预警建议	1. 熟悉常用的数据结构、设计模式和网络编程； 2. 熟悉蓝图建模流程； 3. 能够进行数字孪生应用设计和开发； 4. 具备数字孪生模型和仿真环境建立的知识和技能； 5. 完成过成熟的数字孪生的案例； 6. 具备较好的信息检索和分析能力； 7. 具备基础的表达能力和良好的逻辑思维能力
岗位技术能力要求词云图	岗位素质能力要求词云图

（二十五）信息安全测试员

从信息安全测试员岗位工作任务及岗位职业能力要求情况（见表 8-25）来看，信息安全测试员需要着重掌握渗透测试、漏洞扫描、安全测试、漏洞挖掘、安全服务、风险评估、安全攻防、安全管理、安全渗透、代码审计、安全评估、漏洞分析、网络攻击、安全防护、日志分析、安全培训、技术支持、内网渗透、文档编写等关键技术能力，以及具备分析能力、团队合作、工作能力、沟通表达、组织协调、计划规划、问题解决、工作态度、管理能力、学习能力、钻研研究、整理优化、设计能力等关键素质能力。

第八章 数字化岗位职业能力大数据分析

表 8-25 信息安全测试员岗位工作任务及职业能力情况

岗位工作任务	岗位能力要求
1. 利用漏洞检测工具定位、识别评测目标存在的安全漏洞并进行技术核查与评估; 2. 对评测目标进行深度测试验证安全漏洞引发的网络与系统安全隐患; 3. 编制安全评测报告协助专业人员对评测目标进行安全恢复及技术改进; 4. 进行互联网应用程序和联网设备开发、运行过程中的个人信息保护检测; 5. 制订评测目标的安全测试方案及实施计划; 6. 进行安全评估和风险评估; 7. 进行信息安全事件的应急处置	1. 熟悉安全测试工具和技术; 2. 熟悉信息安全法律法规和标准; 3. 熟练掌握渗透测试基本流程; 4. 具备丰富攻防演练攻击或防守保障经验; 5. 能独立开展安全监测、安全威胁分析、攻击链分析、攻击者画像等工作; 6. 具备安全漏洞和风险发现与修复的能力; 7. 对最新信息安全技术和趋势的持续学习和跟进能力
岗位技术能力要求词云图	岗位素质能力要求词云图

(二十六) 工业设计工艺师

从工业设计工艺师岗位工作任务及岗位职业能力要求情况（见表 8-26）来看，工业设计工艺师需要着重掌握工业设计、产品设计、结构设计、产品开发、外观设计、产品研发、平面设计、技术支持、造型设计、机械设计、工程设计、方案设计、产品测试等关键技术能力，以及具备设计能力、分析能力、团队合作、工作能力、组织协调、工作态度、沟通表达、管理能力、计划规划、整理优化、创新创意等关键素质能力。

(二十七) 建筑信息模型技术员

从建筑信息模型技术员岗位工作任务及岗位职业能力要求情况（见表 8-27）来看，建筑信息模型技术员需要着重掌握模型搭建、工程量统计、技术应用、视化设计、虚拟漫游、工程设计、项目管理、bim 设计、bim 建模、bim 应用、施工模拟、工程咨询、工程监理、工程勘察、节能分析、碰撞检测等关键技术能力，以及具备设计能力、组织协调、团队合作、工作能力、工作态度、学习能力、沟通协调、项目管理、创新创意、客户维护、抗压能力等关键素质能力。

· 117 ·

表 8-26　工业设计工艺师岗位工作任务及职业能力情况

岗位工作任务	岗位能力要求
1. 调研、分析产品或服务等设计对象的功能、结构、形态及视觉感官的技术需要； 2. 进行产品设计和创意开发； 3. 提出产品或服务概念等对象的设计可行性及实施方式方法； 4. 进行设计原型验证测试与评估； 5. 负责对新产品的开发立项管理、工艺可实现性进行评估； 6. 负责现有产品结构优化改良对结构工艺问题进行攻关； 7. 解决设计过程中遇到的技术难点难题和优化设计重点设计方案； 8. 完成产品概要设计和详细设计说明的编写，产品专利分析和专利申请书撰写	1. 熟悉结构设计及产品加工工艺； 2. 掌握产品样机制作和测试的知识； 3. 具有良好的设计专业功底和开阔的视野； 4. 具有建模渲染能力； 5. 有较强的模型制作能力； 6. 灵活运用三维及平面设计类软件； 7. 具有良好的设计语言表达与沟通能力
岗位技术能力要求词云图	岗位素质能力要求词云图

表 8-27　建筑信息模型技术员岗位工作任务及职业能力情况

岗位工作任务	岗位能力要求
1. 进行项目中建筑、结构、暖通、给排水、电气专业等建筑信息模型的搭建、复核、维护管理工作； 2. 协同其他专业建模； 3. 通过室内外渲染、虚拟漫游、建筑动画、虚拟施工周期等进行建筑信息模型可视化设计； 4. 施工管理及后期运维； 5. 负责对施工现场信息数据录入 BIM 施工管理平台，以及 BIM 模型的档案管理； 6. 负责项目的 BIM 数据管理和交付，确保数据质量和安全； 7. 参与建筑工程项目设计、优化与协调工作； 8. 建立 BIM 标准构件库工作	1. 熟悉建筑信息模型标准和规范； 2. 熟悉施工设计流程； 3. 参与过重大项目的深化设计； 4. 能够熟悉操作 BIM 相关软件； 5. 能够编制 BIM 技术方案和实施计划； 6. 对实体模型建立精确，并能配合投标和实际施工应用； 7. 具有良好的沟通协作能力和创新精神； 8. 具备基础的建筑、结构和机电专业知识及施工图识图能力
岗位技术能力要求词云图	岗位素质能力要求词云图

二、目标传统数字化岗位工作任务和职业能力分析

（一）自动控制工程技术人员

从自动控制工程技术人员岗位工作任务及岗位职业能力要求情况（见表 8-28）来看，自动控制工程技术人员需要着重掌握自动化编程、机器人操作、PLC 编程、系统设计、模型建立、虚拟仿真、电气设计、运动控制、可靠性评估、预测控制、自适应控制、优化调度、效能测试等关键技术能力，以及具备学习能力、沟通能力、分析能力、团队合作、主动性、决策能力、自主学习、逻辑思维、领导能力、计划能力、项目管理、人际交往等关键素质能力。

表 8-28　自动控制工程技术人员岗位工作任务及职业能力情况

岗位工作任务	岗位能力要求
1. 设计、测试自动化元器件及装置并指导安装、调试、维护； 2. 设计、测试生产流水线系统和运行控制系统并指导安装、调试、维护； 3. 进行数控编程指导数控加工； 4. 设计、测试、调试自动化仪表与检测设备； 5. 分析、处理生产技术问题； 6. 进行现场接线安装的指导监督工作； 7. 配合自动化、信息化、系统化项目的建议及施工落地； 8. 负责软件需求分析、程序开发、现场调试及培训工作	1. 了解各种电气元件的工作原理； 2. 了解自动化系统工程原理； 3. 具备独立搭建软件系统模块的能力； 4. 熟悉常用元器件性能及选型配置； 5. 具备自动控制系统故障诊断和排除的能力； 6. 具备自动化、信息化、系统化运行实践或管理经验； 7. 能独立完成控制电路设计、电路图的绘制、电路连接指导等工作
岗位技术能力要求词云图	岗位素质能力要求词云图

（二）通信工程技术人员

从通信工程技术人员岗位工作任务及岗位职业能力要求情况（见表 8-29）来看，通信工程技术人员需要着重掌握信号处理、网络规划、网络技术、频谱分析、数据传输、跨层优化、容量规划、码分多址、网络监测、天线设计、基站部署、调制解调、同步控制、故障排除、远程管理、路由协议等关键技术能力，以及具备创新思维、分析能力、学习能力、团队合作、逻辑思维、主动性、项目管理、理解能力、人际交往等关键素质能力。

· 119 ·

数字经济背景下我国高职教育高质量发展报告

表 8-29　通信工程技术人员岗位工作任务及职业能力情况

岗位工作任务	岗位能力要求
1. 研究、制订通信网络发展规划和技术标准、规范、规程； 2. 进行通信设备的配置和调试； 3. 研发、应用通信网络设备、网络管理设备、网络安全设备、检测设备； 4. 设计、开发、安装、调测通信网络系统应用软件； 5. 负责网络集成项目的安装、调试及维护工作； 6. 进行通信安全控制和保护； 7. 进行通信网络系统运行状况日常技术管理和技术督导； 8. 分析和处理通信网络系统设备安装、调测、运行、维护等技术问题	1. 熟练掌握各类路由器、交换机等网络设备的设置与脚本编写； 2. 熟练掌握无线传输专业勘测知识及流程； 3. 熟练掌握 Linux、Redhat、CentOS 等系统配置与参数修改； 4. 具备良好的人际关系处理能力以及良好的服务意识； 5. 具备基站勘测、方案讨论及文件编制的经验； 6. 熟练操作 CAD、概预算软件、工程制图软件、数据处理软件及其他软件； 7. 对网络设计的整体流程各种环节有较细致的理解
岗位技术能力要求词云图	岗位素质能力要求词云图
软件定义 频谱分析 网络规划 容量规划 基站部 制订规则 跨层优化 信号处理 码分多址 天线设计 网络技术 网络监测 远程管理 路由协议 故障排除 数据传输 同步控制	持续学习全局观 团队合作 责任心 制定计划 风险评估 分析能力 理解能力 弹性适应 创新思维 项目管理 主动性 学习能力 凝聚团队 人际交往 逻辑思维 系统思维

（三）计算机软件工程技术人员

从计算机软件工程技术人员岗位工作任务及岗位职业能力要求情况（见表 8-30）来看，计算机软件工程技术人员需要着重掌握程序设计、Java 编程、代码调试、需求分析、界面设计、系统设计、软件部署、数据结构、移动应用、编码规范、软件维护、软件编程、软件架构、系统测试、算法优化等关键技术能力，以及具备时间管理、学习能力、沟通能力、分析能力、团队合作、系统思维、弹性适应、项目管理、理解能力等关键素质能力。

表 8-30　计算机软件工程技术人员岗位工作任务及职业能力情况

岗位工作任务	岗位能力要求
1. 研究、应用计算机软件开发技术和方法； 2. 进行软件开发、编码和调试； 3. 进行软件测试和质量控制； 4. 维护和管理计算机软件系统； 5. 参与软件需求分析、架构设计和编码实现； 6. 负责解决软件开发过程中遇到的问题； 7. 进行编制项目文档和质量记录的工作	1. 熟悉软件开发流程和方法； 2. 了解常用的数据结构和算法，熟练掌握面向对象编程思想； 3. 熟悉多线程、多进程开发技术； 4. 熟悉 Linux 系统和常用的开发工具； 5. 熟悉软件开发、编码和调试基本理论； 6. 熟悉计算机硬件常识，熟悉各硬件的具体功能； 7. 具备良好的学习能力和解决问题能力

第八章 数字化岗位职业能力大数据分析

续表

岗位技术能力要求词云图	岗位素质能力要求词云图
(词云图：代码调试、程序设计、Java编程、界面设计、需求分析、编码规范、系统设计、软件部署、数据结构、移动应用、算法优化、系统测试、软件架构、项目管理等)	(词云图：团队合作、学习能力、时间管理、沟通能力、分析能力、主动性、系统思维、适应性、弹性适应、理解能力、责任心、专业知识、项目管理、人际交往、决策能力等)

（四）计算机网络工程技术人员

从计算机网络工程技术人员岗位工作任务及岗位职业能力要求情况（见表8-31）来看，计算机网络工程技术人员需要着重掌握网络架构、路由配置、防火墙管理、网络管理、VLAN配置、DNS管理、VPN设置、网络配置、网络备份、网络监控、网络传输、WAN优化、综合布线、拓扑设计、协议分析等关键技术能力，以及具备学习能力、分析能力、沟通能力、团队合作、逻辑思维、决策能力、自主学习、项目管理、领导能力等关键素质能力。

表8-31 计算机网络工程技术人员岗位工作任务及职业能力情况

岗位工作任务	岗位能力要求
1. 规划、设计、仿真测试计算机网络系统； 2. 研究计算机网络安全性、可用性和可靠性设计、实施解决方案； 3. 进行计算机网络设备的配置和调试； 4. 安装、配置网络操作系统、网络数据库和网络应用软件； 5. 设计、集成、管理计算机网络工程并指导施工； 6. 管理和维护网络的运行和性能； 7. 进行网络安全控制和保护； 8. 解决网络故障和问题	1. 熟练掌握计算机网络信息通信技术，了解各类网络协议和服务； 2. 熟悉交换机、路由器等网络设备的配置； 3. 熟悉运营商或者大型企业的网络架构； 4. 熟悉网络、安全、无线等产品及相关背景技术知识； 5. 具备主流厂商设备调试经验、业务实施经验或相关技术认证； 6. 具备独立网络建设及故障排查能力； 7. 熟悉行业业务流程和网络应用需求； 8. 具备较强的沟通协作能力
岗位技术能力要求词云图	岗位素质能力要求词云图
(词云图：防火墙管理、DNS管理、路由配置、VPN设置、网络架构、网络监控、网络配置、WAN优化、拓扑设计、网络管理、网络传输、VLAN配置、综合布线、协议分析、故障排除等)	(词云图：分析能力、团队合作、学习能力、自主学习、沟通能力、主动性、项目管理、决策能力、领导能力、倾听能力、逻辑思维、弹性适应、责任心、执行能力等)

· 121 ·

(五) 信息系统分析工程技术人员

从信息系统分析工程技术人员岗位工作任务及岗位职业能力要求情况（见表8-32）来看，信息系统分析工程技术人员需要着重掌握系统分析、维护支持、数据库设计、信息管理、系统设计、系统集成、系统测试、功能开发、接口设计、信息处理、系统优化、数据管理、系统管理、数据库管理、数据分析等关键技术能力，以及具备业务理解、逻辑思维、沟通能力、团队合作、决策能力、领导能力、时间管理、项目管理等关键素质能力。

表8-32 信息系统分析工程技术人员岗位工作任务及职业能力情况

岗位工作任务	岗位能力要求
1. 分析、模拟和评价信息系统的目标、需求、可行性、系统架构、功能、性能、效益、安全、风险； 2. 编写系统需求说明书建立信息系统逻辑模型； 3. 完成业务相关的系统分析及设计工作； 4. 进行信息系统需求分析和规划； 5. 编制信息化建设规划和信息系统总体解决方案； 6. 制订系统集成项目实施方案和实施计划； 7. 负责日常测试工作，统计和分析测试结果	1. 具备软件信息系统架构需求、分析、设计等基础能力； 2. 能够进行信息系统的整体设计和架构规划； 3. 具备一定的项目管理能力； 4. 具备数据分析和建模的知识和技能； 5. 具备敏锐的需求分析能力、问题排查能力和扎实的文档输出能力； 6. 具备较强的逻辑分析、数据分析能力； 7. 具备良好的沟通协调、文字表达
岗位技术能力要求词云图	岗位素质能力要求词云图

(六) 嵌入式系统设计工程技术人员

从嵌入式系统设计工程技术人员岗位工作任务及岗位职业能力要求情况（见表8-33）来看，嵌入式系统设计工程技术人员需要着重掌握嵌入式开发、软件设计、电路设计、程序驱动、PCB设计、性能优化、系统集成、嵌入式通信、嵌入式硬件、系统架构、电路板设计、系统开发、系统控制、软件开发、系统优化等关键技术能力，以及具备沟通能力、分析能力、团队合作、自主学习、逻辑思维、领导能力、时间管理、项目管理、独立思考、持续学习等关键素质能力。

第八章 数字化岗位职业能力大数据分析

表 8-33　嵌入式系统设计工程技术人员岗位工作任务及职业能力情况

岗位工作任务	岗位能力要求
1. 配置嵌入式应用系统和自动化控制系统硬件确定技术规格; 2. 编程和测试系统软件; 3. 集成、调试与维护系统; 4. 进行嵌入式系统的硬件设计和电路板布局; 5. 进行嵌入式系统的测试和验证; 6. 嵌入式系统软件架构的设计和开发; 7. 支持和控制开发项目的流程合规实施; 8. 编写设计文档和测试用例	1. 熟悉嵌入式系统的硬件和软件; 2. 熟练使用相关仪器仪表进行软硬件调试; 3. 具有配置和集成自动搜索量基本软件的经验; 4. 具有工艺工程工艺改进和优化领域; 5. 熟悉各类数据结构算法,独立编制嵌入式系统控制软件; 6. 优秀的谈判技巧及管理员工的能力; 7. 具有一定的故障分析能力、逻辑思维能力
岗位技术能力要求词云图	岗位素质能力要求词云图

（七）信息安全工程技术人员

从信息安全工程技术人员岗位工作任务及岗位职业能力要求情况（见表8-34）来看，信息安全工程技术人员需要着重掌握漏洞扫描、数据加密、系统修复、安全管理、安全检测、安全防护、风险评估、情报分析、信息保密、安全审计、安全控制、安全布局、安全推广、安全教育等关键技术能力，以及具备创新能力、沟通能力、领导能力、决策能力、评估能力、执行能力、组织能力、逻辑思维、抗压能力等关键素质能力。

表 8-34　信息安全工程技术人员岗位工作任务及职业能力情况

岗位工作任务	岗位能力要求
1. 分析信息系统安全性需求制订信息系统安全规划; 2. 设计、开发、评估信息系统安全解决方案; 3. 指导或实施信息安全方案; 4. 制订信息安全政策、策略实施等级保护、网络隔离、安全监控; 5. 开展信息安全相关的监管报送、内控自评估、信息安全风险自查等工作; 6. 制订安全危害预防策略发现并解决信息系统中的泄密、病毒、攻击、信息篡改等安全问题; 7. 负责建立信息安全体系; 8. 跟踪信息安全现状及动态信息,不断提升信息安全水平	1. 熟悉安全管理领域相关知识; 2. 熟悉主流安全产品,具有防火墙、IDS、IPS、病毒防护等维护经验; 3. 网络基础及系统基础知识扎实; 4. 熟悉防火墙、IDPS、上网行为管理等防护设备的部署和使用; 5. 具备较强的执行及学习能力,良好的职业素养和职业操守; 6. 了解内网、网络应用和数据库攻防技术和安全配置; 7. 熟悉包括威胁监控、漏洞分析、权限管理、事件响应等安全技术

续表

岗位技术能力要求词云图	岗位素质能力要求词云图
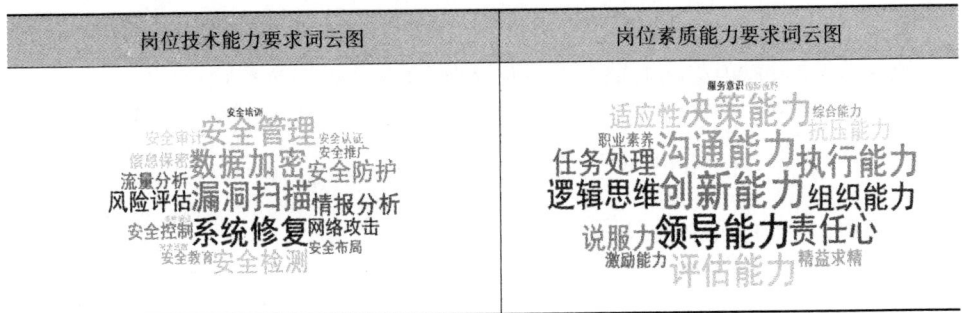	

（八）信息系统运行维护工程技术人员

从信息系统运行维护工程技术人员岗位工作任务及岗位职业能力要求情况（见表8-35）来看，信息系统运行维护工程技术人员需要着重掌握系统维护、故障处理、系统监控、日志分析、系统优化、问题排查、系统备份、系统恢复、系统安装、系统调试、系统备案、软件升级、服务器维护、网络监测、故障诊断、系统巡检、系统监测等关键技术能力，以及具备沟通协作、时间管理、细致思考、独立思考、适应能力、团队合作、资源优化、自我提升、协调能力、责任心、自我驱动、服务意识等关键素质能力。

表8-35 信息系统运行维护工程技术人员岗位工作任务及职业能力情况

岗位工作任务	岗位能力要求
1. 管理信息系统运行维护系统运行环境； 2. 确保ERP、预算、费控等信息化系统安全、稳定、高效运行； 3. 测试信息系统可靠性预测系统故障排查、分析信息系统故障和问题； 4. 制订系统、信息备份的安全策略并提供技术支持； 5. 提供系统安全危害的预防、故障隔离与数据恢复技术保障服务； 6. 管理信息系统客户和技术信息分配系统权限调配系统资源； 7. 负责信息化系统日常运行监控及巡检，及时进行故障排除； 8. 负责信息化系统配套的操作系统、数据库等的维护与优化	1. 熟悉计算机程序设计； 2. 精通计算机硬、软件及应用程序、通用设备的维修维护； 3. 熟悉路由器，交换机、防火墙的网络设备的设置与管理； 4. 具备计算机网络、信息系统管理、运行维护项目经验； 5. 熟悉Windows服务器系统安装、配置、维护、故障排除； 6. 熟悉相关服务器软件及中间件的安装、配置、维护工作； 7. 具备独立处理服务器故障问题的能力； 8. 具备极强的执行力和沟通能力

第八章 数字化岗位职业能力大数据分析

续表

岗位技术能力要求词云图	岗位素质能力要求词云图
数据备份 问题排查 网络监测 软件升级 故障处理 系统调试 系统恢复 服务器维护 系统维护 系统安装 系统备份 系统监控 系统优化 系统备案 日志分析 系统巡检	弹性适应 适应能力 人际交往 团队合作 时间管理 自我提升 沟通协作 协调能力 资源整合 责任心 细致思考 自我驱动 独立思考

（九）物流工程技术人员

从物流工程技术人员岗位工作任务及岗位职业能力要求情况（见表8-36）来看，物流工程技术人员需要着重掌握供应链管理、运输管理、仓储管理、物流运营、物流配送、物流服务、运输安排、运输规划、运输协调、数据分析、仓库管理、库存管理、装卸操作、物流规划、货物跟踪、物流监控、质量检验等关键技术能力，以及具备逻辑思维、问题解决、创新思维、团队合作、项目管理、决策能力、学习能力、协调能力、自我驱动、文化沟通、风险管理等关键素质能力。

表8-36 物流工程技术人员岗位工作任务及职业能力情况

岗位工作任务	岗位能力要求
1. 规划、设计、运筹物流系统和物流中心； 2. 组织、管理、实施物流工程项目； 3. 进行供应链管理和协调； 4. 进行物流信息系统的建设和管理； 5. 开发、应用物流自动化、集成化与智能化信息系统； 6. 配合内部系统上线，信息化开展物流管理工作； 7. 研究、分析公司和部门物流管理体系的完善性	1. 具备物流规划和优化的能力； 2. 掌握供应链管理和协调的知识和技能； 3. 能够进行仓储和库存管理； 4. 具备数据分析能力，能够利用物流数据进行分析和优化； 5. 熟练与供应商和客户进行合作和沟通； 6. 熟悉物流业务流程和相关法规
岗位技术能力要求词云图	岗位素质能力要求词云图
数据分析 物流配送 货物跟踪 物流服务 仓储管理 运输规划 沟通能力 供应链管理 装卸操作 合同管理 运输安排 运输管理 运输协调 仓库管理 物流运营 质量检验	执行能力 逻辑思维 商业敏感 沟通 文化沟通 问题解决 学习能力 自我驱动 创新思维 责任心 决策能力 客户导向 团队合作 协调能力 项目管理 风险管理 质量导向

（十）信息管理工程技术人员

从信息管理工程技术人员岗位工作任务及岗位职业能力要求情况（见表8-

· 125 ·

37)来看,信息管理工程技术人员需要着重掌握文档管理、系统管理、数据管理、数据分析、挖掘分析、信息检索、流程优化、信息架构、流程建模、质量管理、周期管理、信息传递、知识获取、知识存储、知识传递等关键技术能力,以及具备创新思维、团队合作、解决问题、适应变化、沟通技巧、自主学习、业务理解、分析能力、决策能力、交流能力等关键素质能力。

表8-37 信息管理工程技术人员岗位工作任务及职业能力情况

岗位工作任务	岗位能力要求
1. 制订、实施信息化战略规划、标准、规范; 2. 参与公司信息化、数字化规划及公司信息化相关项目建设工作; 3. 规划、设计和管理单位网络; 4. 运行、维护单位信息系统; 5. 构建信息安全管理体系进行单位信息安全管理; 6. 进行信息资源规划和信息收集、分析、综合利用; 7. 制定公司相关信息化管理制度及推动执行; 8. 负责信息系统建设、维护	1. 熟悉企业IT体系结构、应用架构、项目管理; 2. 具备较全面的IT领域的知识; 3. 对云计算、物联网、大数据、区块链等新技术在企业数字化中应用有一定理解; 4. 熟悉路由器、交换机、防火墙的网络设备的设置与管理; 5. 能对各类软、硬件或网络故障进行快速定位和排除; 6. 了解主流硬件及网络产品的性能和发展方向; 7. 具备网络管理、服务器网管经验; 8. 具备较强的学习能力,较好的沟通和协作能力
岗位技术能力要求词云图	岗位素质能力要求词云图
知识获取 周期管理 数据分析 知识存储 数据管理 信息传递 流程优化 文档管理 挖掘分析 信息架构 系统管理 知识传递 流程建模 信息检索 可视化展示	待人处事 制度意识 团队合作 创造价值 解决问题 分析能力 业务理解 创新思维 决策能力 自主学习 适应变化 交流能力 沟通技巧

(十一)数据分析处理工程技术人员

从数据分析处理工程技术人员岗位工作任务及岗位职业能力要求情况(见表8-38)来看,数据分析处理工程技术人员需要着重掌握数据预处理、数据处理、数据挖掘、数据清洗、数据建模、数据提取、数据评估、数据监测、数据优化、数据编码、数据筛选、数据识别、数据整合、数据库查询、数据验证等关键技术能力,以及具备时间管理、逻辑思维、沟通协作、自主学习、领悟能力、团队合作、学习意识、抽象思维、批判思维等关键素质能力。

第八章　数字化岗位职业能力大数据分析

表 8-38　数据分析处理工程技术人员岗位工作任务及职业能力情况

岗位工作任务	岗位能力要求
1. 进行数据库逻辑设计； 2. 进行数据库和数据服务应用编程； 3. 调整、优化数据库系统； 4. 进行数据清洗和预处理； 5. 进行数据分析、数据挖掘、数据展现、决策支持； 6. 维护数据库系统； 7. 进行统计分析和建模； 8. 进行数据可视化和报告	1. 熟悉使用数据处理工具； 2. 熟悉 Python 常用的类库、数据结构和算法； 3. 具备数据结构、数据格式、数据标准化的基础知识； 4. 熟悉数据库与 SQL； 5. 具备数据可视化和报告的能力； 6. 对搜索技术，云计算，数据挖掘等大数据处理有浓厚的兴趣； 7. 具备良好的逻辑分析能力和系统性思维能力； 8. 良好的数据呈现能力和总结能力
岗位技术能力要求词云图	岗位素质能力要求词云图
数据预处理 数据挖掘 数据评估 数据提取 数据处理 数据编码 数据优化 数据清洗 数据筛选 数据建模	时间管理 学习意识 逻辑思维 高效执行 批判思维 沟通协作 团队合作 抽象思维 自主学习 坚持不懈 领悟能力

（十二）　工业设计工程技术人员

从工业设计工程技术人员岗位工作任务及岗位职业能力要求情况（见表 8-39）来看，工业设计工程技术人员需要着重掌握创意设计、用户体验、产品开发、CAD 设计、造型设计、3D 建模、色彩搭配、材料选择、结构优化、产品规划、系统集成、包装设计、交互设计、产品测试、视觉设计等关键技术能力，以及具备原创能力、构思创作、创意设计、创新思维、抽象能力、问题解决、美学意识、观察力、创新设计、质量控制、持续学习、系统思维、项目管理等关键素质能力。

表 8-39　工业设计工程技术人员岗位工作任务及职业能力情况

岗位工作任务	岗位能力要求
1. 设计产品、环境设施、视觉传达、展示与陈设的技术路径和程序； 2. 进行产品工程技术的合理性转化提供设计原型的工程设计解决方案进行技术功能、性能、安全实验等； 3. 指导设计人员应用工业设计技术审查设计方案和项目； 4. 负责产品外观创意设计； 5. 进行产品设计和创新； 6. 进行产品材料和工艺选择； 7. 进行产品制造工艺和流程优化； 8. 参与产品规划和研发过程，确保产品设计的可行性和符合技术要求	1. 能够进行三维建模和技术绘图； 2. 具有良好的美术功底、产品外观设计经验及较强的审美能力； 3. 对产品结构、材料、CMF 及加工工艺等有充分了解； 4. 具备项目管理经验，能够合理安排任务和资源； 5. 具备较强的独立提案能力，项目理解能力和客户沟通能力； 6. 了解用户体验设计的原则和方法，能够设计用户友好的产品界面和交互体验； 7. 具备创新思维和解决问题的能力

续表

岗位技术能力要求词云图	岗位素质能力要求词云图
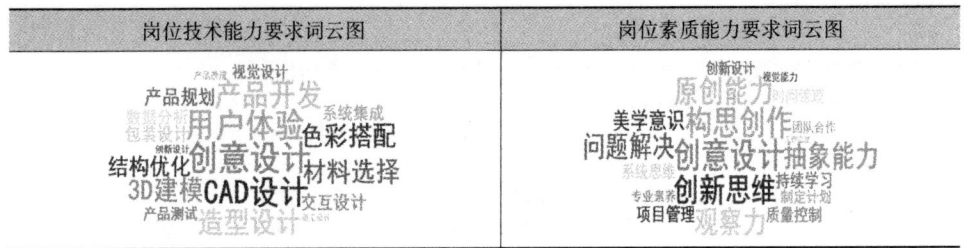	

(十三) 电子商务师

从电子商务师岗位工作任务及岗位职业能力要求情况（见表8-40）来看，电子商务师需要着重掌握电商运营、推广营销、客户服务、网络营销、数据分析、市场分析、活动策划、品牌塑造、网店运营、网络销售、竞品分析、物流配送、广告投放、供应链管理等关键技术能力，以及具备团队合作、协调能力、决策能力、战略规划、全球视野、自我发展、管理能力、社会责任、执行能力、人际交往、表达能力等关键素质能力。

表8-40　电子商务师岗位工作任务及职业能力情况

岗位工作任务	岗位能力要求
1. 负责网站（店）运营推广，制定和实施网络营销推广发展规划； 2. 进行企业商务网站（店）编辑、装修及内容维护； 3. 进行企业商务网站（店）网上交易及运营管理； 4. 进行企业网络经营状况和销售数据分析； 5. 分析企业业务需求规划设计商务网站； 6. 负责产品的上架、信息更新、日常维护优化； 7. 分析并发掘用户需求，提高产品信息的传播量； 8. 挖掘移动互联网营销新渠道	1. 有丰富的移动互联网营销推广经验； 2. 有较强的文字组织能力； 3. 熟悉搜索引擎优化、搜索引擎营销和社交媒体推广等技术和工具； 4. 熟悉常见电子商务平台的操作和管理； 5. 能够从电子商务数据中提取关键信息和业务洞察； 6. 掌握竞品分析能力； 7. 具有较强的逻辑思维能力和数据分析能力； 8. 具有较强的沟通表达能力及交际技巧
岗位技术能力要求词云图	岗位素质能力要求词云图

(十四) 计算机程序设计员

从计算机程序设计员岗位工作任务及岗位职业能力要求情况（见表8-41）来看，计算机程序设计员需要着重掌握架构设计、结构优化、程序设计、软件开发、系统设计、系统开发、数据库管理、需求分析、应用开发、软件测试、软件架构、测试开发、Web开发、算法优化、算法设计、程序优化等关键技术能力，以及具备问题解决、自主学习、沟通协作、逻辑思维、时间管理、领悟能力、团队合作、持续学习等关键素质能力。

表8-41 计算机程序设计员岗位工作任务及职业能力情况

岗位工作任务	岗位能力要求
1. 设计、编写和测试计算机程序代码，实现软件功能和逻辑； 2. 进行程序编写和调试，解决代码中的错误和问题； 3. 参与系统需求分析和设计，制定系统架构和模块设计； 4. 安装和维护服务器系统软件和应用软件； 5. 进行软件测试，验证程序的正确性和稳定性； 6. 编写软件设计文档、用户手册和技术文档	1. 熟练掌握计算机软硬件方面的知识； 2. 熟悉局域网设备，路由器、交换机、防火墙等网络设备的配置； 3. 具备计算机科学、软件工程或相关领域的专业知识和背景； 4. 熟练掌握至少一种主流编程语言； 5. 熟悉常用的数据结构和算法，能够选择和实现合适的数据结构和算法解决问题； 6. 了解软件开发的基本流程和方法，熟悉敏捷开发或其他常用的开发方法论； 7. 具备良好的问题分析和解决能力
岗位技术能力要求词云图	岗位素质能力要求词云图

(十五) 计算机软件测试员

从计算机软件测试员岗位工作任务及岗位职业能力要求情况（见表8-42）来看，计算机软件测试员需要着重掌握缺陷管理、缺陷分析、自动化测试、质量控制、验收测试、界面验证、用例编写、接口设计、UI测试、故障排查、软件质量、软件安全、安全测试、数据库测试、功能验证等关键技术能力，以及具备适应能力、接受能力、创新思维、沟通协调、问题识别、逻辑思维、自主学习、执行力、系统思维等关键素质能力。

表 8-42　计算机软件测试员岗位工作任务及职业能力情况

岗位工作任务	岗位能力要求
1. 使用功能测试用例等工具测试计算机软件功能； 2. 进行计算机软件负载测试和压力测试； 3. 测试计算机软件的稳定性、兼容性等参数； 4. 开发和维护自动化测试脚本和工具； 5. 搭建测试环境； 6. 编写、制作测试报告； 7. 参与产品需求分析过程，制定测试方案	1. 熟悉一些 Java、Shell、python 等脚本语言； 2. 熟悉软件测试的基本方法和技术； 3. 熟练使用常用的测试工具和框架； 4. 熟悉常用的缺陷管理工具； 5. 熟悉常用的编程语言和开发工具； 6. 熟悉软件测试流程规范； 7. 良好的沟通和协作能力
岗位技术能力要求词云图	岗位素质能力要求词云图

三、不同岗位群共性技术能力和素质能力要求分析

项目组按照岗位职能将数字化岗位归类为人工智能与数据科学岗位群、物联网与智能制造岗位群、云计算与区块链岗位群、供应链与管理岗位群、信息安全与系统管理岗位群、数字化金融与管理岗位群、媒体与营销岗位群、工程技术与创新岗位群、电商物流岗位群、信息通信岗位群、计算机软件岗位群，以此分析其共性技术能力和素质能力，如表 8-43 所示。可以发现，数据分析能力是较多岗位均需要具备的技术能力，团队合作、逻辑思维、分析能力是共性的素质能力。

表 8-43　新增数字化岗位群的共性技术能力和素质能力情况

岗位群	岗位	共性技术能力要求	共性素质能力要求
人工智能与数据科学岗位群	人工智能工程技术人员、大数据工程技术人员、数据安全工程技术人员、密码工程技术人员、人工智能训练师、商务数据分析师、数据分析处理工程技术人员	数据分析、数据挖掘、性能优化	团队合作、逻辑思维、分析能力、整理优化、工作能力、工作态度、设计能力、学习能力

续表

岗位群	岗位	共性技术能力要求	共性素质能力要求
物联网与智能制造岗位群	物联网工程技术人员、智能制造工程技术人员、工业互联网工程技术人员、虚拟现实工程技术人员、机器人工程技术人员、数字孪生应用技术员、自动控制工程技术人员	项目开发、方案设计、软件开发、技术支持、产品设计	分析能力、团队合作、学习能力、设计能力、整理优化、问题解决、逻辑思维、项目管理
云计算与区块链岗位群	云计算工程技术人员、区块链工程技术人员	架构设计、系统开发、软件开发、性能优化、性能调优、文档编写	分析能力、整理优化、团队合作、工作能力、开发能力、钻研研究、逻辑思维、学习能力、问题解决
供应链与管理岗位群	供应链工程技术人员、供应链管理师	供应链管理、供应商管理、数据分析、成本控制、库存管理、质量管理、供应商开发、采购管理	组织协调、计划规划、管理能力、分析能力、整理优化、工作态度、谈判能力、逻辑思维、客户维护、沟通协调
信息安全与系统管理岗位群	数据库运行管理员、信息安全测试员、信息系统适配验证师、信息安全工程技术人员	技术支持、安全管理	管理能力、分析能力、工作能力、计划规划
数字化金融与管理岗位群	金融科技师、数字化管理师	项目管理、数据分析、需求分析	分析能力、组织协调、计划规划、团队合作、工作态度、业务能力、逻辑思维、问题解决、资源整合、沟通协调、执行能力
媒体与营销岗位群	互联网营销师、全媒体运营师	数据分析、运营管理、网络营销、营销策划、营销推广、品牌推广、网络推广、市场推广、广告投放	分析能力、团队合作、创新创意、逻辑思维、学习能力、执行能力、资源整合
工程技术与创新岗位群	工业设计工艺师、集成电路工程技术人员、建筑信息模型技术员、增材制造工程技术人员、工业设计工程技术人员	技术支持	设计能力、团队合作、工作能力、组织协调
电商物流岗位群	电子商务师、物流工程技术人员	供应链管理、物流配送、数据分析	团队合作、决策能力、协调能力

· 131 ·

续表

岗位群	岗位	共性技术能力要求	共性素质能力要求
信息通信岗位群	计算机网络工程技术人员、信息系统分析工程技术人员、嵌入式系统设计工程技术人员、通信工程技术人员、信息系统运行维护工程技术人员、信息管理工程技术人员	系统优化	团队合作、逻辑思维、项目管理、分析能力
计算机软件岗位群	计算机软件工程技术人员、计算机程序设计员、计算机软件测试员	程序设计、系统设计、需求分析、软件架构、算法优化	时间管理、团队合作、逻辑思维、自主学习、系统思维

第九章 数字化岗位职业能力变迁分析

第一节 人工智能与数据科学岗位群

我国人工智能产业起步较晚，但得益于政策与资本的重点支持、巨大市场潜力，以及海量数据积累等多重因素，发展势头迅猛，并带动了金融、医疗、制造等传统领域从业务流程、产品形态、商业模式的全面变革，成为驱动经济发展的重要引擎。根据图9-1，预计到2026年我国人工智能相关产业规模有望突破2万亿元。

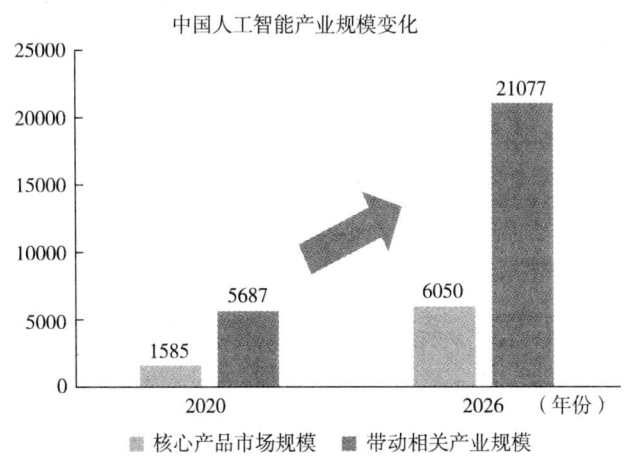

图9-1 我国人工智能行业规模与人才需求情况（单位：亿元）

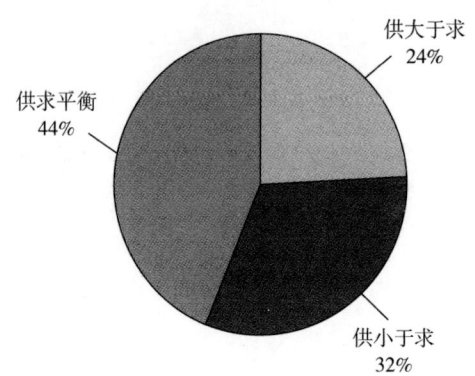

图9-1 我国人工智能行业规模与人才需求情况（续）

数据来源：艾瑞咨询、人瑞人才与德勤。

产业蓬勃发展带动人工智能人才需求高速增长，人才缺口快速扩大。过去十年间大批人工智能企业的创立与扩张引发人才供应的不平衡，根据人力资源和社会保障部（简称"人社部"）发布的《人工智能工程技术人员就业景气现状分析报告》，我国人工智能人才缺口目前已超过500万，2021年人工智能行业人才需求指数较2020年增长了103%，人才供不应求的局面仍在加剧。人瑞人才与德勤的"产业数字人才研究调查"印证了这一现状：32%的受访者认为当前人才的供应无法满足企业自身的发展需求。

人工智能将持续赋能传统行业，推动其转型升级如机器人已大规模应用于自动装配生产线，自动驾驶车辆已可以在城市道路行驶，以深度学习为代表的人工智能推动了科技、医疗、电子、金融等行业快速发展。各领域"智能+"的新技术、新模式、新业态不断涌现，辐射溢出的效应也在持续增强。

根据大数据分析比对结果可知，相较于2019年，2022年人工智能与数据科学岗位群的职业能力变迁情况如下（见图9-2）：①从基本的机器学习算法和数据分析技能，向深度学习、自然语言处理和计算机视觉等人工智能领域的高级技能转变；②增加对网络安全、应用安全和数据安全等技能的需求；③对数据隐私保护工具和安全分析工具的使用要求增加；④对自然语言处理、计算机视觉和增强学习等领域的专业知识需求增加；⑤对深度学习模型的构建、调优和部署等技能的掌握有更高的要求；⑥对深度学习、神经网络技术、自然语言处理、机器学习、数据可视化、算法开发和优化等方面技能的需求增加；⑦TensorFlow、Py-Torch、Scikit-learn、Keras、R、Python、Tableau、PySpark和ApacheHadoop等工具和编程语言的应用持续流行;⑧更加注重持续学习,并随时了解该领域的最新进展。

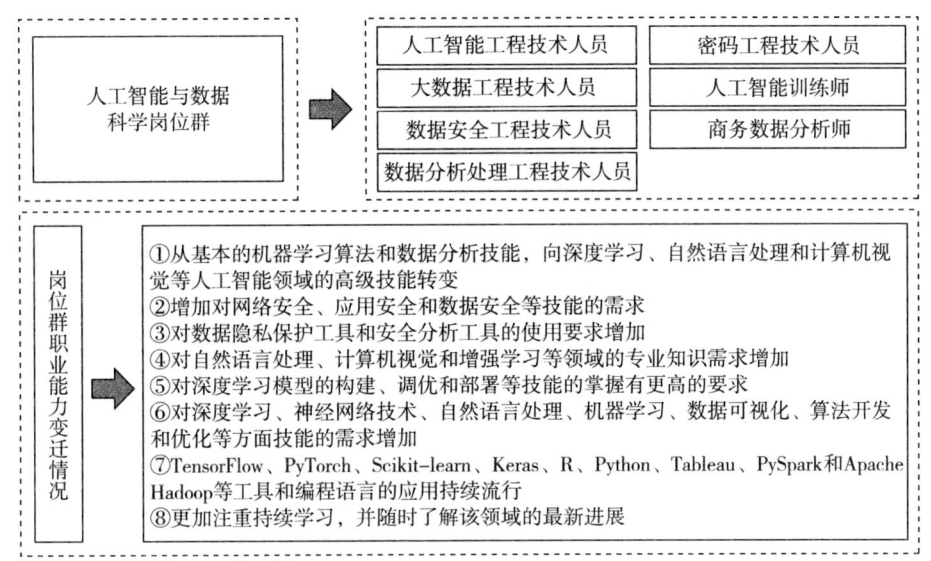

图 9-2 人工智能与数据科学岗位群的职业能力变迁情况
数据来源:职教桥大数据中心。

第二节 物联网与智能制造岗位群

随着新一代信息技术进入大规模应用成熟期,物联网成为新一轮科技与产业升级的核心发展力。目前我国产业结构完备,经济发展处于产业转型与消费升级阶段,从消费到工业生产都形成了物联网的强烈需求,物联网产业规模近几年保持高速增长。

同时,随着大量物联网应用系统开发的完成,以及产业技术在传统领域的应用和发展,物联网产业对系统实施与维护方面应用型人才的需求已超过对研发型人才的需求。我国物联网产业规模与人才需求情况见图 9-3。

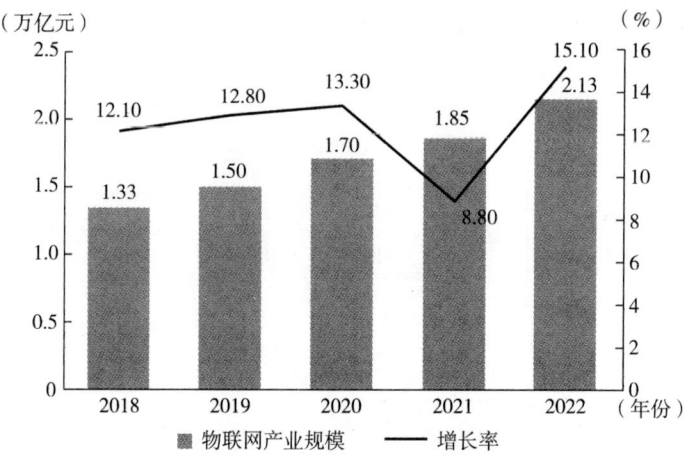

中国物联网产业规模及同比增速

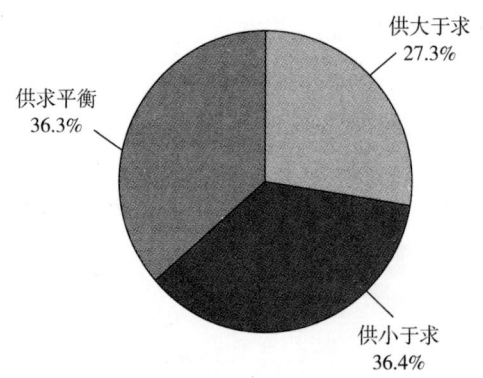

2022年物联网产业人才供需情况

图9-3　我国物联网产业规模与人才需求情况（单位：万亿元，%）

数据来源：中关村互联网金融研究院、人瑞人才与德勤。

物联网技术与智能制造的融合，标志着工业4.0时代的到来，即生产智能化、设备智能化、能源管理智能化和供应链管理智能化。

根据大数据分析比对结果可知，相较于2019年，2022年物联网与智能制造岗位群的职业能力变迁情况（见图9-4）如下：①增加对物联网协议与技术、传感器技术、嵌入式系统开发、工业自动化、数据采集与分析等技能的需求；②从物联网设备的连接和数据采集，向边缘计算和智能算法应用发展；③对数字孪生技术和工业自动化的掌握程度要求增加；④提高机器人技术和虚拟现实技术在智能制造中的应用能力要求；⑤对物联网架构和边缘计算的掌握程度要求提升，并能将智能算法应用于实际场景；⑥对数字孪生技术和工业自动化的专业能力要求增加。

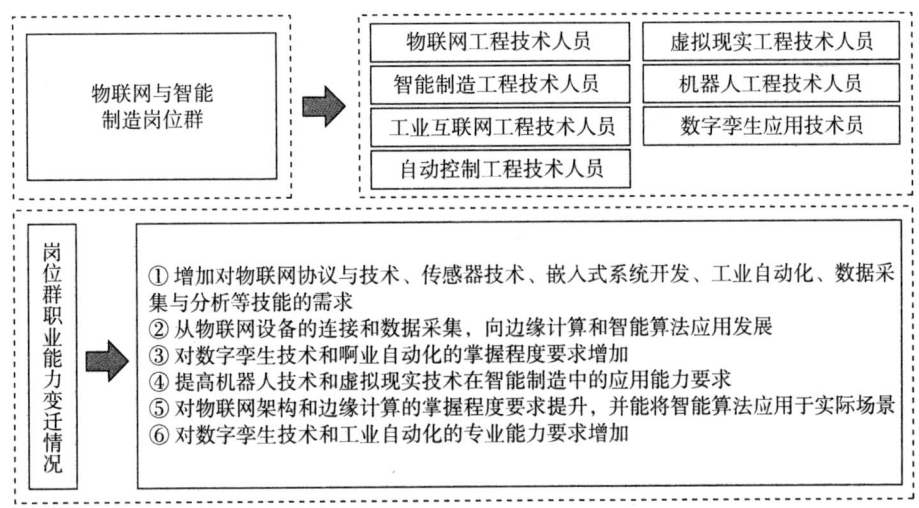

图9-4　物联网与智能制造岗位群的职业能力变迁情况

数据来源：职教桥大数据中心。

第三节　云计算与区块链岗位群

《云计算工程技术人员就业景气现状分析报告》显示，随着与云技术相关技术的发展，云服务已经不单单是一种分布式计算，而是分布式计算、效用计算、负载均衡、并行计算、网络存储、热备份冗杂和虚拟化等计算机技术混合演进并跃升的结果，而且逐渐将大数据技术、人工智能技术等技术融入云服务，功能越来越强大。越来越多企业萌生出"上云"的需求。据德意志银行分析报告，越来越多IT企业关闭了线下IDC，开始把业务迁到云上；中国有84%的企业有意愿上云，认为云是企业的未来。

同时，近些年来，金融机构、互联网企业、行业组织、政府部门都在积极布局区块链，让区块链技术应用到数字经济各领域中。《IDCPerspective：中国区块链市场应用洞察》指出，中国区块链产业投入与应用规模成为全球第二大区块支出单体，且中国区块链市场围绕联盟链，已在智慧政务、金融科技、智信财税、乡村振兴、离散制造、供应链管理、电商零售等行业展开部署。

根据大数据分析比对结果可知，相较于2019年，2022年云计算与区块链岗位群的职业能力变迁情况（见图9-5）如下：①从云计算基础设施和服务，向容器技术和云原生应用发展；②对区块链和智能合约等领域的专业知识需求增加；③要求掌握Kubernetes、Docker等容器管理工具的应用能力；④提高对云原生应用开发和容器化部署的掌握程度；⑤更关注对区块链技术原理和应用场景的了解程度；⑥提高对数据隐私保护和加密算法的专业知识要求。

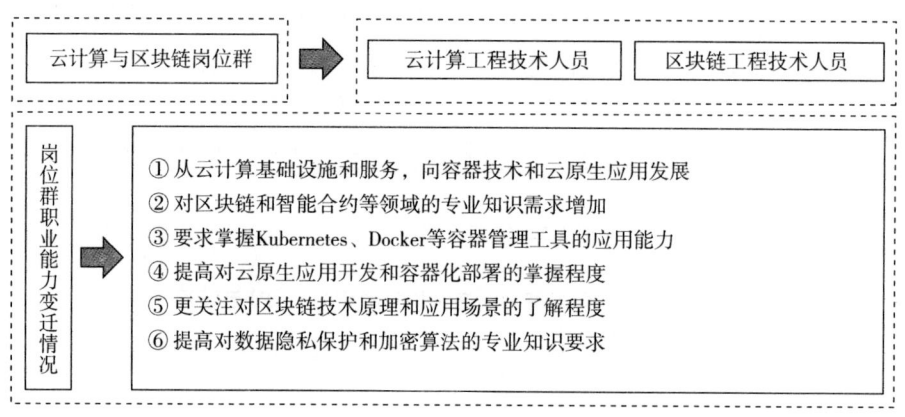

图9-5　云计算与区块链岗位群的职业能力变迁情况

数据来源：职教桥大数据中心。

第四节　供应链与管理岗位群

《国务院办公厅关于积极推进供应链创新与应用的指导意见》明确指出，要创新发展供应链新理念、新技术、新模式，高效整合各类资源和要素，提升产业集成和协同水平，打造大数据支撑、网络化共享、智能化协作的智慧供应链体系。

数字化是供应链降本增效、建设高质量供应链体系的必由之路，当今供应链竞争的模式已经变成了数字化环境下的竞争，对供应链企业来说，数字化已不再是"选择题",而是"必选题",不积极拥抱数字化的供应链企业将会处于弱势,甚至被淘汰。

根据大数据分析比对结果可知,相较于2019年,2022年供应链与管理岗位群的职业能力变迁情况(见图9-6)如下:①从传统的供应链管理和物流技能,向供应链数字化和数据分析的掌握程度转变;②对供应链风险管理和可持续发展的专业知识需求增加;③对数据分析和供应链可视化工具的应用能力要求增加;④供应链管理软件和ERP系统的应用能力要求增加;⑤对数字化供应链和供应链优化的专业能力要求增加。

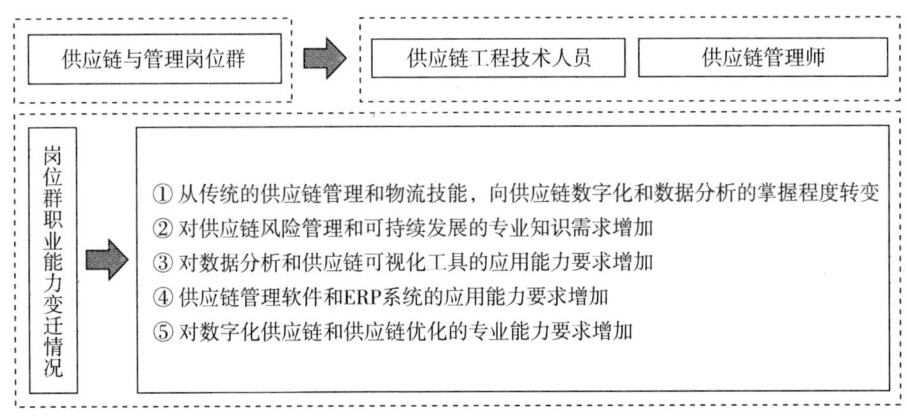

图9-6 供应链与管理岗位群的职业能力变迁情况

数据来源:职教桥大数据中心。

第五节 信息安全与系统管理岗位群

随着科技的进步,企业办公信息化、智能化程度显著提升,随之而来的信息安全问题日益突出。企业经营考虑信息化设备创造的利益时,需兼顾互联网开放性造成的风险。根据前文,截至2023年6月,全国27个目标新职业新岗位的人才需求总量约为636.1万人,其中"信息安全测试员"岗位的需求量达60348人,"数据库运行管理员"岗位的需求量达40337人,此外,"信息系统适配验证师""数据安全工程技术人员"岗位的需求量分别达到了29857人、21711人。

因此，为了促进企业信息管理专业能力不断提升，有效提高公司信息系统安全管理水平和保护能力，对于信息安全与系统管理岗位群的职业能力提升有了更进一步的要求。

根据大数据分析比对结果可知，相较于2019年，2022年信息安全与系统管理岗位群的职业能力变迁情况（见图9-7）如下：①从基础的网络安全和系统管理，向信息安全测试和风险评估转变；②对云安全解决方案和防火墙技术的更新和应用扩展能力；③对安全测试工具和漏洞扫描工具的应用能力要求增加；④提高云安全和网络攻防的专业能力需求；⑤对信息安全测试和风险评估的掌握程度要求提高。

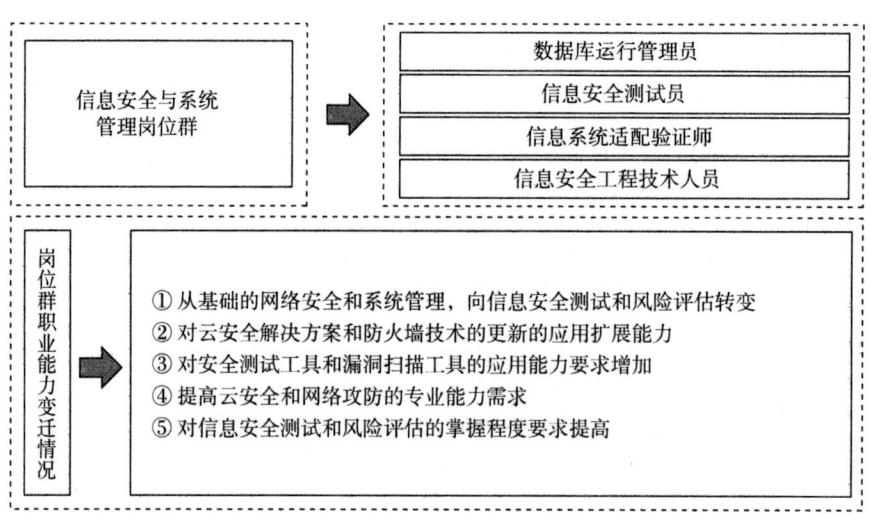

图9-7　信息安全与系统管理岗位群的职业能力变迁情况

数据来源：职教桥大数据中心。

第六节　数字化金融与管理岗位群

目前，我国数字金融人才总体供给不足。根据图9-8，超过40%的企业面临人才供不应求矛盾，只有约22%的企业达到了人才供求平衡，《金融科技人才需求与发展报告（2021年）》预计，未来5年，每年数字金融人才需求约为23万人，需求总量超过 115 万人。

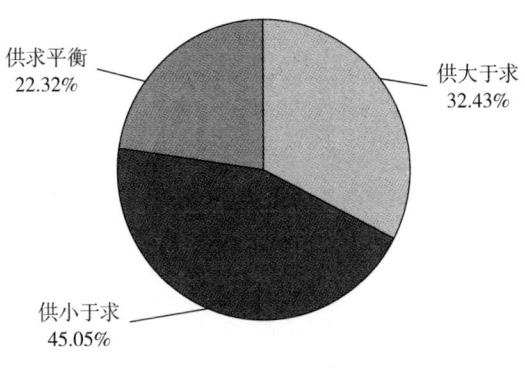

数字金融人才供需情况

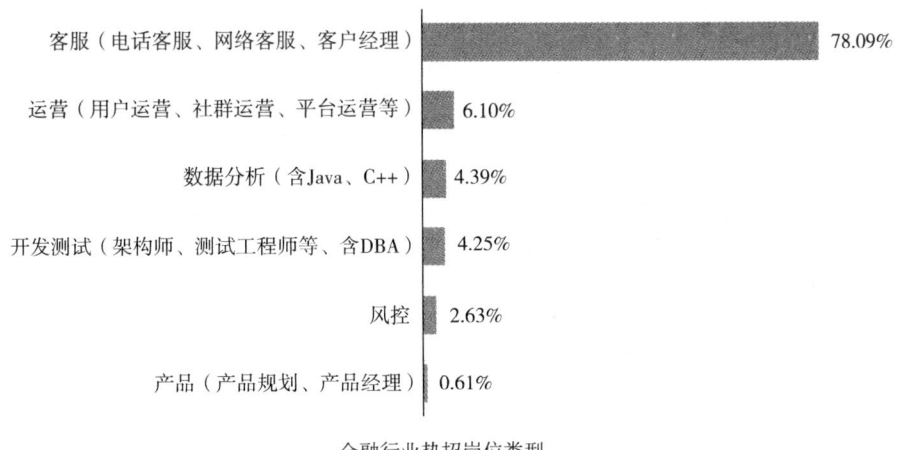

金融行业热招岗位类型

图 9-8　我国数字金融人才供需情况（单位：%）

数据来源：人瑞人才与德勤。

另外，根据图 9-8，剔除初级客服，紧缺岗位 TOP5 依次为数字化运营、数据分析开发测试等技术研发型岗位，其次是风控、产品等技术应用型岗位。可见，数字化转型对传统金融从业人员提出了更高要求。

根据大数据分析比对结果可知，相较于 2019 年，2022 年数字化金融与管理岗位群的职业能力变迁情况（见图 9-9）如下：①从传统金融知识，向金融科技和数字化金融的专业能力转变；②提高对金融数据分析的应用能力要求；③要求掌握区块链技术平台和金融数据分析工具；④提高对金融科技和数字化金融的专业知识要求；⑤对候选人有开发和实施金融科技解决方案相关经验的期望更高；⑥技能要求向数字化管理和数据分析转变；⑦更加关注对数字化转型和业务智能化等领域专业知识的掌握情况；⑧掌握业务流程管理工具和数据分析平台的应用能力；⑨了解人工智能和机器学习技术在管理领域的应用；⑩强调对数字化管理和数据分析的掌握程度；⑪强调战略思维和商业头脑。

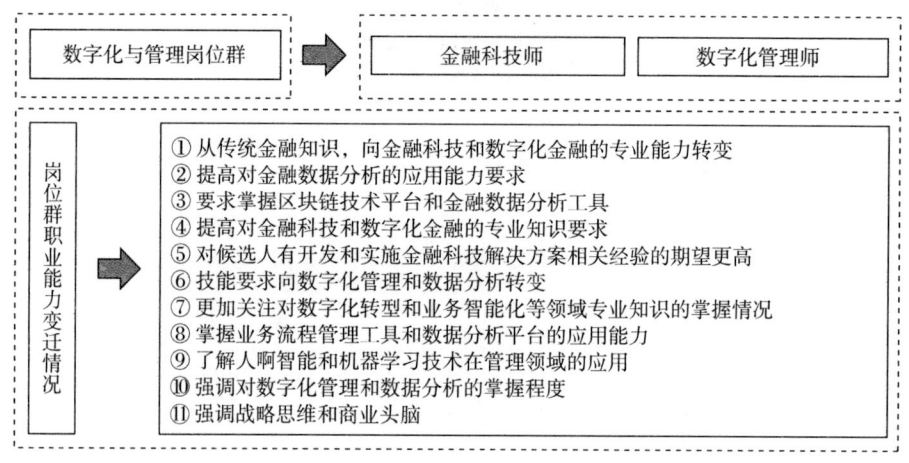

图 9-9　数字化金融与管理岗位群的职业能力变迁情况

数据来源：职教桥大数据中心。

第七节　媒体与营销岗位群

　　新媒体时代的快速发展，给各个类型的企业带来了全新的挑战与机遇。此时，企业的管理者与经营者务必快速转换、调整营销手段，不再只依靠产品自身，而是将客户的角度作为营销的全新切入点，利用新媒体技术与时代环境的特征和优势，向用户传递产品的相关信息，激发用户的购买欲望。鉴于现阶段新媒体整体发展的全新形式，企业在发展与运营的过程中务必不断优化、调整，并制定更符合客户想法与期待的营销战略，以更加精准的方式对接目标客户。在快速顺应市场变化需求的基础上，全面提高企业自身的市场营销水平。在此背景下，有关行业从业人员必须改变原有的营销方式和工作思路，用全媒体思维重塑对营销工作的认知，提高自己的全媒体营销能力，满足客户的全媒体推广需求，从而提高自身的竞争力。

根据大数据分析比对结果可知，相较于2019年，2022年媒体与营销岗位群的职业能力变迁情况（见图9-10）如下：①向互联网营销和数据驱动的全媒体运营转变；②提高对社交媒体营销和数据分析的应用能力要求；③掌握新兴社交媒体运营工具及数据分析工具；④对互联网营销和全媒体运营的深入了解要求；⑤提高对内容创作和品牌推广的专业知识要求。

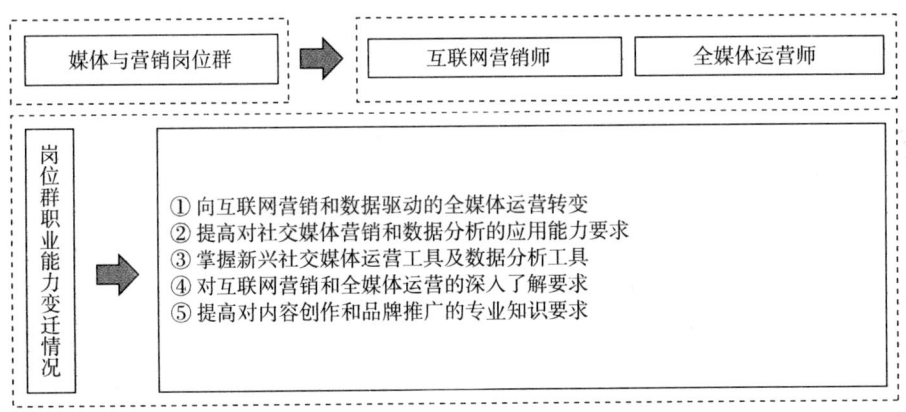

图9-10 媒体与营销岗位群的职业能力变迁情况

数据来源：职教桥大数据中心。

第八节 工程技术与创新岗位群

创新是发展的第一生产力，在建筑行业和工业发展的过程中，需要与创新的理念和技术相结合，才能实现工程技术的创新和发展。在我国建筑行业的发展过程中，创新理念及创新技术是整个建筑行业发展的重点，当前，建筑信息模型技术的应用提高了建筑行业信息化水平。同时，近年来，各类软件的开发应用实现了增材制造在单独制造过程中各个阶段的自动化，而增材制造的规模化应用需求的实现需要增材制造自动化与数字化的继续提升，对此，制造商将加快智能生产线的建设,利用数字工作流程和自动化系统进一步简化增材制造生产线。

根据大数据分析比对结果可知,相较于 2019 年,2022 年工程技术与创新岗位群的职业能力变迁情况(见图 9-11)如下:①向数字化创新和集成电路技术转变;②增加对 3D 设计软件和建筑信息模型工具的应用能力要求;③对工业设计创新和数字化建模的掌握程度要求的提高;④关注在智能制造和增材制造技术的了解程度;⑤更加强调对智能制造和增材制造等领域的专业知识的掌握;⑥强调创造力和解决问题的能力。

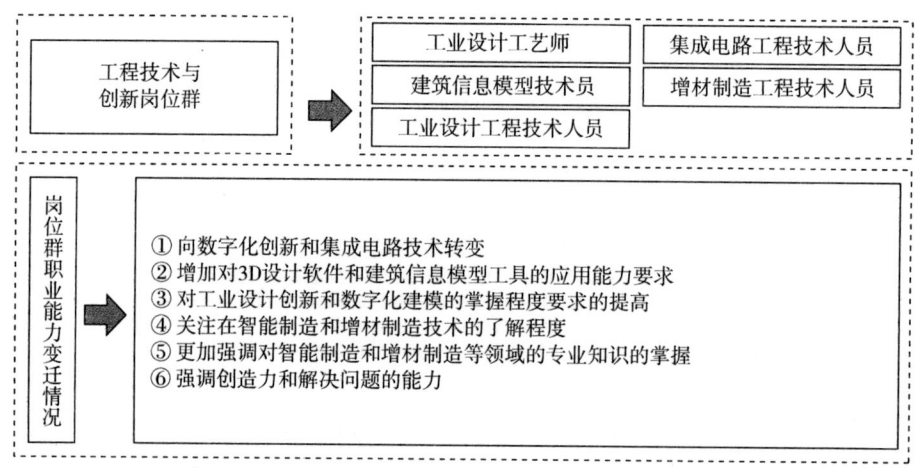

图 9-11　工程技术与创新岗位群的职业能力变迁情况

数据来源:职教桥大数据中心。

第十章　专业目标岗位匹配分析

为进一步了解目标数字化岗位与高职专业的对接情况，结合教育部公布的《职业教育专业简介（2022年修订）》中对各专业的职业面向、培养目标、培养规格要求及"1+X"职业资格证书考取要求等，与目标数字化岗位的职业能力要求进行比对，梳理出各目标数字化岗位对应的高职专科专业，具体如表10-1所示。结合表10-1可知，数字化岗位对应的专业大类主要为财经商贸大类、电子与信息大类和装备制造大类，各专业大类的专业布点数均较高。下文将重点针对这三类专业大类进行专业与目标岗位的匹配分析。

第一节　财经商贸大类专业与目标岗位匹配分析

结合表10-1，针对财经商贸大类，与目标数字化岗位对接的专业类包括财政税务类、金融类、财务会计类、统计类、工商管理类、电子商务类、物流类等。从对接的具体专业数量来看，首先物流类的具体专业数量最多，共有10个专业，主要对接物流工程技术人员、供应链工程技术人员、供应链管理师、数字化管理师等目标数字化岗位；其次是电子商务类、财务会计类和统计类，共有具体专业数量分别有6个、4个和3个，其中，电子商务类主要对接全媒体运营师、电子商务师、商务数据分析师、互联网营销师等目标数字化岗位，财务会计类主要对接数据分析处理工程技术人员、信息管理工程技术人员、信息系统运行维护工程技术人员、数字化管理师等目标数字化岗位，统计类主要对接大数据工程技术人员、数据分析处理工程技术人员等目标数字化岗位；最后，财政税务类、金融类和工商管理类均只有1个具体对接专业，财政税务类主要对接大数据工程技术人员、数据分析处理工程技术人员等数字化岗位，金融类主要对接金融科技师岗位，工商管理类主要对接互联网营销师岗位。从具体专业布点数来看，电子商务类、物流类、工商管理类等专业类的专业布点数排名前三，专业布点数分别有 2505 个、1255 个、947 个，统计类专业布点数最少，仅有 75 个。

表 10-1　财经商贸大类高职专科专业与目标岗位对接情况分析

专业大类	专业类	具体专业	专业布点数	对接的数字化岗位（群）
财经商贸大类（合计：5347）	财政税务类	财税大数据应用	104	全媒体运营师 数字化管理师 金融科技师 大数据工程技术人员 电子商务师 商务数据分析师 供应链工程技术人员 供应链管理师 互联网营销师 物流工程技术人员 数据分析处理工程技术人员 信息管理工程技术人员 信息系统运行维护工程技术人员
	金融类	金融科技应用	206	
	财务会计类	大数据与财务管理 大数据与会计 大数据与审计 会计信息管理	255	
	统计类	统计与大数据分析 统计与会计核算 市场调查与统计分析	75	
	工商管理类	市场营销	947	
	电子商务类	电子商务 跨境电子商务 移动商务 网络营销与直播电商 农村电子商务 商务数据分析与应用	2505	
	物流类	物流工程技术 现代物流管理 航空物流管理 铁路物流管理 冷链物流技术与管理 港口物流管理 工程物流管理 采购与供应管理 智能物流技术 供应链运营	1255	

第十章 专业目标岗位匹配分析

第二节 电子与信息大类专业与目标岗位匹配分析

根据表10-2可知,针对电子与信息大类,与目标数字化岗位对接的专业类

表10-2 电子与信息大类高职专科专业与目标岗位对接情况分析

专业大类	专业类	具体专业	专业布点数	对接的数字化岗位（群）
电子与信息大类 （合计：8583）	电子信息类	物联网应用技术 移动互联应用技术 汽车智能技术 智能产品开发与应用	1080	物联网工程技术人员 大数据工程技术人员 人工智能训练师 数据安全工程技术人员 数据库运行管理员 数字孪生应用技术人员 通信工程技术人员 计算机程序设计员 信息安全测试员 计算机软件测试员 信息安全工程技术人员 计算机软件工程技术人员 计算机网络工程技术人员 信息系统分析工程技术人员 信息系统适配验证师 信息系统运行维护工程技术人员 虚拟现实工程技术人员 嵌入式系统设计工程技术人员 云计算工程技术人员 区块链工程技术人员 人工智能工程技术人员 集成电路工程技术人员 密码工程技术人员
	计算机类	计算机应用技术 计算机网络技术 软件技术 数字媒体技术 大数据技术 云计算技术应用 信息安全技术应用 虚拟现实技术应用 人工智能技术应用 嵌入式技术应用 工业互联网技术 区块链技术应用 移动应用开发 工业软件开发技术 动漫制作技术 密码技术应用	6947	
	通信类	现代通信技术 现代移动通信技术 通信软件技术 通信工程设计与监理 通信系统运行管理 智能互联网络技术 网络规划与优化技术 电信服务与管理	462	
	集成电路类	集成电路技术 微电子技术	94	

·147·

包括电子信息类、计算机类、通信类、集成电路类等。从对接的具体专业数量来看，首先计算机类的具体专业数量最多，共有 16 个专业，且其对接的目标数字化岗位数量也较多，主要对接大数据工程技术人员、人工智能训练师、数据安全工程技术人员、数据库运行管理员、数字孪生应用技术员、计算机程序设计员、信息安全测试员、计算机软件测试员、信息安全工程技术人员、计算机软件工程技术人员、计算机网络工程技术人员、信息系统分析工程技术人员、信息系统适配验证师、信息系统运行维护工程技术人员、虚拟现实工程技术人员、嵌入式系统设计工程技术人员、云计算工程技术人员、区块链工程技术人员、人工智能工程技术人员、密码工程技术人员等目标数字化岗位；其次是通信类和电子信息类，共有具体专业数量分别有 8 个和 4 个，其中，通信类主要对接物联网工程技术人员、通信工程技术人员、计算机网络工程技术人员等目标数字化岗位，电子信息类主要对接物联网工程技术人员、计算机程序设计员、计算机软件测试员等目标数字化岗位；最后集成电路类对接的具体专业数量最少，仅有 2 个，主要对接集成电路工程技术人员等目标数字化岗位。从具体专业布点数来看，计算机类、电子信息类、通信类等专业类的专业布点数排名前三，专业布点数分别有 6947 个、1080 个、462 个，集成电路类专业布点数最少，仅有 94 个。

第三节　装备制造大类专业与目标岗位匹配分析

结合表 10-3，针对装备制造大类，与目标数字化岗位对接的专业类包括机械设计制造类、机电设备类、首先自动化类、汽车制造类等。从对接的具体专业数量来看，自动化类的具体专业数量最多，共有 9 个专业，其主要对接自动控制工程技术人员、智能制造工程技术人员、工业互联网工程技术人员、机器人工程技术人员等目标数字化岗位；其次是机械设计制造类和汽车制造类，具体专业数量均为 3 个，其中，机械设计制造类主要对接工业设计工艺师、工业设计工程技术人员、增材制造工程技术人员等目标数字化岗位，汽车制造类主要对接工业设计工程技术人员、信息安全测试员等目标数字化岗位；最后机电设备类对接的具体专业数量最少，仅有 1 个，主要对接智能制造工程技术人员、机器人工程技术人员等目标数字化岗位。从具体专业布点数来看，自动化类、汽车制造类、机械设计制造类等专业类的专业布点数排名前三，专业布点数分别有 3492 个、366

个、164 个，机电设备类专业布点数最少，仅有 14 个。

表 10-3 装备制造大类高职专科专业与目标岗位对接情况分析

专业大类	专业类	具体专业	专业布点数	对接的数字化岗位（群）
装备制造大类（合计：4036）	机械设计制造类	工业设计 工业工程技术 增材制造技术	164	工业互联网工程技术人员 工业设计工程技术人员 工业设计工艺师 机器人工程技术人员 增材制造工程技术人员 智能制造工程技术人员 自动控制工程技术人员 信息安全测试员
	机电设备类	智能制造装备技术	14	
	自动化类	机电一体化技术 智能机电技术 智能控制技术 智能机器人技术 工业机器人技术 电气自动化技术 工业过程自动化技术 工业自动化仪表技术 工业互联网应用	3492	
	汽车制造类	汽车电子技术 汽车造型与改装技术 智能网联汽车技术	366	

第四篇

数字经济背景下我国高职教育适应性及对策分析

第十一章　我国高职教育教学适应性分析

当前，我国职业教育已进入高质量发展的新阶段，增强其适应性是促进职业教育高质量发展的关键。《国家"十四五"规划和2035年远景目标纲要》把"增强职业教育适应性"作为实现"建设高质量教育体系的重要举措"；《关于推动现代职业教育高质量发展的意见》专门针对职业教育高质量发展提出系统改革意见；新修订的《中华人民共和国职业教育法》进一步明确了"增强职业教育适应性"的法律地位。增强职业教育适应性，主要是促进职业教育与经济社会发展、产业转型升级、人民群众的教育期望相匹配，实现职业教育与经济社会良性互动、协调发展。前文已经分析了数字经济背景下新职业新岗位的总体需求情况、岗位经验要求和学历要求等需求特征情况、数字化岗位能力要求与能力变迁情况，本章将重点依据《关于推动现代职业教育高质量发展的意见》的发展目标，结合前文分析结果和其他相关研究数据，从专业结构、课程体系、产教融合、教师、教材、教法与教学条件等方面进行适应性分析，并探寻加强教学适应性的策略。

第一节　数字经济背景下专业培养目标适应性分析

数字经济的快速演进对人才提出新的要求，需要高职教育紧密结合产业需求，及时调整教学目标。通过与产业界的紧密合作，了解最新技术和趋势，调整专业培养目标，使学生具备适应新技术和新模式的能力。培养目标的适应性还需要高职教育关注学生的综合素质和软技能培养，如创新能力、团队协作和问题解决能力,通过注重学生的综合素质和实践能力,高职教育能够更好地满足数字经济时代企业对人才的需求,推动高质量发展,为社会经济发展贡献更多优秀人才。因此,下文将从人才供需适配的角度出发,围绕高职院校人才培养与产业发展人才需求现状进行分析,从中总结存在的问题,进而提出相应的解决对策。

一、人才培养与产业需求适配现状

(一)新职业供给缺口较大,供需矛盾突出

新职业有力支撑了"数字经济"时代生产制造业和生活服务业新旧动能转换以及就业结构转型升级。数字产业化与产业数字化所涉及的大部分领域发展迅速,人才缺口总体呈扩大趋势,其中对新职业新岗位的需求明显增加。

由图11-1可知,2019~2021年连续三年新职业中生产技术类和生活服务类人才需求同比增长,除受新冠疫情影响的2020年外,2019年、2021年均出现了20%~30%的需求增长,但供给端增长乏力,且同比增幅呈连续下滑态势,可见新职业供给呈现巨大缺口,供需矛盾突出,其中具有明显数字经济特征的新职业人才短缺日益凸显。可见,加大新职业人才培育,解决新职业人才短缺困境已迫在眉睫。

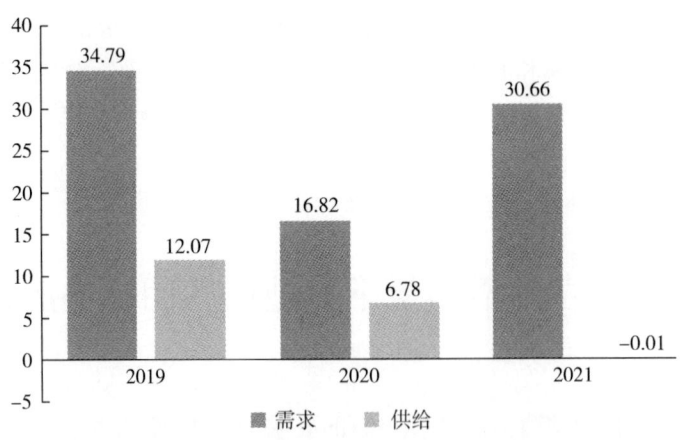

生产技术类新职人才2019~2021年供需对比

图11-1 新职业人才供需对比(单位:%)

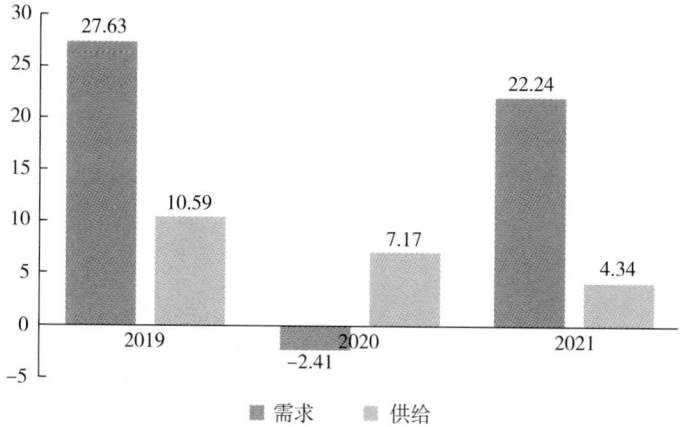

生产服务类新职业人才2019~2021年供需对比

图 11-1　新职业人才供需对比（单位:%）（续）

数据来源：猎聘大数据。

（二）结构性就业矛盾突出，新职业技能适配人才难求

数字经济、高端制造业等领域人才需求规模增势迅猛，劳动力市场的需求大于供给，人才难求，但技能错配导致市场供求匹配度出现越来越大的差距，结构性就业矛盾愈发凸显。

由图11-2、图11-3可知，《中国劳动力市场技能缺口研究》预测，"十四五"

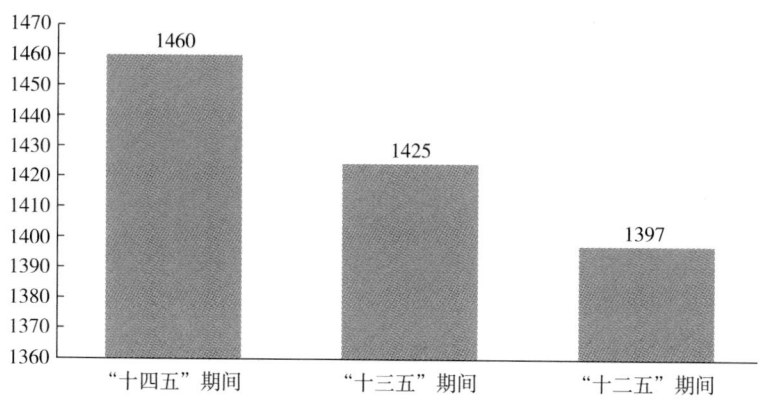

图 11-2　结构性失业人口规模（单位：万人）

数据来源：艾瑞咨询。

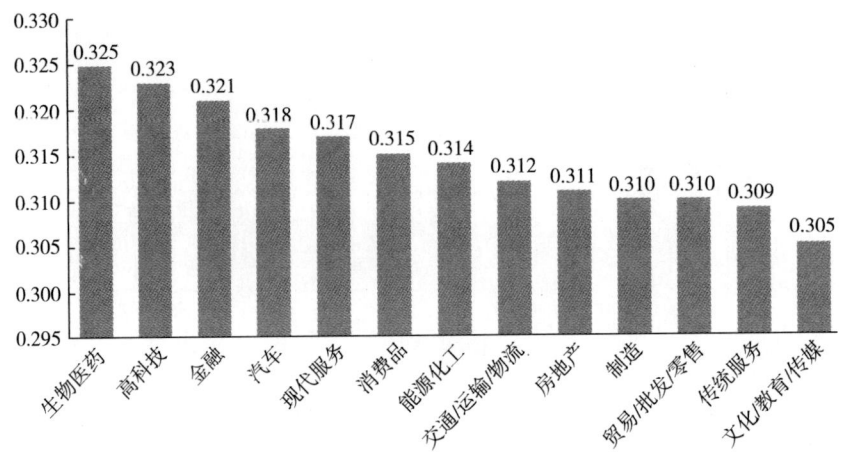

图 11-3 不同行业招聘费效系数（整体系数为整体 0.315）

数据来源：前程无忧人力资源调研中心。

期间结构性失业人口规模将达到 1460 万人。具体来看，生物医药、高科技等战略新兴产业的招聘费效系数最高，即这类知识、技术密集程度较高的行业招聘成本更高，更难招到合适的人才；另外，金融、汽车与现代服务行业的招聘费效系数均高于整体系数，可见，上述行业对新职业新岗位适配人才的招聘需求更为突出。

（三）新职业以本科学历要求居多，专科高职人才培养无法有效满足新职业发展需要

基于前文分析结果可知，从岗位学历要求来看，以大专学历要求为主的新职业新岗位有全媒体运营师、互联网营销师、工业设计工艺师、信息系统适配验证师、增材制造工程技术人员和建筑信息模型技术员等（见表 11-1），其余新职业新岗位均以本科学历要求为主。可见大部分新职业对学历要求较高，多以本科学历要求为主，仅有一小部分新职业以大专学历要求为主，高职教育人才培养还无法有效满足新职业发展的需要。

表 11-1 适合大专、本科学历层次培养的新职业新岗位情况

学历层次	适合培养的具体岗位
大专	全媒体运营师、互联网营销师、工业设计工艺师、信息系统适配验证师、增材制造工程技术人员、建筑信息模型技术员

第十一章　我国高职教育教学适应性分析

续表

学历层次	适合培养的具体岗位
本科	大数据工程技术人员、机器人工程技术人员、商务数据分析师、云计算工程技术人员、人工智能工程技术人员、物联网工程技术人员、集成电路工程技术人员、信息安全测试员、数据库运行管理员、金融科技师、供应链管理师、数字化管理师、区块链工程技术人员、数据安全工程技术人员、供应链工程技术人员、虚拟现实工程技术人员、智能制造工程技术人员、人工智能训练师、密码工程技术人员、工业互联网工程技术人员、数字孪生应用技术员

（四）数字经济背景下新职业对人才技能和素养的要求进一步提高

综合前文分析结果，从岗位能力要求来看，大部分新职业新岗位的技能要求较高，如需要掌握数据分析、项目开发与管理、方案设计、程序设计、系统设计与优化、运营管理、营销推广等技术技能，此外还需要具备较好的分析能力、决策能力、管理能力、协调能力、创新创造、逻辑思维、问题解决等通用能力或素养。可见，大多数数字化新职业新岗位对数字技能和职业素养要求较高，现有的高职教育还无法很好地培养出符合新职业新岗位要求的高素质技术技能型人才，亟需开展更高层次教育进行补充。

二、增强专业培养目标适应性的策略

（一）积极举办本科层次职业教育

由于目前高职教育的人才培养还无法有效满足数字经济背景下新职业发展的人才需求，因此，高职院校可通过举办本科层次职业教育来培养本科层次人才进行弥补，以适应社会经济发展。值得注意的是，本科层次职业教育应坚持面向产业形态的数字化变革需要设置专业，并以智能化、网络化、数字化的方式打造专业布局生态。首先，高职院校要紧密围绕数字产业经济发展需求布局本科职业教育专业，尤其是要围绕数字化管理、工业物联网、区块链、人工智能、5G通信等高新技术进行专业布局，以更好地满足数字经济发展的用人需求。其次，高职院校要深入实施数字化改造，将数字技术引入日常专业教学活动，打造专业建设的信息化升级版，让数字技术的基础性应用成为每一个学生的基本技能。

（二）明确人才培养方向，实现教育数字化转型

教育数字化转型下的未来教育应从培养知识人转向培养智慧人，要将立德树人和培养学生核心素养作为核心。数字化是对社会经济各行业的巨大变革，教育数字化作为数字经济发展的有力支撑，核心在于更加公平、高效、精准地培养符合数字经济发展需求的人才，即不能脱离教育的育人本质。因此，教育数字化转

· 157 ·

数字经济背景下我国高职教育高质量发展报告

型的第一步工作将极大区别于其他产业数字化转型,需要从数字经济的人才需求提炼出教育本身的转型目标,即不仅关注学生知识和技能的获得,也注重学生数字素养、健康素养的获得和人际交往能力、问题解决能力、创造力、社会责任等方面的培养。只有达成了对传统教育向未来教育转型的目标共识,开展教育数字化才能起到支撑数字经济的战略作用,实现数字化时代我国教育整体变革与弯道超车。

第二节 数字经济背景下职业教育专业结构优化分析

2021年,习近平总书记对职业教育做出重要指示,强调要建设一批高水平职业院校和专业,增强职业教育适应性,培养更多高素质技术技能人才、能工巧匠、大国工匠。同年10月,中共中央、国务院发布的《关于推动现代职业教育高质量发展的意见》明确要求"坚持面向市场、促进就业,推动学校布局、专业设置、人才培养与市场需求相对接"。数字经济的蓬勃发展,推动各行各业向数字化转型升级,对职业教育人才培养也提出了新的要求。职业院校应紧密围绕国家和区域产业发展重大需求,动态调整优化专业设置与结构,增强职业教育与产业发展的适应性。下文将从全国、广东省范围出发,分析高职院校开设情况、专业设置情况和产业发展情况,并对高职专业布局与产业发展进行适应性分析,进而提出高职院校专业设置与调整优化的对策,增强数字经济背景下高职教育专业结构的适应性。

一、高职教育结构现状分析

(一)高职院校分布情况

1. 全国高职院校分布情况

2011~2022年,我国高职(高专)院校数量呈逐年递增趋势(见图11-4、图11-5),从2011年的1280所增长到2022年的1489所,增长了209所,平均每年增长19所。从各地区高职院校布局来看,2022年,全国有高职(专科)院校1489所,各省份平均有48所高职院校。其中,高职院校数量最多的依次为河南、广东和江苏,分别有99所、93所和90所,为"高于90所"的地区;有70~90

第十一章 我国高职教育教学适应性分析

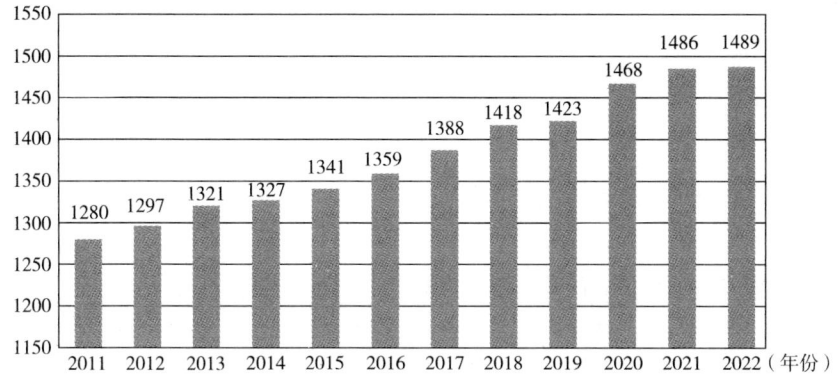

图 11-4 2011~2022 年我国高职院校发展规模变化情况（单位：所）

数据来源：根据教育部公开信息整理。

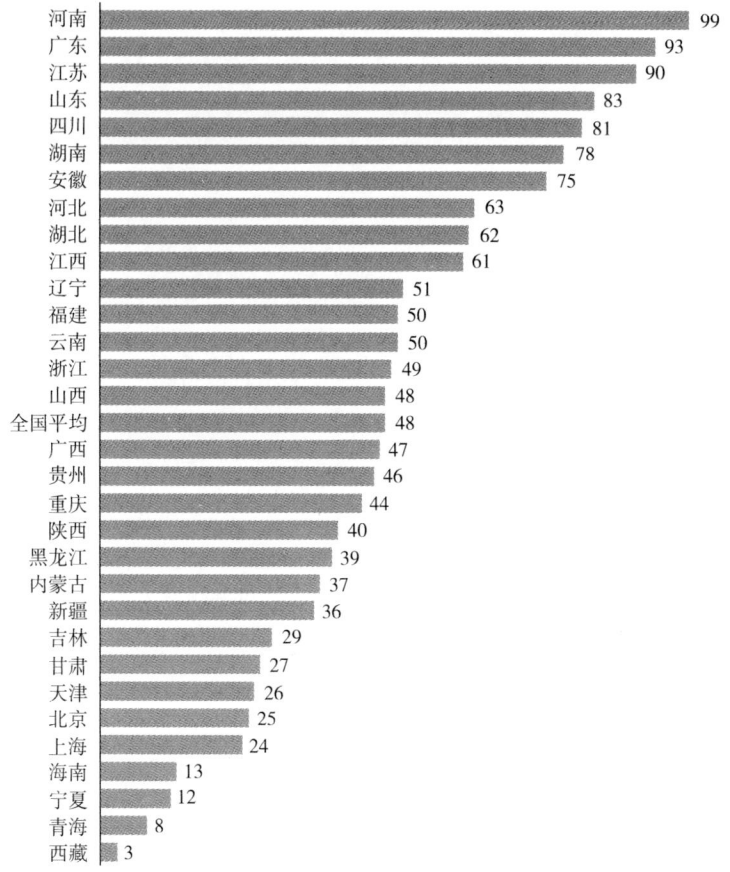

图 11-5 2022 年各地区高等职业院校数量（单位：所）

数据来源：根据教育部公开信息整理。

· 159 ·

所的地区为山东、四川、湖南和安徽，这四个省份分别有83所、81所、78所和75所高职院校；仅有20所以下高职院校的地区有西藏、青海、宁夏和海南，分别为3所、8所、12所和13所[21]。

2. 广东省高职院校分布情况

根据《2022年全国教育事业发展统计公报》《2022年广东省教育事业发展统计公报》相关数据显示，截至2022年，全国共有高职（专科）学校1489所，其中，广东省共有高职（专科）学校93所，约占全国总量的6.25%。从区域分布来看，首先广东省高职（专科）学校主要集中分布在珠三角地区，且以广州市的高职（专科）学校分布最为密集；其次为粤西地区和粤东地区，高职（专科）学校分别有9所和8所；高职（专科）学校分布最少的是粤北地区，仅有4所（见表11-2）。

表11-2　2022年广东省各地区高职院校分布情况

地区	城市	高职院校数量（所）	地区	城市	高职院校数量（所）
珠三角地区（72）	广州	45	粤东地区（8）	汕头	2
	深圳	3		潮州	1
	佛山	4		揭阳	2
	东莞	4		汕尾	1
	珠海	2		梅州	1
	中山	2		河源	1
	江门	4	粤西地区（9）	湛江	2
	肇庆	4		云浮	2
	惠州	4		阳江	1
粤北地区（4）	韶关	1		茂名	4
	清远	3	广东省		93

数据来源：根据广东省教育厅公开数据统计整理。

（二）高职院校专业设置情况

根据教育部的《高等职业教育专业设置备案结果数据检索》记录，2021~2023年，无论是全国还是广东省，高职院校专业布点总数均逐年增加（见表11-3）。截至2023年，全国高职院校共开设有6.6万多个专业点，广东省共开设有5417个专业点，专业设置基本覆盖了19个大类。从专业布点情况来看，无论是全国还是广东省，近三年高职（专科）学校专业布点数排名前三的专业大类均

第十一章 我国高职教育教学适应性分析

为财经商贸大类、电子与信息大类和装备制造大类,专业布点数排名较低的专业大类有能源动力与材料大类、轻工纺织大类、水利大类、公安与司法大类等。

表 11-3　2021~2023 年全国及广东省高职院校专业布局情况

专业大类	全国专业布点总数 2021	排序	2022	排序	2023	排序	广东省专业布点总数 2021	排序	2022	排序	2023	排序
农林牧渔大类	1584	10	1698	10	1762	10	67	14	78	13	81	13
资源环境与安全大类	1420	12	1475	12	1523	12	72	13	73	14	79	14
能源动力与材料大类	836	15	859	15	909	15	43	17	44	17	48	17
轻工纺织大类	462	17	448	18	464	18	63	15	64	15	75	15
生物与化工大类	750	16	726	16	743	16	53	16	48	16	52	16
食品药品与粮食大类	1540	11	1588	11	1625	11	124	11	130	11	147	11
水利大类	220	19	221	19	242	19	7	19	7	19	7	19
土木建筑大类	4732	6	4805	7	4843	8	302	7	322	7	327	7
装备制造大类	8011	3	8335	3	8717	3	539	3	567	3	633	3
财经商贸大类	9171	1	9353	1	9520	1	778	1	833	1	885	1
电子与信息大类	8671	2	9049	2	9428	2	732	2	779	2	826	2
公安与司法大类	454	18	454	17	493	17	29	18	31	18	38	18
公共管理与服务大类	1345	13	1380	13	1357	13	145	10	147	10	154	10
交通运输大类	4824	4	4932	5	5022	6	201	9	216	9	242	8
教育与体育大类	4805	5	4895	6	4939	7	459	5	457	5	475	5
旅游大类	2850	9	2948	9	3031	9	214	8	222	8	242	8
文化艺术大类	4724	7	4872	7	5171	5	461	4	507	4	544	4
新闻传播大类	954	14	1038	14	1145	14	74	12	94	12	99	12
医药卫生大类	4671	8	4962	4	5398	4	333	6	375	6	463	6
总计	62024		64038		66332		4696		4994		5417	

数据来源:根据教育部的《高等职业教育专业设置备案结果数据检索》相关数据统计整理。

二、产业发展现状分析

(一)产业结构发展现状分析

近年来,无论是全国还是广东省,产业结构重心向第三产业转移的趋势愈发明显。据国家统计局相关数据统计(见表 11-4),截至 2021 年末,全国第一产业增加值占国内生产总值的比重为 7.3%,第二产业增加值比重为 39.4%,第三

· 161 ·

产业增加值比重为53.3%；产业结构由2017年的7.5∶39.9∶52.7调整为2021年的7.3∶39.4∶53.3。广东省第一产业增加值占地区生产总值的比重为4.0%，第二产业为40.4%，第三产业为55.6%；产业结构增值比重由2017年的3.9∶42.1∶54.0调整为2021年的4.0∶40.4∶55.6。从全国和广东省产业结构及变化趋势看，产业结构不断优化，数字经济成为第二产业和第三产业的新发展引擎。2017~2021年，全国第一、二、三产业的调整幅度为-0.2、-0.5、0.6，广东省为0.1、-1.7、1.6。2021年广东省的产业结构中第二产业比重高于全国1个百分点，第三产业比重高于全国2.3个百分点，说明广东省产业结构优化速度高于全国水平，特别是第三产业增速明显，第二产业增速稍缓但比重仍然较大。

表11-4 全国、广东省产业结构变化及对比情况

类别	2021年增加值比重%			增加值比重变化情况	
	第一产业	第二产业	第三产业	三次产业增值结构比	
全国	7.3	39.4	53.3	2017年	7.5∶39.9∶52.7
				2021年	7.3∶39.4∶53.3
				差值	-0.2∶-0.5∶0.6
广东省	4.0	40.4	55.6	2017年	3.9∶42.1∶54.0
				2021年	4.0∶40.4∶55.6
				差值	0.1∶-1.7∶1.6
差值	-3.3	1	2.3	/	

数据来源：根据《中国统计年鉴》《广东统计年鉴》相关数据整理。

（二）产业重点发展规划

根据《国民经济和社会发展第十四个五年规划和2035年远景目标纲要》，"十四五"期间，我国将加快推进制造强国、质量强国建设，促进先进制造业和现代服务业深度融合，强化基础设施支撑引领作用，构建实体经济、科技创新、现代金融、人力资源协同发展的现代产业体系。同时聚焦新一代信息技术、生物技术、新能源、新材料、高端装备、新能源汽车、绿色环保以及航空航天、海洋装备等战略性新兴产业，加快关键核心技术创新应用，增强要素保障能力，培育壮大产业发展新动能。

《广东省国民经济和社会发展第十四个五年规划和2035年远景目标纲要》也提出，"十四五"时期将改造提升传统产业，做大做强战略性支柱产业，培育发展战略性新兴产业，加快发展现代服务业，推动产业基础高级化和产业链供应链

现代化，提高产业现代化水平，打造新兴产业重要策源地、先进制造业和现代服务业基地，推动建设更具国际竞争力的现代产业体系。

从国家和广东省"十四五"时期产业发展规划来看，无论是全国还是广东省，未来均将重点发展先进制造业、现代服务业以及新一代信息技术、高端装备等战略性支柱产业和新兴产业。

三、高职教育专业设置与产业发展适应性分析

（一）高职教育专业结构与产业结构适应性分析

根据三次产业结构，对专业大类进行产业划分，第一产业对应农林牧渔大类，第二产业对应资源环境与安全大类、能源动力与材料大类、轻工纺织大类、生物与化工大类、食品药品与粮食大类、水利大类、土木建筑大类、装备制造大类，其他为第三产业。用专业-产业偏离度（Z-C）判定专业结构与产业结构的匹配度，公式为：Z-C偏离度=专业布点比率/产业GDP比率-1。Z-C偏离度>0，表明高职院校相关专业布点比率高于相应产业GDP比率；Z-C偏离度<0，则表明相关专业布点比率低于相应产业GDP比率。偏离度绝对值越小，说明专业结构与产业结构匹配度越高。

根据2021年高职院校各专业大类布点情况和2021年三次产业结构比例情况进行计算，结果如表11-5所示。全国和广东省高职专业结构和产业结构均呈现出"三二一"态势，说明全国和广东省高职院校专业布局整体顺应产业发展的需求，但还不够理想。总体上看，专业结构与产业结构匹配度不高，存在第一产业和第二产业相应专业设置偏少而第三产业相应专业设置偏多的问题。

表11-5 2021年广东省高职院校Z-C偏离情况

产业类别	产业结构比重（%）		专业结构比率（%）		Z-C偏离度	
	全国	广东	全国	广东	全国	广东
第一产业	7.3	4.0	2.55	1.43	-0.65	-0.64
第二产业	39.4	40.4	28.98	25.62	-0.26	-0.37
第三产业	53.3	55.6	68.47	72.95	0.28	0.31
Z-C偏离度绝对平均值					0.40	0.44

（二）高职教育专业设置与产业发展规划适应性分析

综合前文，全国高职院校专业大类布局较为全面，基本适应产业的发展规划，基本满足经济社会对多样化人才的需求，表现在与第二、第三产业密切相关

数字经济背景下我国高职教育高质量发展报告

的财经商贸大类、电子与信息大类、装备制造大类等专业设置比例较高,且这三类专业大类布点总数逐年增加,能够为产业发展提供大量的高素质技术技能人才。然而,高职院校专业设置与结构调整仍存在一些突出问题,包括专业同质化严重,热门及通用专业扎堆现象明显,以及高职专业设置与优化调整滞后于产业发展等。

总体而言,作为技术技能人才培养的主体,我国高职教育的专业设置与重点产业领域的发展大体上是一致的,高职院校专业设置在一定程度上符合"十四五"期间产业发展规划,但仍有很大的调整空间,关键是要突出和加强国家"十四五"时期重要产业领域的专业发展,使得重点发展的专业大类与国家战略和区域经济发展特点相契合,从而进一步增强高职院校为经济社会发展服务的能力。

四、高职教育专业设置与产业发展适应性区域差异分析

为了进一步分析高职教育专业设置与产业发展适应性的区域差异,本部分将广东省珠三角地区、粤东地区、粤西地区、粤北地区作为分析对象。根据广东省政府、广东省教育局相关公开数据,广东省不同区域重点发展的产业不同,高职专业布局与产业发展的适应性也存在差异。

珠三角地区重点发展的产业较为全面,基本覆盖了十大战略性支柱产业和十大战略性新兴产业,其中主要发展的战略性支柱产业有新一代电子信息、软件与信息服务、现代农业与食品、生物医药与健康、现代轻工纺织等,主要发展的战略性新兴产业有前沿新材料、高端装备制造、新能源、智能机器人、精密仪器设备、安全应急与环保等,这些重点产业主要对接的专业大类有电子与信息大类、装备制造大类、医药卫生大类等,而珠三角地区高职专业布点数排名前五的专业大类分别有财经商贸大类、电子与信息大类、装备制造大类、文化艺术大类和医药卫生大类,可见珠三角地区无论是重点产业布局方面还是高职专业布局方面均较为全面,高职专科专业布局能较好地适应区域重点产业的发展需求。

粤东地区重点发展现代农业与食品、生物医药与健康、现代轻工纺织等战略性支柱产业和高端装备制造战略性新兴产业(见图11-6),然而其高职专业布点数较多的专业大类主要有装备制造大类、财经商贸大类、电子与信息大类、教育与体育大类、文化艺术大类和医药卫生大类等,轻工纺织大类、食品药品与粮食大类的相关高职专业布点数较少,说明粤东地区的高职专业建设基本适应区域重点产业的发展,但仍需结合区域重点产业发展,对高职专业布局进行适当调整。

· 164 ·

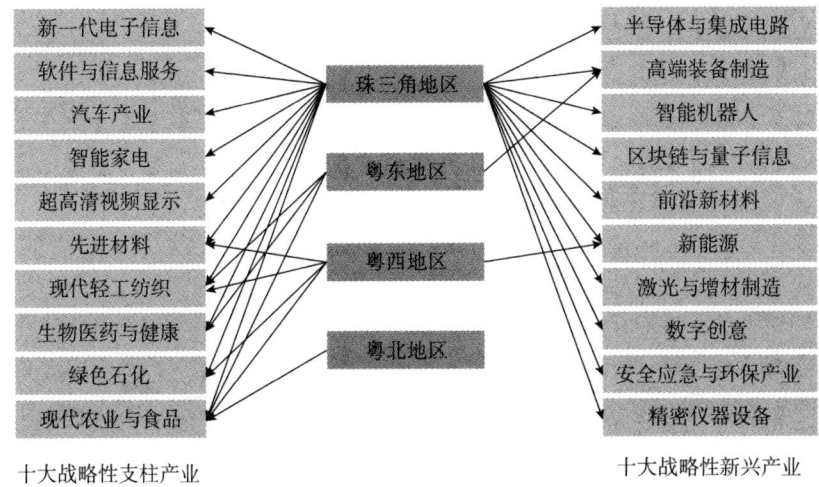

图 11-6　广东省各区域战略性支柱产业和战略性新兴产业分布情况

数据来源：根据广东省政府公开信息整理。

粤西地区重点发展现代农业与食品、绿色石化、先进材料、现代轻工纺织等战略性支柱产业和新能源战略性新兴产业，粤北地区重点发展的是现代农业与食品战略性支柱产业，无论是粤西还是粤北地区，其高职专业布点较多的专业大类仍是装备制造大类、财经商贸大类、电子与信息大类、医药卫生大类等，而与区域重点发展产业对接的专业大类，如食品药品与粮食大类、生物与化工大类、资源环境与安全大类、能源动力与材料大类、轻工纺织大类等的专业布点数反而较少（见表 11-6），可见粤西、粤北地区的高职专业建设与区域重点产业发展适应性不高，高职专业布局亟待优化调整。

表 11-6　广东省不同区域高职专业布点情况

专业大类	珠三角地区	粤东地区	粤西地区	粤北地区
农林牧渔大类	63	8	10	0
资源环境与安全大类	72	5	2	0
能源动力与材料大类	40	1	3	4
轻工纺织大类	68	3	4	0
生物与化工大类	42	2	7	1
食品药品与粮食大类	119	9	16	3
水利大类	7	0	0	0

续表

专业大类	珠三角地区	粤东地区	粤西地区	粤北地区
土木建筑大类	**283**	8	22	14
装备制造大类	**529**	26	46	32
财经商贸大类	**743**	49	55	38
电子与信息大类	**684**	49	63	30
公安与司法大类	36	0	2	0
公共管理与服务大类	128	8	13	5
交通运输大类	216	5	16	5
教育与体育大类	338	**57**	**70**	10
旅游大类	197	11	25	9
文化艺术大类	**484**	30	20	10
新闻传播大类	85	3	11	0
医药卫生大类	377	20	**53**	13

五、我国高职专业结构适应产业结构的策略

当前，我国经济社会进入高质量发展阶段，新兴产业不断涌现，传统产业在适应云计算、物联网、大数据和人工智能等新兴数字技术发展的过程中也在不断转型升级，迫切要求高等职业院校专业设置进一步对接产业发展需求。《关于推动现代职业教育高质量发展的意见》就明确提出要"优化职业教育供给结构。围绕国家重大战略，紧密对接产业升级和技术变革趋势，优先发展先进制造、新能源、新材料、现代农业、现代信息技术、生物技术、人工智能等产业需要的一批新兴专业，加快建设学前、护理、康养、家政等一批人才紧缺的专业，改造升级钢铁冶金、化工医药、建筑工程、轻纺制造等一批传统专业，撤并淘汰供给过剩、就业率低、职业岗位消失的专业，鼓励学校开设更多紧缺的、符合市场需求的专业，形成紧密对接产业链、创新链的专业体系"。因此，高职院校需要瞄准区域产业发展趋势，着力推动专业的提质升级。

（一）立足产业发展需求，改造提升原有专业

一方面，高职院校需要紧密围绕国家和区域产业发展重大需求，结合学校现有专业基础，加大优势特色专业建设力度，并以此推动学校其他专业水平的整体提升。另一方面，高职院校可以利用现代信息技术改造、整合和提升传统专业，促进专业的交叉融合。

（二）精准把握产业趋势，适度超前设置新兴专业

人才培养具有一定的周期性，因此，专业设置不应仅停留在"对接""服务"和"助推"产业发展上，还应适度超前产业发展。对此，高职院校要统筹考虑国家产业发展战略和新兴产业发展方向，精准把握产业发展趋势，在此基础上，根据人才需求预测和人才培养周期，适度超前部署与战略性新兴产业对应的新兴专业或交叉专业以及社会急需、紧缺人才的相关专业，以满足经济社会发展对各类专业人才的需要[22]。

（三）发展优势专业集群，对接产业集群趋势

产业集群化是现代产业发展的重要趋势，为增强专业设置的针对性和人才培养的适应性，高职院校应依据产业集群化发展的趋势，加强专业群建设。在对接产业链需求与就业的岗位群需求的基础上，以骨干专业、特色专业、主干专业为依托，通过开发相近专业，构建专业群体、专业链条，发掘专业建设集群优势，形成专业协同发展集群。

（四）加强专业评估，完善专业动态调整机制

提高专业设置与产业发展的吻合度，还需要高职院校建立健全需求导向的专业动态调整机制。①构建完善的专业评估体系，定期开展专业评估，对不合格的专业进行撤销，同时还应重点评估专业设置是否对接国家和区域主导产业、支柱产业和战略性新兴产业需求。②以专业评估为抓手，根据专业建设成效，健全专业新增和退出机制，强化优势特色专业，淘汰过剩低水平专业，提高专业设置与区域支柱产业、战略新兴产业的依存度和契合度，形成布局合理、特色鲜明、优势突出的专业体系，促进专业设置与产业发展的良性循环[22]。

第三节　数字经济背景下产教融合适应性分析

在数字经济背景下，新一代信息技术迅速发展，不断改变着产业格局和商业模式，这对高职教育提出了新的挑战和机遇，高职教育必须紧密结合数字经济的特点，培养适应数字化时代需求的高素质技术技能型人才。产教融合是实现高职教育与数字经济相结合的重要途径，通过与产业紧密合作，高职院校能深入了解行业需求，调整专业设置和课程内容，使教育更加贴合实际用人需求，提高学生的就业竞争力。因此，在数字经济背景下，实现高职教育的高质量发展、增强高

职教育产教融合的适应性是必由之路。下文将从高职院校产教融合发展现状出发进行分析，总结当前高职院校产教融合存在的问题，并积极探寻增强产教融合适应性的对策。

一、高职院校产教融合发展现状

产教融合是指职业院校根据所设专业，积极开办专业产业，把产业与教学密切结合，相互支持，相互促进，把学校办成集人才培养、科学研究、科技服务为一体的产业性经营实体，形成学校与企业浑然一体的办学模式。国家高度重视职业教育产教融合的发展，《国家职业教育改革实施方案》提出高等职业院校要"深化产教融合，推动企业深度参与协同育人"，《关于推动现代职业教育高质量发展的意见》也明确提出要"协同推进产教深度融合。以城市为节点、行业为支点、企业为重点，建设一批产教融合试点城市，打造一批引领产教融合的标杆行业，培育一批行业领先的产教融合型企业。积极培育市场导向、供需匹配、服务精准、运作规范的产教融合服务组织"。

在国家政策的推动引领下，我国职业教育产教融合已取得一定成效。产教融合载体已呈现出职教集团、产业学院、产教综合体、产教联盟等多样化形式。截至2021年底，全国共组建了1500多个职业教育集团（联盟），成员单位涵盖了企业、学校、行业组织、科研机构等4.5万余家，299个全国示范性职业教育集团（联盟）中高职院校牵头占比89.6%。各地也在"政策+财政+税收"政策激励下积极探索建设现代产业学院，形成了工业园区与院校互动发展的"园校"模式，以及政府、院校、行业、企业多元共建的"政校行企"模式等，推动多元协同育人[15]。

尽管当前我国职业教育产教融合已取得一定的成效，但产教融合过程中，仍然存在一些问题和瓶颈，制约着产教融合的可持续发展。具体表现如下：

（一）传统思维惯性导致重"教"轻"产"

尽管现阶段产教融合已经成为职业院校发展职业教育的共识，得到了很大关注，但在实际落实过程中，由于学校和企业秉承的价值取向、积淀的组织文化、表达的利益诉求都不尽相同，这些都成为阻碍产教融合的重要因素。由于受到传统惯性思维影响，职业院校在产教融合的发展中过度重视学校教育，轻视企业产出，将企业视为辅助者，认为产教融合的目的就是帮助学生增强实践能力，以便提高学生的就业率。这种片面、不正确的认知降低了企业参与产教融合的积极性，没有实现产教融合服务学校、推动产业、建设国家的真正目的。同时，由于

第十一章 我国高职教育教学适应性分析

职业院校在职业教育教学中没有很好地将企业的生产实践与专业教学活动进行对接和再设计,导致学生的职业理论知识和实践技能与企业需求有所脱节。

(二)配套制度建设存在重"表"轻"里"

职业院校对产教融合的配套制度仍有待完善,各类保障性措施还有所欠缺,没有针对产教融合的薄弱环节进行强化。教育职能部门对现有文件的执行力度不够,操作和贯彻也流于形式,不够深入,这在很大程度上使职业教育的发展缺乏动力和活力。同时,一些企业由于投入的硬性成本与预期受益的不对等而降低了其参与产教融合的积极性,导致其放弃与学校合作。即使参加了产教融合的企业也存在功利主义价值取向,在很大程度上摒弃了服务于人才培养的要义,背离了服务教育改革的核心主旨,没有使职业教育的工具理性和价值理性和谐并蓄。

(三)产教融合供需渠道重"量"轻"质"

目前,我国职业教育积极探索开展产学研合作,许多学校都与企业建立了大小不一的产学研合作平台,然而看似数量很多、范围很广,但是质量不高、效力有限,导致产教融合程度不深,对接渠道不畅通。产教融合的最终目的是培养高质量的技术人才,但由于学校的市场化进程较慢,对体制外的动态产业信息嗅觉不灵敏、吸收不及时,限制了职业院校职业教育服务产业的质量,也制约了自身职业教育特色和学科优势的彰显。此外,由于产教融合过程缺乏对接机构,导致一些优秀的新兴行业没有机会进入职业教育联盟,影响了产教融合的效果。

二、深化高职院校产教融合的策略

2022年12月,《关于深化现代职业教育体系建设改革的意见》正式下发,提出以贯彻落实党的二十大重大部署为统领,以服务人的全面发展、服务经济社会高质量发展为基点,统筹职业教育、高等教育、继续教育协同创新,推进职普融通、产教融合、科教融汇,革新职业教育理念,破解长期制约职业教育发展瓶颈,不断优化职业教育类型定位,撬动教育综合改革。意见提出了新阶段职业教育改革的一系列重大举措,可以概括为"一体、两翼、五重点"。所谓"一体"是指选择有迫切需要、条件基础好、改革意愿强的省(自治区、直辖市),探索省域现代职业教育体系建设新模式,形成一批可复制、可推广的新经验、新范式,省部共同推进这个新模式的探索。所谓"两翼",就是以产教园区为基础,打造兼具人才培养、创新创业、促进产业经济高质量发展功能的市域产教联合体,推动形成同市场需求相适应、同产业结构相匹配的现代职业教育结构和区域布局；支持重点行业领域龙头企业与高水平高校、职业学校共同牵头，打造全国性行业产教融合共同体，促进教育与产业互融共长。"一体两翼"布局的关键在于人力发挥当地政府的组织协调作用。职业教育要发展，离不开工学结合、校企合作、产教融合，这既是战线的共识，也是社会的共识。但长期以来，这项工作的推进更多是依赖学校和企业的互动，下一步希望在这项工作推进中，更多发挥当地政府的作用，进一步促进资源匹配、供需匹配。

（一）建设数字化开放型区域产教融合实践中心

与产业数字化或者数字产业化行业龙头企业开展真实项目合作。形成理实一体化的项目化教学课程体系。注重学生数字化技术及能力的综合应用、实践和职业素养的培养。将企业项目成果作为专业办学的成果输出，不断充实完善教学改革阵地及内容，提升课程教学质量。在项目化教学开展上，要形成完善的产教融合运营机制。一是要建立学院与企业联合监管的项目人员选拔及岗前培训机制，根据专业发展需求和课程建设需求，引进企业真实项目入校，从实训项目成员的招聘、选拔、项目岗前培训、项目监管、项目考核五方面进行全方位监管。二是要联合校企合作企业制定教师项目化教学运营培训制度，确定学校与企业专业共建利益共享的考核管理机制，形成与企业的良性互动。

（二）打造"政校行企"数字技术技能创新服务平台

我国数字经济发展正处在加速倍增行动时期，数字化转型逐步从智能制造向教育、服务、医疗等各个领域延伸。要站在政府宏观调控角度，根据产业集群效应，优化职业教育院校布局、专业布局，完善产教融合政策细则及建议。同时要加强平台的项目化运作，坚持平台良性生态化发展，建成集技术创新研究、应用产品开发、高端智库服务、技术成果转让、创新创业服务的数字技术技能创新服务平台，实现科技创新、应用产品研发、高端智库服务、技术成果转化、创新创业服务等功能于一体。通过平台搭建集聚企业数字化管理等高水平专业的师资资源，强化与地方政府、产业园区、行业企业的密切合作，建设数字商业研究院、区块链赋能产业研究所、新媒体新思政研究智库等，服务区域数字经济发展。

（三）形成多方合作、多家受益、整体推进的产教融合发展机制管理

借助职业教育红利政策，充分发挥企业的重要办学主体作用，有效激发企业参与职业教育的积极性和主动性，促进人才培养供给侧和产业需求侧结构要素融合。职业院校的专业教学与企业用工紧密结合，校企之间资源实现有机互融，将职业教育服务企业、服务社会的能力延伸到科研理论研究并进行科技应用成果的

第十一章 我国高职教育教学适应性分析

转化，从根本上改变行业、企业长期以来在职业教育发展方面的角色欠缺现象，实现职业教育资源的优化配置，提升职业教育办学质量。

第四节 数字经济背景下课程建设适应性分析

数字经济的快速发展带来了新的产业和职业需求，推动了传统产业的数字化转型。为了培养适应数字经济的专业技能和素养，高职教育必须紧跟时代需求，及时调整课程内容，引入新兴技术和理念。加强高职数字化课程建设适应性是实现数字经济背景下高职教育高质量发展的必然选择，具体原因如下：一是加强高职数字化课程建设适应性，能满足数字经济时代对新技术、新模式的需求，为学生提供前沿知识与技能；二是适应性课程能培养适应市场变化的灵活性和创新能力，使学生能够适应职业发展的不断调整；三是高职数字化课程建设的适应性也有助于提高就业率和就业质量，推动数字经济产业的发展；四是适应性课程可以使高职教育更加符合人才培养目标，提高教育质量，促进社会经济可持续发展。下文将围绕职业教育国家在线精品课程建设现状进行分析，并从中总结存在的问题，从而提出相应的解决对策。

一、高职数字化课程建设现状

（一）高职国家在线精品课程各省份分布情况

2022年12月，教育部公布了《2022年职业教育国家在线精品课程名单》，经专家遴选共确定了1160门2022年职业教育国家在线精品课程，其中，全国共有474所高职院校的1075门课程入选。从区域分布数量来看，本次高职院校入选课程数量最多的是江苏省，共入选155门，其次依次是河南、浙江、山东、广东、河北和湖南的国家在线精品课程入选数量较多，分别为99门、86门、79门、74门、70门和61门，贵州、甘肃、海南、新疆、云南和青海等省份的国家在线精品课程数量较少，数量均在10门以下（见图11-7）。

（二）高职国家在线精品课程各专业大类分布情况

根据数据统计结果可知，2022年高职国家在线精品课程入选数量排名前三的专业大类依次是电子与信息大类、教育与体育大类和财经商贸大类，课程入选数量均在120门以上。医药卫生大类和装备制造大类的入选课程数量也较多，分

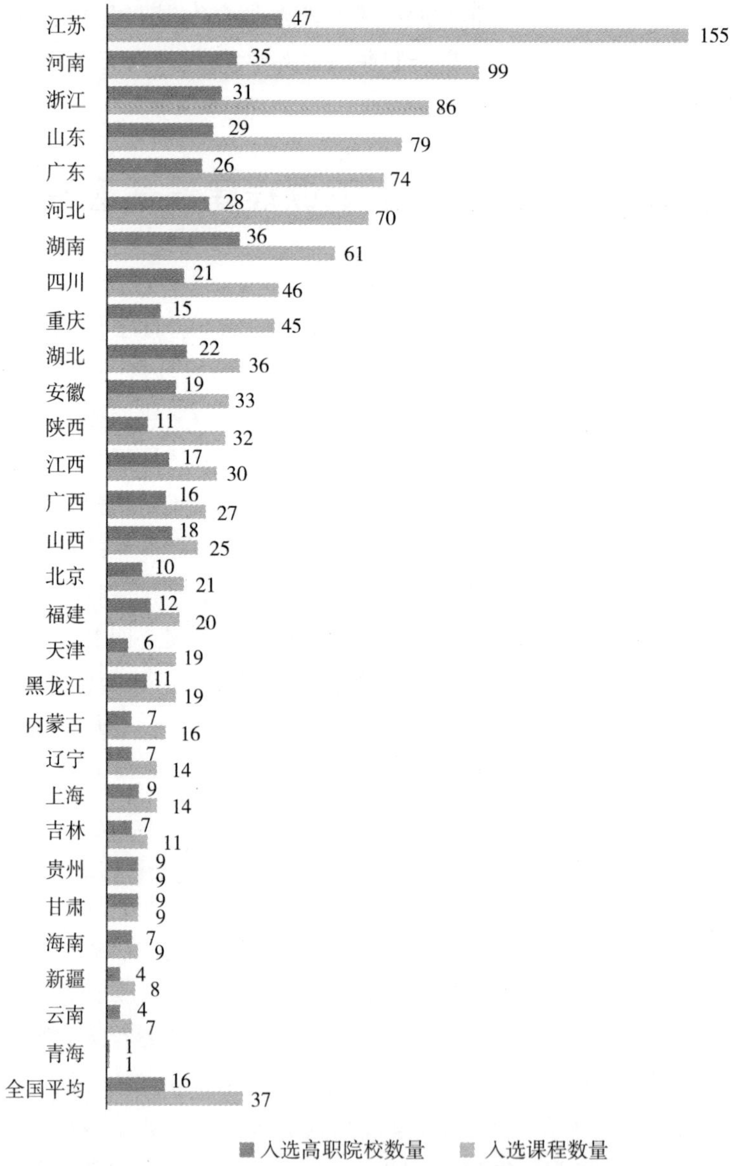

图 11-7　2022 年高职国家在线精品课程各省份数量分布情况（单位：门）

数据来源：根据教育部发布的《2022 年职业教育国家在线精品课程名单》统计得出。

别有 117 门和 113 门。而属于轻工纺织大类、能源动力与材料大类、公安与司法大类、水利大类和新闻传播大类的国家在线精品课程入选数量较少，均在 20 门以下。其中，以财经商贸大类为例，2022 年高职国家在线精品课程数量最多的专业类为财务会计类，课程数量达 38 门，其次是电子商务类、经济贸易类和金融类，均有18门课程入选，课程数量最少的是物流类，仅有6门（见图11-8、表11-7）。另外值得注意的是，属于财经商贸大类且课程内容包含数字化的国家在线精品课程数量极少。

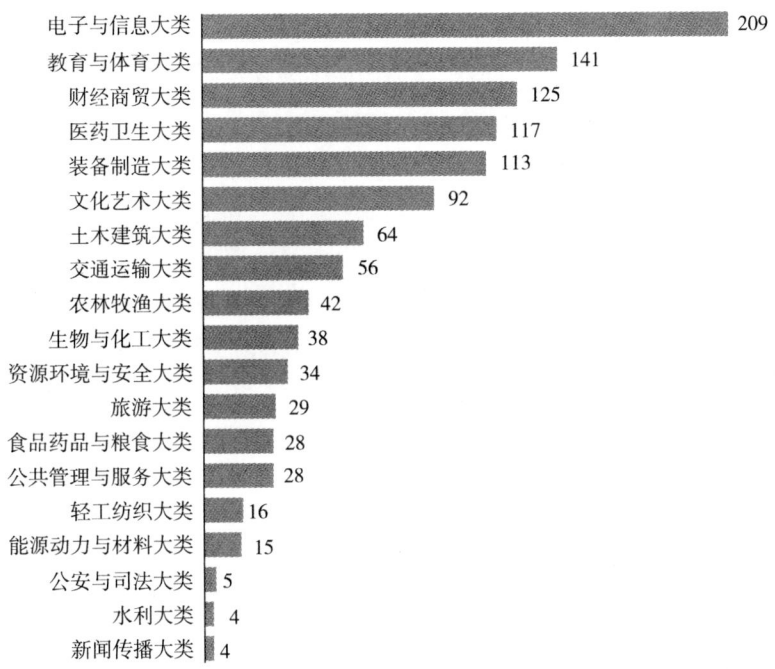

图11-8　2022年高职国家在线精品课程各专业大类分布情况（单位：门）

数据来源：根据教育部发布的《2022年职业教育国家在线精品课程名单》统计得出。

表11-7　2022年高职财经商贸大类各专业类国家在线精品课程的数量分布情况

专业大类	专业类	国家在线精品课程数量（门）
财经商贸大类	财政税务类	9
	金融类	18
	财务会计类	38
	统计类	8
	经济贸易类	18
	工商管理类	10
	电子商务类	18
	物流类	6

数字经济背景下我国高职教育高质量发展报告

综合前文分析结果和相关文献研究结果发现,数字经济背景下高职教育课程建设仍存在较大的不足,亟待改进。以财经商贸大类专业为例,首先,传统的商科教育注重培养学生的管理思维和实践能力,但忽视了数字技术的重要性,随着数字经济的发展,新兴技术的应用已经成为企业创新和发展的核心竞争力,因此,高职院校财经商贸类专业的课程设置需要更多地融入数字技术的内容,培养学生的数字思维和信息素养。其次,传统的商科教育侧重于理论研究和知识传授,缺乏实践教学和创新创业的机会,数字经济背景下,企业需要更多的创新能力和实践经验,因此,高职院校财经商贸类专业的课程设置需要更多地关注实践教学和创新创业的内容,培养学生的实践能力和创新精神。最后,高职院校财经商贸类专业的课程设置还存在着课程重复、内容单一、缺乏国际化视野等问题,在数字经济背景下,全球化已经成为不可忽视的趋势,企业需要具备更多的国际化视野和跨文化沟通能力。因此,高职院校财经商贸类专业的课程设置需要更多地关注国际化和跨文化教育的内容,培养学生的国际化视野和跨文化沟通能力。

二、高职数字化课程体系建设的策略

(一)构建数字化课程新体系,为数字经济培养适用人才

通过课程体系与数字技术的深度融合,促进传统产业的迭代升级,实现专业赋能与人才培养水平提升。根据"底层共享、中层分立、高层互选"原则,深入挖掘数字经济产业链分工、特点以及技能需求,基于底层公共平台课程和专业平台课程、中层核心专业模块化课程、高层拓展专业群互选课程和创新创业课程,以及"1+X"职业资格等级证书,将信息技术与专业群各专业紧密联系在一起,专业群内逻辑优势互补、互为支撑、共享融合,形成专业群数字化课程新体系。

通过构建专业群数字化课程新体系,并实施融合递进式培养,促进学生职业道德、文化素质及身心健康等的全面协调发展,让学生系统地掌握适应数字经济产业链岗位的数字化管理、数字化营销、云计算、大数据、物联网、人工智能、5G通信等方面的知识和技能,达到培养学生综合职业能力和可持续发展能力的培养目标,为数字经济培养适用人才。

(二)搭建创新创业实践平台,提高学生创新创业能力

伴随信息技术的快速发展,课堂教学、网络教学资源、培训教辅材料等传统的"双创"培训内容已经不能满足当前人才培养的需要,在不断开发"双创"

教育资源的同时，还要积极探索创新创业仿真性高和实战性强的项目，将其充实到创新创业教育中，并引入终身教育的理念机制。一是从"双创"培养的环境入手，搭建并形成"双创"培育的文化，营造浓厚的大学生创新创业氛围。二是主动与兄弟院校、地方政府、社区、行业、企业对接，形成一方搭台、多方共育共享的格局，重点搭建面向企业的产学研合作拓展平台和实践创新平台。创造条件参与行业、企业真实的创新创业活动与实践项目，如软件开发和信息技术服务、人工智能、传感器与物联网终端、工业互联网、智能制造、"两化"融合等领域的数字化转型服务项目，以及实施数字化车间、智能化工厂等产业数字化项目。三是丰富与信息技术相关的创新创业训练活动，培养学生创新创业意识与能力。四是通过搭建全方位、多层次的创新创业实践平台，深化创新创业教育改革，推动创新创业教育与专业教育深度融合，强化学生的创新思维训练，促进学生全面发展，推动毕业生更高质量就业。

第五节 数字经济背景下教师教学能力适应性分析

在教育教学中，学生是学的主体，教师是教的主体。学生能够适应数字时代的学习、胜任数字时代的工作是职业教育教学数字化转型的最终目标，而教师数字化教学能力的持续提升则是数字化转型的核心内容，也是前提条件。《中共中央国务院关于全面深化新时代教师队伍建设改革的意见》《教育信息化2.0行动计划》等一系列文件也强调了教师信息化能力的培养与提升。为此，下文将着重围绕教师数字化教学能力的发展现状，总结数字经济背景下教师数字化教学能力存在的不足，从而提出提升教师数字化教学能力的对策，以增强教师的教学能力适应性。

一、教师数字化教学能力发展现状

随着数字经济的快速发展，高职院校愈发重视教师的数字化教学能力培养，教师的数字化教学观念也发生明显转变。《职业教育信息化发展报告（2021版）》指出，2021年，有73%的职业院校教师对数字化教学新理念、新模式呈现出"非常关注"或"比较关注"的态度，相较于2018年，职业院校教师对数字化教学新理念、新模式的关注度分别提高了7.56%、4.77%，教师对利用数技术提高课堂参与度、激励学生积极性的认可度也分别达到85.53%、84.08%[23]。然而，尽管教师对数字化教学新理念、新模式的关注度提高，但在实际教学过程中，教师的数字化教学能力水平仍较低，无法很好地适应数字经济背景下高职教育高质量发展的需求，具体体现如下：

（一）教师对新兴信息技术工具的熟悉度不高

《职业教育信息化发展报告（2021版）》调查结果显示，职业院校教师日常教学中最常用且最熟悉的多为一些简单的信息技术工具，主要包括信息检索工具（百度、谷歌等）、办公软件（Office等）、社交软件（QQ、微信等）、数字资源下载与存储工具、多媒体教学设备（电脑、交互式白板等）、教学资源制作软件（图片处理、音视频处理、动画制作等）等，而对于5G、增强现实（AR）/虚拟现实（VR）、人工智能（AI）等新一代信息技术工具，教师对其熟悉度水平整体较低（见图11-9）。

（二）教师对新兴信息化教学环境的应用能力不足

当前，尽管一些职业院校已经积极建成了多媒体教室、智能教室、虚拟仿真实训教室等信息化教学环境，然而教师对这些信息化教学环境的应用程度明显不足，尤其是利用虚拟仿真实训教室等新型信息化教学环境开展教学活动的常态化应用水平更是极低。《职业教育信息化发展报告（2021版）》指出，在接受调查的职业院校教师中，教师常态化使用水平最高的信息化教学环境是多媒体教室，占比为52.6%，且多用于呈现课程内容和课程资源、开展课前签到、上课点名、上传作业等简单教学活动。相较之下，教师对智能教室的常态化使用水平较低，常态化应用的教师比例仅为27.0%。虚拟仿真实训是现代教育与虚拟仿真技术深度融合的产物，通过借助AR/VR、智能大数据、物联网等前沿信息技术，构建高度仿真的实训环境与实验条件，学生可以在虚拟仿真的环境中进行实训和实验，多角度、多次重复的进行操作。有效利用虚拟仿真实训教室，可以很好地促进高素质技术技能人才的培养。然而调查结果显示，对于虚拟仿真实训环境，职业院校教师的常态化应用水平极低，比例仅为8.2%，有42.2%的教师甚至从未使用过虚拟仿真实训环境开展教学活动（见图11-10）。另外，大部分教师也反馈限制其在教学中应用信息技术的主要原因在于自身信息化教学设计能力、信息化教学实施能力和信息化教学评价能力不足，信息化教学所需的高质量数字教学资源不足，以及有关信息化教学开展的相关培训不足等（见图11-11）。

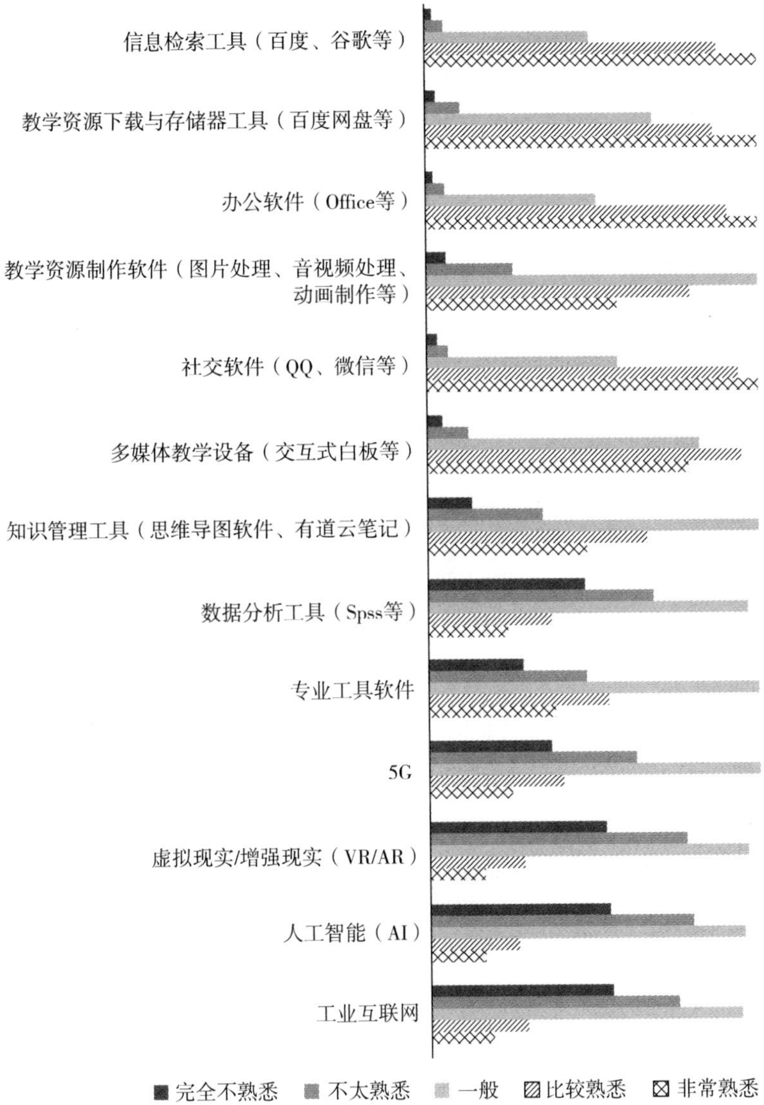

第十一章 我国高职教育教学适应性分析

图 11-9 职业院校教师信息技术工具的熟悉度

数据来源：《职业教育信息化发展报告（2021版）》。

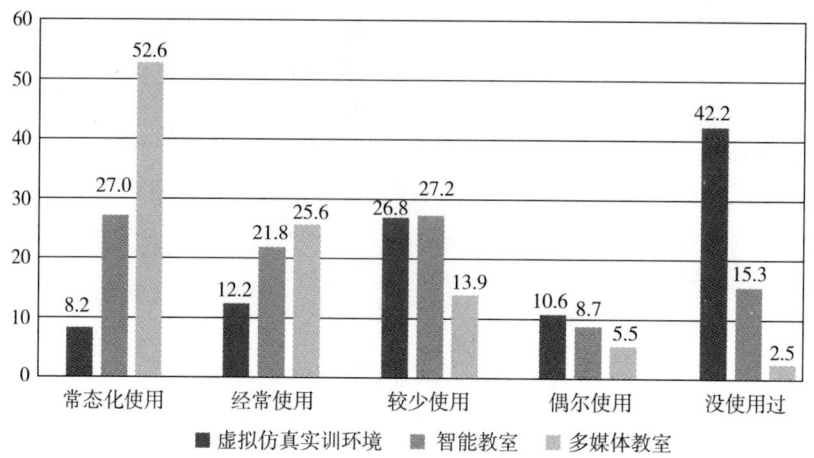

图 11-10　职业院校教师各类信息化教学环境的应用现状（单位：%）

数据来源：《职业教育信息化发展报告（2021 版）》。

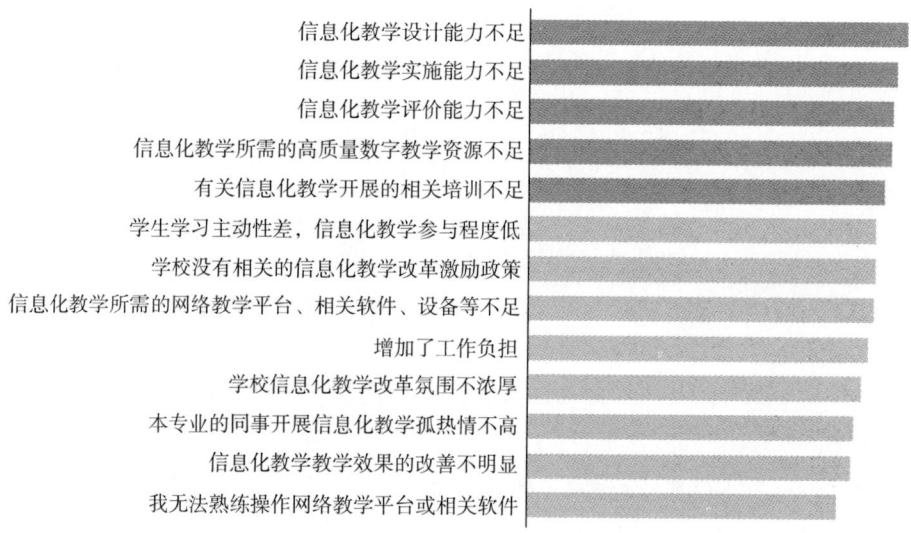

图 11-11　职业院校教师教学中信息技术应用的限制性因素

数据来源：《职业教育信息化发展报告（2021 版）》。

二、教师数字化教学能力提升的策略

随着信息技术在教学中的广泛应用，教师不再是知识的灌输者而是教学的组织者和创新的引导者，教师不仅需要具备专业知识技能，还需要使用信息技术来组织教学。结合前文分析结果，教师存在的主要问题包括对信息技术认识有待提高、对信息技术应用不足等。对此，职业院校可考虑采取以下策略，以增强教师教学能力适应性。

（一）加强教师数字化素养，提高教师数字化教学能力

在数字化学习时代，教学不再是技术与教学方法的简单叠加，而是一种面向更加复杂学习环境的技术与教学的融合式创新。当前高职教师关于数字技术融入教学的态度和意识正面积极，但是数字资源使用与开发能力和数字化教学技能明显不足，教师数字教学实践技能提升空间较大。所以加强"数字+教学"实践技能是提升高职教师整体数字素养的关键环节。首先，高职院校要提高数字化教学软硬件配套，建设智慧教室等数字化、智能化的教学设施与环境，同时自建或引进数字化教学平台，鼓励教师在平台上进行数字化课程资源的建设与使用。在此基础上配套激励制度，对教师数字化教学技能提升进行政策性引导。其次，高职院校要组织教师数字化教学技能专项培训，从数字化教学资源建设、教学环境的构建、教学活动过程设计、教学评价创新等层面开展多维度、全方面的数字化教学技能培训，教师可以针对薄弱环节进行专项能力的提升。最后，鼓励教师积极开展数字化教学的实践与研究，比如线上线下混合式教学模式，在教学过程中提升数字化实践教学技能，在数字化教学研究过程中加深理论认识[24]。

（二）制定职业教育教师数字素养评估标准

随着数字化技术的不断涌现，国际社会对教师数字素养愈加重视，纷纷出台了教师数字能力框架或者标准，包括2017年美国发布的《国家教师教育技术标准》、欧盟发布的《欧盟教育者数字素养架》和2018年UNESCO发布的第三版《教师信息与通信技术能力框架》等。但我国还未出台职业教育教师数字能力框架或标准，虽然开展了各级各类数字素养的培训，但教师缺少标准进行自我评价与对比，无法激起教师的满足感和成就感，容易造成数字素养发展倦怠感。因此，我国职业教育亟需借鉴国际上较为成熟的数字素养框架，制定符合我国职业教育实情的教师数字素养评估标准，分阶段、分领域引导教师有计划、有目标的学习与提升，充分提升以教学工作为核心的数字素养，并且能够随着信息技术在教育中的不断深入应用而对标准进行及时更新和补充，确保教师数字素养的可持续发展，从而帮助教师全面应对数字时代教育改革浪潮的挑战。

第六节　数字经济背景下教材与教法适应分析

数字经济背景下，增强高职教材与教法的适应性至关重要。数字经济的快速发展引发了新兴产业和职业需求，高职教育作为培养技术型人才的重要阶段，需要紧跟时代步伐，及时调整教材内容，培养学生符合时代要求的技能与知识。适应数字经济的教材与教法可以更好地满足企业和社会对人才的需求，提高毕业生的就业竞争力。同时，数字技术的广泛应用为教学提供了更多创新方法，更新教材与教法可以提升教学效果，激发学生学习兴趣，增强实践能力和创新思维，从而推动高职教育高质量发展，为经济社会发展提供更多优秀的技术型人才。

一、高职教材建设与教法运用现状

在教材建设方面，《国家职业教育改革实施方案》对教材改革做出了明确指示，要求职业教育专业教材随信息技术发展和产业升级情况及时动态更新，以解决职业院校的教材建设与企业生产实际脱节、内容陈旧老化、更新不及时、教材选用不规范等问题。2023年5月，教育部公布了首批新增入选"十四五"职业教育国家规划教材的教材名单，经统计，"十四五"时期，高职共有2326种教材入选，其中，除了公共基础课类型教材外，高职"十四五"国家规划教材集中分布在财经商贸大类、装备制造大类、电子与信息大类、交通运输大类和医药卫生大类等专业大类上，均有200种以上教材入选，而属于轻工纺织大类、水利大类、公安与司法大类、新闻传播大类等专业大类的入选教材数量较少，均在30种以下（见表11-8）。结合国家"十四五"时期重点发展新一代信息技术、高端装备、新能源汽车、航空航天等产业领域，可见高职教材建设总体上能紧密贴合国家产业发展规划，总体适应重点产业发展需求。

在教法运用方面，当前职业院校教师教学方法仍然以传统面授为主，同时借助一些信息技术工具加以简单辅助教学，教法运用较为传统单一。而从学生角度来看，学生更偏好课堂教学的互动性。根据《职业教育信息化发展报告（2021版）》调查结果显示，相较于"录像+面授"和"看课程录像"这两种无实时同步互动的纯线上教学形式，学生更喜欢"传统面授""线上功能+面授的混合教学""视频直播""直播+面授"等可以实时互动的教学形式，可见增加与学生的

表 11-8 高职各专业大类首批"十四五"国家规划教材数量分布情况

专业大类	"十四五"规划教材数量	专业大类	"十四五"规划教材数量
财经商贸大类	312	食品药品与粮食大类	61
装备制造大类	279	资源环境与安全大类	60
公共基础课	243	旅游大类	59
电子与信息大类	210	能源动力与材料大类	53
交通运输大类	201	生物与化工大类	50
医药卫生大类	200	公共管理与服务大类	31
教育与体育大类	176	轻工纺织大类	27
土木建筑大类	169	水利大类	25
农林牧渔大类	74	公安与司法大类	19
文化艺术大类	63	新闻传播大类	14

数据来源：根据教育部发布的首批"十四五"职业教育国家规划教材名单相关数据统计得出。

实时互动，迎合学生学习偏好，可以激发学生的学习兴趣和积极性（见图 11-12）。

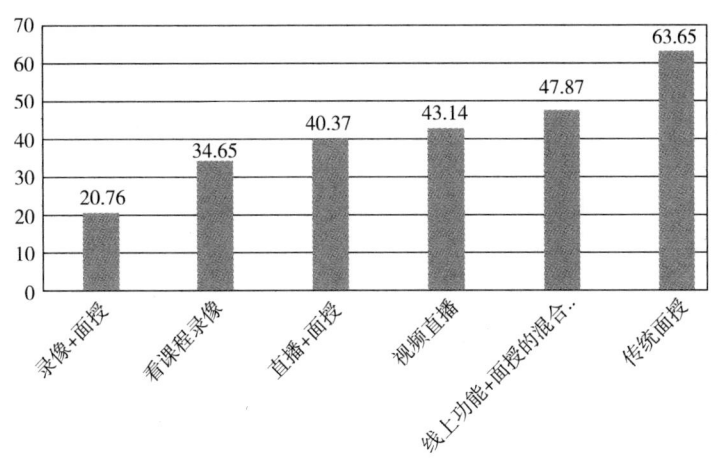

图 11-12 学生对不同授课形式的偏好度（单位:%）

数据来源：《职业教育信息化发展报告（2021 版）》。

目前，随着数字经济的发展，高职院校教材建设和教法运用方面也不可避免地面临一系列问题。在教材建设方面，首先，教材建设存在滞后性，难以跟上快速发展的数字经济趋势。由于数字经济日新月异，教材编写过程可能相对缓慢，导致教材内容易与实际应用脱节，学生难以及时了解最新的技术和业务动态。其次，高职院校教材在数字经济背景下可能缺乏多样性和实战性。数字经济的兴起使得各行业出现了更多新兴技术和业务模式，然而，一些教材可能仍然停留在传统范畴，缺乏对新技术、新业态的全面覆盖。此外，一些教材过于理论化，缺乏真实案例和实践操作，难以满足学生在数字经济领域的实际需求。在教法运用方面，传统单一的教学方法难以激发学生的学习兴趣和积极性，同时缺乏多样化的教学手段和教学资源，也限制了教师在培养学生创新能力和实践能力方面的发挥。

二、增强教材与教法适应性的策略

《关于推动现代职业教育高质量发展的意见》对职业院校教材与教法改革方面也做出重要指示，一是要"改进教学内容与教材。及时更新教学标准，将新技术、新工艺、新规范、典型生产案例及时纳入教学内容。引导地方、行业和学校按规定建设地方特色教材、行业适用教材、校本专业教材"。二是要"创新教学模式与方法。普遍开展项目教学、情境教学、模块化教学，推动现代信息技术与教育教学深度融合，提高课堂教学质量"。对此，可采取以下策略，增强教材与教法的适应性。

（一）重视教材适应性，及时更新教材内容

《国家职业教育改革实施方案》对于职业教育教学改革提出明确要求："倡导使用新型活页式、工作手册式教材并配套开发信息化资源。每3年修订1次教材，其中专业教材随信息技术发展和产业升级情况及时动态更新"，鼓励职业院校与行业企业探索"双主编制"，及时吸收行业发展新知识、新技术、新工艺、新方法，编写一批精品教材。这些都是对教材适应性的明确指示。因此，教材应及时更新内容，适应产业发展对新技术、新岗位的要求，适应项目式教学、模块化教学的需要，适应在线学习、线上线下相融合的混合式教学等泛在教学模式的需要。要鼓励教师使用数字化教材、活页式教材、工作手册式教材等新型教材，配套开发信息化教学资源和真实性教学项目，建立内容对接产业需求、动态更新的教材和教学资源体系[25]。如，使用活页式教材，当新技术新规范更新后，教师可以自由插入几页新内容，既有利于开展个性化教学，又解决了教学内容滞后于产业技术发展的问题。

（二）加强数字教材建设，撬动教学过程数字化转型

教材是人才培养的载体，是教学的蓝本，是学生获取知识的主要途径，教材

质量是影响职业教育人才培养质量的重要因素。传统纸质教材由于内容更新较为缓慢、难以与学生建立联系、优质资源不足、缺乏足够创新等不足，无法很好地适应数字经济时代人才培养的需求，而数字教材则能很好地弥补传统教材的这些缺陷，并实现优质教育资源共享。数字教材有别于传统教材，是以互联网为载体，采用数字化技术并兼容图、文、声、像等多媒体功能，利用多媒体技术将传统纸质教材进行数字化处理，转化为适用于各类学习终端的互动性教材。它具有信息的多维化、内容的海量化、阅读的交互化、形式的多样化、传播的网络化等特点。《国家职业教育改革实施方案》明确要求："倡导使用新型活页式、工作手册式教材并配套开发信息化资源。"这种信息化资源既可以是数字化教材，也可以是数字化的教材补充材料，既涵盖纸质教材具备的内容，还可增加诸如教学大纲、实践实训、典型案例、课后练习、模拟试题、与纸质教材内容相配套的教学课件、音视频资料以及相关学科或专业的知识拓展等内容。

数字技术对经济社会的影响力正逐步深化，职业教育需迎合数字化潮流，加快转型升级的步伐。数字教材是职业教育数字化的重要驱动因子，能够从人才、资源等方面拓展职业教育数字化转型的高度、深度和广度。因此，职业院校需要加强数字教材建设，从而撬动教学过程数字化转型。

（三）信息技术赋能教法改革创新，推进数字化人才成长成才

高水平的课程建设与高质量的教材体系，都需要一套灵活有效的教学方法。教学中，需要通过大数据、人工智能等手段，掌握学生的总体学习情况和个性化要求，教法改革最终要落脚到学生成长上，丰富而多彩的课堂、灵动而个性化的学法，是教学应然样态。在课程层面，要持续创新课程内容、体系、应用平台、教学模式、教学场景，全方位推动课堂革命，构建高质量课程生态系统。在学法层面，通过人工智能技术和专业知识图谱，为学生提供认知框架和学习图景，研发智能搜索、智能推荐、智能问答功能，学生可以在搜索和推荐中逐渐获得核心知识的相关图景，利用学习内容与学习路径生成个性化学习地图，方便学生进一步学习迁移，并在教师的引导和辅导下完成学习。

（四）探索数字化条件下的新型教学模式

通过推广信息技术支持下的选课走班、校际协同、校企联动等灵活开放的教学组织模式，促进学生个性化培养和协同育人。在前期基础上深化网络学习空间应用，构建线上线下混合教学的有效模式，推进常态化应用。深入探索虚拟现实、人工智能等新技术教学应用，打造网络化、沉浸式、智能化的新模式，探索将智能学伴、智能助教等融入学习环境，提供更加适切的资源和服务。此外，随

着信息技术的发展,教师也应当探索更多更加灵活的教学方式,借助数字化工具和在线资源,增加互动性和实践性,提高教学效果。

第七节 数字经济背景下教学条件适应性分析

加强教学条件适应性是提高高职教育质量和适应数字经济时代需求的重要途径。新一代信息技术的发展为高职教学条件带来了巨大的改变和提升机会,通过充分利用数字技术和数字资源,高职教育可以更好地满足数字经济时代对人才的需求,从而培养出更加适应未来社会发展的高素质技术技能型人才。下文将围绕信息化基础设施环境、信息化教学环境和数字教育资源等方面分析高职院校目前的教学条件发展现状,总结出高职院校教学条件建设方面的不足,进而提出增强教学条件适应性的对策。

一、数字化教学条件发展现状

(一)信息化基础设施建设逐步完善,智慧教育平台资源高职专业覆盖率有待提升

中国教育科学研究院发布的《中国智慧教育发展报告(2022)》指出,2022年我国职业院校中接入互联网的学校比例高达98.99%,无线网络全覆盖的学校比例为73.49%,教学用网络多媒体教室在职业院校教室总数中的占比为61.68%,开通网络学习空间的学校占比达到84.97%,国家职业教育智慧教育平台资源对高等职业教育专科专业的覆盖率达到67.47%[26]。另根据《职业教育信息化发展报告(2021版)》相关数据,有57%的职业院校表明为教师配备电脑终端比例达到90%以上,17%的职业院校表示为教师配备电脑终端比例达到61%~90%,仅有26%的职业院校表示为教师配备电脑终端比例低于60%。此外,还有92%的职业院校已经建成数据中心机房,89%的职业院校已经完全建成本地数据库,79%的职业院校已经完成云服务部署(见表11-9、图11-13)。由此可见,我国职业教育基础办学环境初步实现智能化,网络和数字终端等信息化基础设施设备逐步普及,职业教育数字教育资源愈加丰富。然而,目前智慧教育平台资源对高等职业教育专科专业的覆盖率还不高,仅占六成左右,仍有待提升。

表 11-9 2022年中国职业院校信息化基础设施建设情况

项目	比例（%）
接入互联网的学校比例	98.99
无线网络全覆盖的学校比例	73.49
教学用网络多媒体教室占比	61.68
开通网络学习空间的学校比例	84.97
国家职业教育智慧教育平台资源对高等职业教育专科专业的覆盖率	67.47

数据来源：《中国智慧教育发展报告（2022）》。

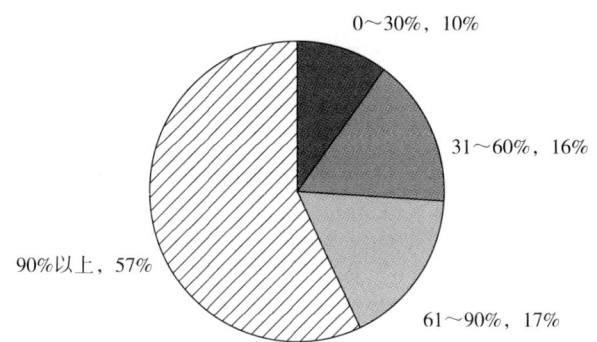

职业院校为教师配备电脑终端情况

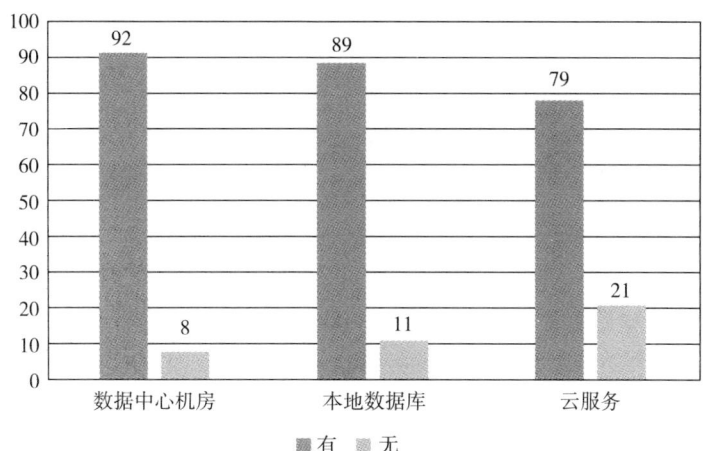

职业院校数据中心机房、本地数据库和云服务建设情况

图 11-13 职业院校教师电脑终端配备情况及其数据中心机房、本地数据库和云服务建设情况（单位：%）

数据来源：《职业教育信息化发展报告（2021 版）》。

（二）信息化教学环境建设以多媒体教室为主，虚拟仿真实训室建设偏少

从职业院校信息化教学环境建设情况来看，我国职业院校信息化教学环境建设多集中在多媒体教室建设上，智能教室的建设次之，对于虚拟仿真实训室/中心/基地的建设偏少。根据《职业教育信息化发展报告（2021版）》相关数据显示，2021年我国职业院校多媒体教室建设数量的平均值约为119.5间，多媒体教室所覆盖专业数量的平均值为55.9间，处于多媒体教室教学环境下职业院校专业的覆盖率的平均值更是高达84.86%；而智能教室建设数量的平均值约为58.47间，智能教室所覆盖专业数量的平均值为34.08间，智能教室教学环境下职业院校专业的覆盖率的平均值为66.12%；虚拟仿真实训室的平均值仅为13.69个，虚拟仿真实训中心/基地数量的平均值也仅为9.59个（包含存在多所院校共用的仿真实训中心或基地）（见表11-10）。

表11-10　2021年中国职业院校信息化教学环境建设情况①

类型	项目	平均值
多媒体教室	多媒体教室数量的平均值（间）	119.5
	多媒体教室所覆盖专业数量的平均值（间）	55.9
	专业覆盖率平均值（%）	84.86
智能教室	智能教室数量的平均值（间）	58.47
	智能教室所覆盖专业数量平均值（间）	34.08
	专业覆盖率平均值（%）	66.12
职业院校虚拟仿真实训室/中心/基地	虚拟仿真实训室数量平均值（个）	13.69
	虚拟仿真实训中心/基地数量平均值（个）	9.59

从职业院校专业教师的反馈结果来看，绝大部分教师认为多媒体教室、智能教室、虚拟仿真实训教室等信息化教学环境的使用效果较好。另外，学生对虚拟仿真实训软件功能的整体认可度也较高。在虚拟仿真实训软件对学习各方面促进作用的调查中，除了有3.82%的学生没有使用过虚拟仿真实训软件外，其余使用过的学生对虚拟仿真实训软件各方面的正向作用都有较大的认同感，选择比较符合、一般、非常符合的人数和均超过90%（见图11-14、见图11-15），且大多数学生认为使用虚拟仿真实训软件可以丰富实操实训的形式，再现真实情境中较难观摩到的操作，增加了技能训练的机会，减少了真实环境中的高风险性。

---

① 数据来源：《职业教育信息化发展报告（2021版）》。

第十一章 我国高职教育教学适应性分析

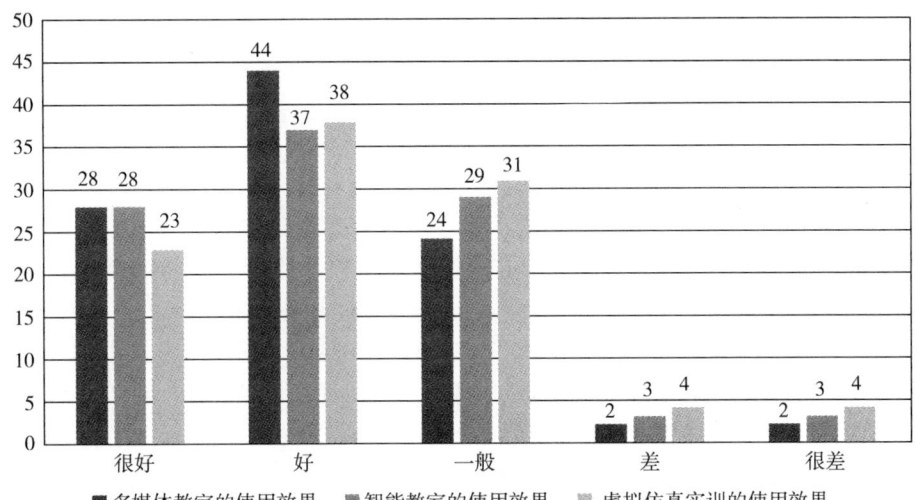

图 11-14　职业院校信息化教学环境的使用效果（单位：%）

数据来源：《职业教育信息化发展报告（2021 版）》。

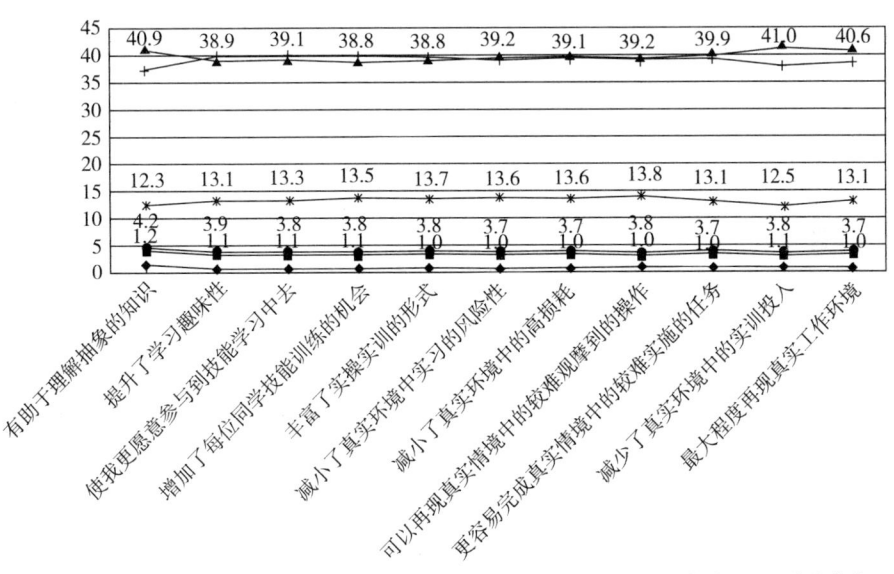

图 11-15　职业院校学生对虚拟仿真实训软件与设备的功用性体验（单位：%）

数据来源：《职业教育信息化发展报告（2021 版）》。

综上可知，虚拟仿真实训室/中心/基地可以帮助学生更好地掌握实践技能，

· 187 ·

数字经济背景下我国高职教育高质量发展报告

然而当前职业院校虚拟仿真实训室/中心/基地建设数量偏少,无法很好满足学生的实训需求,职业院校在虚拟仿真实训室/中心/基地建设方面亟待加强。

(三)数字教育资源建设存在不足,教学资源应用和共享存在限制

当前,我国职业教育领域数字教育资源建设仍存在较大的不足,一是现有的数字教育资源量,尤其是精品数字资源量还不够充足,远远无法满足职业教育领域不同主体个性化、多样化的需求。2021年我国职业院校省级精品课程建设数量均值仅为5.01门,国家级精品课程建设数量平均值更是仅为2.87门。二是数字教育资源建设和使用类型较为传统单一,新形态数字教育资源开发和使用较为缺乏。《职业教育信息化发展报告(2021版)》指出,电子讲稿(课件资源等)、微视频资源(微课)、案例资源、网络课程(在线课程)、试题试卷等是职业院校教学过程中最常用且最常见的数字化教学资源,同时也是大多数职业院校教师亲身参与建设较多的类型,相较之下,仿真实验软件、虚拟现实或增强现实(VR/AR)、人工智能工具、5G支持的高清视频等数字教育资源的开发与使用频率明显较低。三是数字教育资源应用和共享均存在一定限制,导致数字教学资源应用和共享程度不高。《职业教育信息化发展报告(2021版)》显示,超过一半的职业院校教师认为限制其在教学过程中使用数字教育资源的主要原因包括"资源在使用时有下载、版权等限制""缺乏课程教学活动所需的配套资源""已有资源描述不完备/不准确,难以搜索到适用于教学目标的资源"等,而职业院校数字教育资源共享程度则主要集中于二级学院/系内共享和学校范围内的共享,在校企间共享和校际间共享发展水平整体偏低,主要原因在于"学校经费限制""激励政策不完善""国家层面相关政策、规范、标准不完备"以及"学校运行平台支撑不足"等。

综上所述,不难发现,当前我国职业教育数字化教学条件整体建设基本满足职业教育教学需要,但在某些具体领域仍存在不足,如智慧教育平台资源高职专业覆盖率有待提升、虚拟仿真实训室建设偏少、数字教育资源数量不足、数字化教学资源应用与共享受限等,可见高职教育数字化教学条件建设与高职教育高质量发展要求还存在一定差距,职业院校亟需加强数字化教学条件建设力度,提高数字化教学条件适应性。

二、职业院校数字化教学条件建设提升的策略

(一)持续完善信息化基础设施建设

进一步加大资源统筹力度,按照"总量持续增加、比例科学提高"的原则,

持续完善职业教育信息化基础设施建设。同时不断扩大智慧教育有效投入,丰富智慧教育平台资源,提高智慧教育平台资源对高等职业教育专科专业的覆盖率。

(二)增加优质资源供给,推动优质数字教育资源共建共享

一方面,可以从现有海量资源中梳理、筛选、提炼出优质资源应用于教学;另一方面,可以利用新技术,依托不断升级的云网端基础设施,研发全学科、全学段、系统化的优质数字资源,增加优质资源供给。此外,还可采用"共建众享"模式,调动多方力量合作共建优质数字化教育资源,推动平台贯通,实现资源融通,提升数字化教育资源的共享程度和应用效果。

第十二章　我国高职教育数字化典型案例

近年来，随着数字中国建设和国家教育数字化战略行动的持续推进，我国高职教育领域在数字化教育的软硬件建设方面都取得了较大突破，数字技术在助教、助学、助管、助研、助政等方面的作用日益凸显。特别是在新冠疫情防控期间，关于数字教育理念、方法和手段，在高职教育课程、实习实训、校园管理、校企合作等方面都达成了广泛的共识，形成了多样化应用场景下的有效教学实践。本章通过列举高校数字化典型案例的形式，希望能够总结高职教育数字化的路径和模式。

第一节　深圳职业技术大学：数字化赋能校企共育 ICT 技术技能人才

一、学校简介

深圳职业技术大学（简称"深职院"）创办于 1993 年，是经国家教育部备案、广东省人民政府批准，由深圳市人民政府创办的全日制普通高等职业技术大学，是国内最早独立创办高等职业技术教育的院校之一。2023 年 6 月 7 日，《教育部关于同意设置深圳职业技术大学的函》批准"同意以深圳职业技术学院为基础整合资源设立深圳职业技术大学，学校标识码为 4144011113；同时撤销深圳职业技术学院的建制"[27]。建校以来，学校依托珠三角产业发展，秉承深圳特区改革创新精神，坚持把立德树人作为学校教育的根本任务，立足于职业教育产教

第十二章 我国高职教育数字化典型案例

融合的办学特色,各项事业取得骄人成绩,被誉为中国高职教育的"一面旗帜"。截至2022年,学校连续第七年获评全国高职高专院校竞争力第一名;连续第六年在"GDI高职高专排行TOP1000榜"中位列榜首。

2022年,该校有全日制在校生33475人,毕业生8044人,毕业生本省去向落实率94.94%,月收入平均6231元,毕业三年后晋升比例91.36%,在校生满意度98.28%。2021年,学校办学经费总收入为287519.06万元,学校办学经费总支出为275540.53万元,2022年生均财政拨款40311.93元。2022年,学校有教职工2643人,其中专任教师1552人,生师比18.4,双师素质专任教师比例86.98%,高级专业技术职务专任教师比例46.07%。互联网出口带宽14500Mbps,校园网主干最大带宽100000Mbps,生均实践教学工位数1.03个,生均教学科研仪器设备值42650.10元[28]。

为满足ICT(信息与通信技术)产业迅猛发展对高素质技术技能人才的巨大需求,深职院与华为公司共同探索形成了ICT人才的"课证共生共长"培养模式。通过与华为共同建设高水平专业群、培育高水平教师教学创新团队、建设课程教学资源等一系列实践,培育了一大批高素质ICT技术技能人才,服务了地方经济和ICT产业发展。2018年,该项教学成果荣获职业教育国家级教学成果奖特等奖并在全国推广,持续引领ICT专业群的改革与发展。

二、问题的提出

进入21世纪,伴随着新一轮的产业变革和科技革命,信息通信技术发展进入快车道,5G通信、大数据、云计算、人工智能、工业互联网等快速演进,总体呈现出单一技术突破向多技术领域相互融合、互动交叉、创新转变的态势,成为各国竞争的制高点。基于新一代信息通信技术融合发展的不断创新和政府部门对ICT产业发展的高度重视,近年来,我国在ICT产业发展方面取得了显著成效,持续增长的产业规模、不断完善的产业体系、日益提高的产业链掌控能力都是明证。同时,设备研发的创新型人才和网络安装、维护的应用型人才需求不断扩大,该类人才的培养也面临有效性、时效性及多样性等巨大挑战。

目前,我国职业教育总体上表现出产业结构升级先于教学教法改革,学校教育追随企业需求的被动调整模式,尚未形成能够与迅速发展、不断创新的ICT产业相匹配的人力资本积累。教育培养与产业需求相脱节、学校教学与生产一线相隔离,导致ICT产业发展适用性人才供不应求现象异常突出,能够从事研发创新的高端技术技能人才更是存在相当大的缺口。该领域内长期存在企业找人难、毕业生就业难的双向错位问题，据《制造业人才发展规划指南》（教职成〔2016〕9号）的数据显示，预计到2025年ICT领域的人才需求总量将达到2亿，存在950万的人才缺口。

为了培养出能跟上ICT产业技术变革，毕业时所掌握的技术技能达到在岗工程师水平，遵守职业道德，承担社会责任，具有创造性和创新性，以及良好的沟通和协调能力的ICT技术技能人才，深职院从专业建设和课程改革出发，与ICT行业领军企业华为公司开展合作，研制形成了"课证共生共长"模式并推广实施，在培养ICT技术技能人才领域取得丰硕成果。

在十余年的合作中，校企双方共商、共议，定期结合市场需求和技术发展，商定认证标准，并开发与之相适应的课程体系，培养有意向的零基础在校生。该模式强调人才培养与产业需求"共生"，课程开发与证书标准"共生"；课程升级和证书升级"共长"，教学过程与生产过程"共长"。在"共生共长"过程中，深职院不断改革管理制度，优化教学方式，华为不断丰富企业认证体系，优化培养方案，双方合力向外推广。

三、数字化赋能校企共育ICT技术技能人才实践

（一）建设高水平数字化专业群

基于华为提出的"云（云计算）、管（通信网络管道）、端（智能终端）"产业架构，深职院以通信技术、云计算技术与应用、计算机网络技术、物联网应用技术、信息安全与管理5个专业组建了通信技术专业群，其中通信技术专业是龙头专业。

（二）培育高水平教师教学创新团队

优秀的专业教学团队应有三个特点，即教学团队要由企业兼职和学校专职两支力量组成、教与学的活动过程是开放性的、将培养高质量技能人才作为共同目标。为了实现深度产教融合、校企合作育人的目标，一方面，通信技术专业教学团队加大教师企业培训力度，使绝大多数教师获得华为、思科以及中兴公司认证；另一方面，采用引进和兼职方式聘请企业技术专家、高级技术人员加盟教师团队，保证专业建设、课程建设和教学需要。最终建成了一支由高层次专业带头人、骨干教师、"产业教授"和"工匠之师"构成的双师队伍。

（三）丰富数字化课程教学资源

构建"模块化、厚基础、多方向"的课程体系，校企共建一批金课。根据行业企业需求，设置了ICT基础、AI基础、云计算、大数据、操作系统、移动

通信、路由交换模块、综合布线、IOT 开发、安全技术等 13 个模块，覆盖 ICT 产业群端、管、云、安全各个专业方向。探索 1+X 认证，联合开发设置 5G 通信技术、云服务技术、华为网络技术、网络渗透与防护等 19 门认证课程，建成 1+X 省级师资培训基地，开发 3 本 1+X 认证教材，两年内累计培养通过 1+X 认证技能人才超过 1000 人，1+X 认证考证通过率超 90%。引入企业新技术，新建 5G 移动通信技术、云服务技术、智慧城域网技术、智慧医疗技术、SDN 技术等 ICT 新技术在线课程；更新了光网络技术、通信勘察设计与概预算、通信系统工程、网络规划与优化等在线课程，建成华为交换技术、路由技术等 5 门英文在线课程。建成了技术先进、覆盖专业群各专业、具有国际影响力的专业群资源库，用户数覆盖全国 200 多个地区和部分国外地区，累计在线学习人次超过 1800 万。

（四）升级数字化 ICT 实训环境

根据课程需求，不断升级实训环境，使学生能够及时将课程单元技能提升为可以在平台实训室进行综合训练的技能，进而缩短学校课堂到企业生产一线的距离。深职院 ICT 专业群一共建设了两个中央财政实训基地，建设了一批与华为、思科、中兴等公司深度合作的实训平台，其中包含"华为下一代网络交换技术实训室""华为光传输实训室""华为宽带接入实训室"等十多个基于华为技术的实训平台，旨在培养具备最新通信技术理论与实践能力的学生，为深职院-华为的联合培养提供了有力保障。此外，为了紧跟 ICT 技术的最新发展方向，学校还引进华为 ICT 学堂先进教学资源，实现学生远程自测、学习、考证。

四、取得的成效

（一）毕业生实现高质量就业

近年来，深职院 ICT 专业毕业生深受企业欢迎。深职院建立了人才培养质量第三方评测制度，每年请麦可思公司对毕业生开展就业情况和就业质量研究调查。麦可思第三方毕业生调查数据显示，ICT 专业毕业生在就业率、就业薪酬、毕业生满意度和专业对口率等指标上都名列全校前茅。2021 年，专业招生录取分数线超过本科线 40 多分，毕业生就业率 96.8%，2020 届毕业生毕业一年后平均月薪高出全国高职平均水平 45%。

（二）服务地方经济和 ICT 产业发展

通过"课证共生共长"模式的实施，深职院 ICT 专业吸引并培养了一批高素质技术技能人才。截至 2022 年 7 月，累计培养了 2000 多名学生通过华为各等级认证，其中 300 多名学生通过华为 HCIE 顶级认证，通过量为全国高校之首，占全球 HCIE 总数的 2%。通过华为认证的深职院 ICT 专业毕业生为深圳政务网、深交所营运中心、招商银行数据中心、深圳市信息中心等重大信息工程提供交付、运维等服务，深受社会好评，为深圳 ICT 产业发展贡献了重要力量。

（三）获得国家教学成果奖最高殊荣

深职院与华为公司的合作已成为校企合作的典范，吸引了国内 200 多所高校前来交流和借鉴。2018 年，华为-深职院"课证共生共长"模式改革成果荣获职业教育国家级教学成果特等奖，实现了广东省各级各类教育在国家教学成果特等奖上零的突破。该模式在全国广泛推广，持续引领 ICT 专业群改革与发展。

第二节　顺德职业技术学院：数字技术助推教育教学升级

一、学校介绍

顺德职业技术学院成立于 1999 年，是经国家教育部批准成立、广东省人民政府领导管理、省市共建、顺德区政府投资兴建的高等职业技术院校。学校坐落于广东佛山顺德，学校环境优美、设施良好，校园占地面积 1749 亩。2010 年被教育部、财政部确定为"国家示范性高等职业院校建设计划"骨干高职院校第一批立项建设单位；2016 年成为"广东省一流高职院校"立项建设单位；2019 年成为中国特色高水平高职学校和专业建设计划 B 档建设单位。先后获得"全国职业教育先进单位""首批全国职业院校数字校园建设实验校"等荣誉称号。多次入选全国高等职业院校"服务贡献 50 强""教学资源 50 强""创新创业示范校 50 强"。

2021~2022 学年，学校全日制在校生 19136 人，2022 年毕业生人数 5476 人，毕业生本省去向落实率 95.8%，平均月收入 3707.08 元，毕业三年晋升比例 53.82%。在校生满意度 94.85%。教职工总数 1087 人，其中专任教师 881 人。2022 年生师比 17.60，"双师"素质专任教师比例 74.91%，高级专业技术职务专任教师比例为 30.08%。2021 年度，学校办学经费总收入 61170.27 万元，学校办学经费总支出 62,351.20 万元，年生均财政拨款水平 15130.5 元；互联网出口宽带 10000Mbps，校园网主干最大宽带 10000Mbps，生均校内实践教学工位数 1.21 个，生均教学科研仪器设备值 22957.78 元[29]。

第十二章 我国高职教育数字化典型案例

二、数字技术与教育教学多维融合

维度之一：数字技术助推专业转型升级与人才培养质量提升。

学校结合应用数字建模、虚拟现实、数字孪生等先进数字技术，联合龙头企业美的、万和等公司打造高水平国际化技术平台、高水平虚拟仿真基地，融入先进数字技术培育师生数字化能力，推动专业转型与人才培养质量提升。先后成立了"广东-亚琛工业4.0应用研究中心""广东省数字化工厂工程技术研究中心""广东省轻工智能装备工程技术研究中心"，获教育部"面向数字化工厂的智能制造类专业群虚拟仿真实训基地"1项，建设了智慧教室、创新空间及智慧教学应用。依托平台，学校与企业合作开展系列数字化改造项目与数字化教学活动，先后与企业共建"VR开发企业工作室"、承接企业数字孪生工厂建设项目、为万和新电器股份有限公司研发"工厂制造执行系统（MES）项目"等。

依托高水平数字平台、实训基地、智慧应用空间与真实数字化项目，学校专业建设成果显著，共开设工业机器人技术、物联网应用技术、大数据技术等与数字技术、数字经济相关专业21个，占总专业数的45%[30]。同时结合先进数字技术积极进行专业的数字化改造，数字化改造后的学校专业成果显著，成功助力美的微波炉示范工厂入选世界"灯塔工厂"，实现部分产业线生产周期由28天缩短为2天；将"电子阀断电漏气、不着火、不通电"等疑难问题的出现率分别降低了91%、83%、81%。各类社会服务到账金额达2.49亿，人才培养质量显著提高。学校依托平台引入应用数字建模、虚拟现实、数字孪生等技术作为课程内容，积极开发数字教学资源，深度提升学生数字化能力；共建有国家级教学资源库2个，教育部示范性虚拟仿真实训基地培育项目1项、省级专业教学资源库4个。线上开设课程累计754门。承办2022"一带一路"暨金砖国家技能发展与技术创新大赛"元宇宙教育虚拟仿真资源设计与制作"赛项并获一等奖。教师累计获得教师教学技能比赛、微课大赛等各类奖项上百项以上。熟练掌握数字先进技术的毕业生，在就业质量和可持续发展能力方面明显由于其他学生。工业机器人专业学生在各类技能比赛、电子设计、创新创业、挑战杯、攀登计划等科技竞赛中共获奖励60余项，居全国同类专业之首。

维度之二：数字技术改变课堂教学模式。

学校大力推动教学内容和教学模式的数字化改革，逐步建设完善的数字技术课程体系，建设开放、包容、以问题为导向的学习环境。将线上线下混合课程教学改革纳入学校教育教学改革重点任务，聚焦教学难点问题，以教学内容和方式

数字经济背景下我国高职教育高质量发展报告

改革为重点,以线上线下混合课程加快应用为着力点,开展顶层设计,加快数字技术与教育教学的深度融合。数字技术已经深度改变课堂,该校已有多门课程通过雨课堂、超星学习通等教学平台参与智慧教学。通过智慧职教、优慕课、学堂在线、学银在线等网络教学平台发布优质网络共享课程资源,并开展混合课程教学改革理论研究和实践。学生对开设网络课程的满意度已达90%以上。学校充分利用智慧教室开展线上线下融合型教学,重构教育教学模式。利用课程平台进行课堂教学,教室授课过程数据、课件教学资源、题库资料等自动沉淀于个人云端或校本网络教学平台,上课即建课,将教师的教学成果数字化,使其达到利用最大化。对课堂教学数据进行全流程采集,将教学、学习、辅导等功能融于一体,扩展现实课堂空间,促进资源群建共享。探索数据赋能的新型教育教学评价,将区块链融入数字化校园,记录学生学习及成长数据。以生为本,提升课堂教学质量,推进课堂革命,利用信息技术促进教育教学,有效的改善了课堂教学模式。

维度之三:建设数字化教学资源。

学校重视课程与资源建设,加强数字化教学资源建设顶层设计,鼓励专业对接产业生产流程,形成以工作任务为导向、以工作流程为主线,体现"教、学、做"一体化特色,适应产业新形态的进阶化课程体系,打造了一批高水平的数字化课程教学资源。目前形成了覆盖主要专业和课程的国家、省和校级数字化教学资源体系,为推动教学改革奠定了良好基础,特别是在新冠疫情时期,为实现"停课不停学"提供了坚强保障。2022年有课证融通课程141门,网络课程375门,教学资源库8个,其中国家级2个,省级4个,校级2个;在线精品课程128门,其中国家级21门,省级63门,校级128门。

学校制冷与空调技术专业秉承"产教融合、共建共享"理念,与世界级制冷龙头企业开展合作,牵头组建国家级"职业教育制冷专业教学资源库",建设成效显著,实现了人才培育和行业发展双向提升。以资源库建设为支撑,专业牵头制定和修订了2012年版和2018年版全国高职《制冷与空调技术专业教学标准》。学校成为全国机械行指委制冷空调专指委主任委员单位、中国制冷职教联盟理事长单位;专业成为全国职业院校装备制造类师范专业点等。资源库发挥共享效应,素材总量超30000条,总容量超320G;支撑全国全部82个高职制冷空调类专业点,12000名在校生(占在校生总数的80%)成为注册用户,教师注册用户500余人,企业用户注册人数超过5500人;清华大学、重庆大学、华南理工大学等本科院校和一大批中高职院校将其作为网络课程学习平台。

学校作为国家级"家具设计与制造类专业教学资源库"主持单位,联合参

· 196 ·

第十二章 我国高职教育数字化典型案例

与建设院校充分发挥资源库"能学、辅教"功能，面向全国教师、学生、企业员工、社会学习者等主要用户共享开放优质课程资源，并对所有在线学习的学员提供全程的教学支持与指导。资源库学习平台已实现授课教师根据教学实际重新组课、在线教学组织设计、在线发布学习任务、在线学习辅导答疑、学生在线测试、学生学习轨迹在线检测等功能，并对学生学习过程进行全程记录和管理。资源库技术团队对所有使用平台在线学习的教师和学员提供全程的教学支持与指导，满足"线上教学""线上学习"的需要，助力打赢疫情防控总体战。

维度之四：赋能智慧化实践教学。

学校以全面提高人才培养质量为目标，积极推进校内外实践教学环境建设，加强与行业企业合作共建校内实践教学基地。面对职业教育高质量发展要求，契合产业链升级及数字化转型，2021年学校有两项省级以上"虚拟仿真实训基地"获得立项，其中"面向数字化工厂的智能制造类专业群虚拟仿真实训基地"获国家职业教学示范性虚拟仿真实训基地培育项目立项。项目有序建设推进过程中，以虚拟仿真技术在企业数字化工厂建设中的应用需求为导向，以虚拟仿真技术研创为突破，组建校企合作、师生参与的技术研究，开展实际工程项目应用实践，初步探索形成以虚拟仿真实训基地平台为依托、以区域龙头企业真实项目为纽带、虚拟仿真技术开发应用与创新人才培养项目化教学相结合的虚拟仿真实训基地建设新模式。

数字化经济时代，制造业和职业教育都在推进数字化转型，其本质都是在解决各自存在的"高投入、高难度、高风险、难实施、难观摩、难再现"问题。"面向数字化工厂的智能制造类专业群虚拟仿真实训基地"承接了企业数字孪生工厂建设项目，开展学生研究计划（SRP）项目化教学和教学资源转化，破解"三高三难"问题。实训基地与联塑集团合作，应用数字建模、虚拟现实、数字孪生等技术，为企业开发车间虚拟仿真数字孪生系统，实现对生产、管理、人员、设备、事件、物流、环境的全面检测，帮助企业解决工厂信息不透明、监控分散、信息反馈不及时等问题；承接美的集团家具事业部洗碗机工厂三维虚拟生产车间建设项目，组建虚拟仿真研创师生团队，全程参与项目实施学生研究计划（SRP）项目，导师带领学生全程参与项目需求分析、设计、开发、测试与验收，提高学生的虚拟仿真技术应用能力，提升职业素养，打通从职业院校到企业岗位的最后一公里。联塑集团利用数字孪生车间，作业人员能远程、实时地进行设备点检及维护，运维效率提高25%；美的洗碗机公司通过三维虚拟车间，核心产线100%实现三维数字化管理，生产效率提升30%。基地师生研创团队培养出"双

· 197 ·

师型"骨干教师4名,"创新型"学生约120名,2021年获广东省"互联网+"大学生创新创业大赛银奖。

第三节 无锡职业技术学院:"五全"智慧校园,提升校园治理水平

一、学校介绍

无锡职业技术学院是一所由江苏省人民政府举办,隶属于江苏省教育厅的国有公办全日制普通高等专科学校。1999年经教育部批准独立升格为普通高等专科学校。2017年入选江苏省高水平高职院校建设单位,2018年入选江苏省卓越高职院校建设单位。2019年入选国家"双高"A类学校建设单位。学校的办学成绩得到社会广泛认可,在中国高职高专院校综合竞争力排行中,2022年在高职高专院校竞争力排行榜位列全国第3。2019年、2020年、2021年连续三年在江苏省普通高校高水平高职院校综合考核中获第一等次。

学校现有中桥、太湖两个校区。全校占地850多亩,建筑面积39.8万平方米。2022年学校折合全日制在校生数14328人,其中全日制高职在校生数13476人,2022年学校高职应届毕业生4187人,截止2022年8月31日就业3847人,初次就业率达91.88%。2022年,江苏省应届毕业生就业调查数据显示,毕业生本省去向落实率连续两年在82%以上,平均月收入达5428元,学生工作三年后约有60%的人晋升。学校致力于打造高水平的"双师"结构师资队伍,截至2022年8月31日,学校生师比15.66,专任教师719人,专任教师中高级职称有316人,高级职称占比44%,博士138人,具有硕士及以上学位的教师比例达85.83%,双师素质比例达85.26%。2021年学校办学总收入49424.57万元,2021年学校办学总支出59232.71万元,2022年生均财政拨款水平16434.26元。2022年学校生均教学科研仪器设备值26830.96元/生,百名学生配教学用计算机49.67台。互联网出口带宽3800Mbps,校园网主干最大带宽10000Mbps,生均校内实践教学工位数0.61个[31]。

学校围绕创建智能制造特色校的总目标,科学规划,充分运用新一代信息技术,以基础设施平台为支撑,以全量数据中心为纽带,着力完善学习中心、搭建

第十二章 我国高职教育数字化典型案例

信息化综合实训平台,深度融合教育教学、管理和服务,实现数字化教学覆盖全体教师,泛在化学习覆盖全体学生,在推进教育教学新生态的构建方面取得了显著成效,荣获首批国家职业院校数字校园建设样板校、江苏省智慧校园示范校。2021年,信息化建设成果案例入选全国职业院校信息化建设与应用成果典型案例。2022年,学校成为教育部首批"全国职业院校智慧大脑数据中台"试点单位。

二、数字化教学资源建设与应用

学校以立德树人为根本,以"三金"工程建设为抓手,全面推进数字化教学资源建设。通过两级跨界互动,优化专业教学资源库建设与应用,跨前跨境跨界系统开发高职优质课程资源系统开发高职优质课程资源,全面升级优化学校数字化资源,助力"三教"改革,聚力提升人才培养质量。学校课程信息化覆盖率达100%,新增教育部虚拟仿真中心、国家级示范性虚拟仿真基地各1项,建设各类资源23184件,截止2022年,该校有网络教学课程253门,教学资源库7个,其中国家级2个、省级2个、校级3个。在线精品课程272门,国家级2门、省级38门、校级106门。

三、数字化校园治理

该校积极推动信息技术在学校教学、科研、管理、服务、财务等方面的应用。建成"五全"智慧校园,推进精细化管理,全业务上网,推进服务供给模式升级;全数据交互,助力教育治理水平提升;全系统安全,保障智慧校园健康运行。学校内部治理水平得到新跨越,荣获职业院校数字校园建设样板校、江苏省首批智慧校园示范校。

该校作为教育部首批7所职教智慧大脑项目的试点单位之一全面推进内控体系建设,率先建成"预算内控绩效一体化平台"提升学校内控管理水平,并在全国职业院校中率先启动内控体系2.0版即全校行政及党务各职能部门的全业务工作的内部控制体系建设,为职业院校全业务流程内部控制提供标准体系。通过加大现代化治理思维下的智慧技防与物防建设力度,健全维护校园稳定和人防、技防、物防、协防"四位一体"的综合防控体系,学校安全工作机制日趋完善,安全防控体系渐趋科学,校园管理秩序日益规范,师生安全感明显提升,获评首批江苏省高质量平安校园建设高校。通过建设一网通办的平台体系,梳理170个流程,集成50多个业务应用系统,建成全量数据中心,通过数据分析不断发挥数据资源的效益,实现教学质量的实时监控和预警。通过一系列举措,该院建成

· 199 ·

全业务上网、全数据交互、全方位决策支持、全系统安全、全师生覆盖"五全"智慧校园，推进了信息化技术与教育教学、管理服务的深度融合，整体提升了学校内部治理效能。

四、数字化质量保证体系建设

学校以实现制度管权、流程管事、过程可溯、绩效可测为目标扎实推进内部质量保证体系建设。该校以职教智慧大脑项目试点单位为契机，以智慧校园建设为支撑，强化数据驱动，推进数据分析与决策支持智能化，提高智慧校园对人才培养、内部治理和分析决策的智能化辅助能力，促进分析决策科学化，推动内部质量保证体系建设。

该校通过信息化平台对教学、学习、管理、生活等方面实现全覆盖，建成全量数据中心；通过建设校园大脑，依托大数据等技术，建设校园数据湖，实现最大范围的平台整合与数据治理，丰富数据中心内涵；通过教学诊断与改进和学校大数据综合应用平台融合推进，让数据分析平台成为学校决策支持、全量信息获取、动态预警的技术支撑；通过内控信息化在全国范围内率先建成预算绩效内控一体化管理平台，对双高项目实施全生命周期的一体化管理，确保双高校建设项目的资金使用遵循制度规范，项目绩效管理有序推进，实现了绩效目标全覆盖、管理过程全对接以及预算编制和绩效管理全融合；通过数据分析平台不断完善，发挥数据资源的效益，实现教育教学质量的实时监控和预警，为师生提供全方位的数字画像服务、为管理部门提供决策支持，信息化推进学校治理能力和治理水平现代化。在信息化的助力下，该院内部质量保证体系不断完善，各项工作改革创新、内涵发展，不断提升办学综合实力和影响力，该院课程信息化覆盖率达100%，新增教育部虚拟仿真中心、国家级示范性虚拟仿真基地各1项，入选全国职业院校数字校园建设样板校、江苏省首批智慧校园示范校。

第四节　北京电子科技职业学院：数字化带来的专业群教育教学变革

一、学校介绍

北京电子科技职业学院是北京市人民政府举办的公办独立设置高职院校，

2007年进入"国家示范性高等职业院校"行列；2010年成为教育部全国20所"国家级高职综合改革试验区"建设单位之一；2015年率先启动北京市高端技术技能人才贯通培养改革试验，成为全国首批现代学徒制试点院校；2018年，入选北京市特色高水平职业院校建设计划；2019年，入选国家"双高计划"高水平学校建设单位（A档十所院校之一）；2018年、2019年连续两年被教育部评为全国职业院校实习管理50强、教学管理50强、学生管理50强（同时荣膺三项50强的全国7所高职之一）。

2022年，该校全日制在校生5427人，毕业生1878人，毕业生本省去向落实率85.01%，月均收入6683元，毕业三年晋升比率78.99%，在校生满意度99.04%。2022年，教职工838人，专任教师513人。该校生师比为9.67，双师素质专任教师比为66.67%，高级专业技术职务专任教师比为40.16%。2021年该校办学经费总收入52972.43万元，2022年生均财政拨款水平61344.63元；2022年，互联网出口宽带6000Mbps，校园网主干最大宽带10000Mbps，生均校内实践教学工位数1.4个，生均教学仪器设备值124089.72元[32]。

2019年，北京电子科技职业学院入选国家"双高计划"高水平学校建设单位。2021年，学校以科学谋划"十四五"发展规划为契机，进一步明确了未来的发展思路、重点任务和战略举措，制定了"三步走"发展战略，学校按照"首善标准、中国特色、世界一流"的建设标准认真执行各项建设任务，信息化建设是专业群建设的根本要求。

二、数字化赋能实践

（一）开发多种资源，丰富教学内容

为满足不同学习者的需求，大数据技术与应用专业群通过智慧职教、学习通、学银在线等平台，开发并发布计算机类基础课、专业技能课、拓展课等多种类型课程资源，课件类型包括视频、动画、虚拟仿真实验、图像等，涉及专业标准、教学设计、职业认证等多种类型，供企业用户、社会学习者、教师和学生使用。其中，在智慧职教发布资源达到1017G，素材总数41700个；在学习通资源15G，6333班次课程，满足校内、校外各类学习者理论学习、实操需求。

（二）更新教学理念，创新教学思路

数字化资源库的建立打破了传统教学的禁锢，从科学的角度重构教学观念，利用教学平台充分考虑学生能力、学习拓展、实践操作等因素，有针对地分层教学，保证学生在教学中有所收获，优化人才培育效果。此外，大数据技术与应用专业群依托久其产业、齐安信产业学院，将新技术、新工艺、新规范、新要求有机融合转化成教育资源，探索校企共同培育新模式。

（三）增加教学互动，改进教学模式

教师依托教学平台，按照课程类型，利用翻转课堂、项目教学等教学方法，以更丰富、更具趣味的教学方法吸引学生注意力，调动学生主观能动性。在进行互动教学的过程中，课前教师通过发布视频、学习单、预习课件等方式鼓励学生自行思考和尝试；课中教师利用随堂测试、随机提问、小组合作等方式，充分调动学生积极性，并根据不同学生的情况提供个性化解答；课后教师发布作业、拓展任务等，有效地进行课堂教育的延伸。

（四）充分利用信息技术，重构评价机制

信息化平台的广泛应用，使教学机制更完善、更全面、更科学。考核评价采用多元多维全过程评价体系，利用学习通平台自动记录学生的出勤、课堂参与度、任务完成等情况，得到过程性评价；利用平台后台分析统计数据反馈，全面系统了解课堂教学效果；教师对学生的职业素养做主观性评价，对各小组实践操作规程的编写及方案设计做终结性评价，小组间根据学生学习参与度做小组评价，形成学生、教师共参与，课前、课中、课后相贯通的多元过程综合考评体系；教师利用学习通后台分析统计数据反馈，全面系统了解课堂教学效果，并进行教学改进，不断提升教学成效，优化教学策略。

三、数字化赋能成效

（一）混合教学平台体系建成

加强教学理念和模式开拓创新，推动构建以学习通教育平台为基础，以智慧职教平台为补充的具有专业特色的教育教学体系，并逐步实现平台互联、数据互通、应用协同，形成了"互联网+"混合式教学的新模式。

（二）专业教学资源建成

围绕《程序设计基础》《数据库设计》等专业基础课及《大数据可视化》《大数据平台搭建》等建立了集慕课、微课、直播课等多种课型为一体的课程资源体系，研发了一批校企合作教学案例，陆续出版了《大数据基础》《Web 前端设计》等专业新形态系列教材。

（三）多元过程考核评价体系建成

混合模式教学质量评价体系，融入高职人才培养紧跟产业、贴近职业、突出实践的特点，关注教学过程、学生能力的可持续发展，注重过程性评价、形成性评价和发展性评价，融入职业教育对教师、学生、教学内容及环境的特殊要求，制定可量化、可操作的观测点，构建混合教学质量评价指标体系，保障其科学性、客观性和实效性。

（四）学生综合能力不断提升，人才培养成效显著

学生在基础课、专业课方面的综合能力不断提升，均取得优异成绩。近5年获得全国大学生"互联网+"大学生创新创业大赛，二、三等奖20余个；"嵌入式系统开发"等全国职业技能大赛一等奖1个。

（五）师资队伍成长不断提升，教师团队成果丰富

2019年国家级"移动应用开发"资源库验收通过，2021年"三领三提三建"数字化资源模式的研究与实践被评为北京市职业教育教学成果一等奖，2个团队获得全国职业院校技能大赛教学能力比赛一等奖，5个团队获得北京市职业院校技能大赛教学能力比赛一等奖。

（六）资源数量质量不断提升，社会影响力大

数字资源每年更新15%以上，近5年，移动资源库平台为15万用户提供教学保证，涉及34个省级行政区的908所院校2916名教师，社会关注度高，学校被中国教育电视台、北京电视台、职教之音等多家媒体专题报道。

第五节 广州铁路职业技术学院：虚拟现实技术助力轨道交通类专业发展

一、学校介绍

广州铁路职业技术学院是广东省唯一的轨道交通类公办高职院校，是国家"双高计划"建设单位、国家优质专科高职院校、国家示范（骨干）高职院校、广东省一流高职院校，是华南地区轨道交通行业企业员工培训的重要基地。先后获得"全国职业院校就业竞争力示范校""中国职业教育就业百强""全国高等职业院校创新发明教育基地""教育部财政部优质省级职教师资培养培训基地""中国职业教育学会常务理事单位""中国高等教育学会创新创业教育分会副会长单位""全国铁道供电专委会主任委员单位""全国轨道交通供用电技术专委会主任委员单位"等荣誉。

数字经济背景下我国高职教育高质量发展报告

2022年该校有全日制在校生9527人，毕业生人数2881人，毕业生本省去向落实率为86.23%，月平均收入5113.68元，毕业三年晋升比例为56%。在校生满意度为96.59%。该校教职工585人，其中专任教师448人，生师比为13.96，双师素质专任教师比例为87.28%，高级专业技术职务专任教师比例为35.49%。2021年学校办学经费总支出43818.03万元，同比增长10.55%。年生均财政拨款12471.61元，生均教学科研仪器设备值43312.29元。互联网出口宽带8700Mbps，校园网主干最大宽带10000Mbps，生均实践教学工位数1.02个[33]。

虚拟现实技术是20世纪末出现的一门新的综合性信息技术，自从被引入职业教育领域，给复杂的技能训练、宏观的效果设计、微观的解剖分析、动态的过程仿真带来了一系列变革，受到了人们的广泛关注。广州铁路职业技术学院在轨道交通类专业教学中充分应用虚拟现实技术，有效解决了课堂教学枯燥、内容空洞、校内实训系统性不强、校外实训受外因影响大等难题，取得了良好的教学效果。

二、问题提出

轨道交通类专业是在原有铁路机车车辆、铁道运输等专业的基础上，结合城市轨道交通大发展的新形势而设置的，毕业生就业主要集中在铁路、地铁、城轨等行业。这些专业针对性很强、对技能掌握程度和实践教学的要求较高，在教学中常面临以下困难。

（一）专业设备多且结构复杂

轨道交通类专业跟行业结合紧密，在教学中需要讲授专业设置的结构、原理、性能以及设备的运行调度、运用检修等内容，这些设备型号多、体积大、结构复杂，在课堂讲授时存在很大困难。目前，一般采用文字加突破的方式进行授课，学生学习兴趣不高、主动性不强。

（二）校内实训设备少且场地有限

轨道交通类专业的实训设备不仅种类多、体积大、而且价格昂贵。在现有条件下将实训工厂搬进学校时不可行的。据了解，一辆铁路客车售价为60万~100万元，一台主型机车造价为1500万~2000万元，一列CRH动车组约2亿元。除了价格因素，这些设备体积庞大，普通的实训场地也无法容纳。因此，轨道交通类专业的校内实训设备一般来自行业退役或报废的设备，以露天或加盖顶棚的方式放置在空坪隙地。这些设备数量有限、型号落后，跟不上技术发展潮流，实训内容也难以系统化。

（三）校外实践机会少且受到限制

轨道交通类专业的实践性很强，校外实践一般要到铁路机务段、车辆段、地铁车辆调度中心、检修中心等一线进行现场教学，由于这些单位是轨道交通运输安全的关键部门，基于安全生产和交通正常运行的考虑，能为职业院校提供实习实训的机会通常较少，同时出于对实习学生的保护，现场教学通常采用参观、座谈、观看录像的方式取代具有一定危险或影响交通正常运行场所的实践教学，学生难以亲自参与实践，教学效果不理想。

三、虚拟现实技术在轨道交通类专业教学中的应用

为了培养高素质轨道交通类专业人才，广州铁路职业技术学院经过多年探索，形成了基于虚拟显示技术的教学模式，有效解决了教学中面临的以上难题。

（一）基于虚拟现实技术的教学模式

基于虚拟现实技术的教学模式充分利用虚拟现实技术的优势，将其应用到课堂教学、校内实训、校外实践、职后提升等环节。在课堂教学中，通过三维展示呈现设备结构，在校内实训时，通过虚拟训练进行技能训练；在校外实践时，通过虚拟场景进行综合仿真；在职后提升时，通过虚拟平台进行培训进修，实现学生理论基础扎实、单项技能过硬、综合素质全面、职后提升方便的教学目标。

（二）基于虚拟现实技术的教学模式实施

（1）课堂教学。课堂教学的难点时轨道交通类专业设备的结构、原理、性能，以及各种指标参数等。为了改变过去通过书本、挂图、图片或者观看世纪教学设备来获得感性认识的教学方式，利用虚拟现实技术构建大量与实物相似的"3D设备"和"3D机车"，例如采用Pro/ENGINEER软件建模，将各种轨道交通设备和机车车辆的部件虚拟化，建立三维模型，并分门别类"立体存放"。在课堂教学时，教室打开相应的模型文件，就可以从不同角度、不同方位、不同层次来展示这些轨道交通类专业设备，并且可以单独演示每个零部件甚至设备内部的细微结构。利用虚拟显示技术的三维展示功能，有效帮助学生理解专业设备的结构、组成、工作原理和技术参数，提高教学效果。

（2）校内实训。校内实训的重点是对学生进行单项训练。为了克服校内实训设备少且场地有限的困难，引入虚拟现实技术模拟训练环境或设备，进行单项技能训练。例如在校内建立铁路基础模拟驾驶装置、地铁司机模拟训练系统，利用模拟系统对学生进行列车操纵和列车运行中故障处理的技能训练，特别是进行在现场无法实现的如电器内部故障、门控党员故障、火灾、列车脱离、线路毁坏

等非正常情况的应急处理训练;引进轨道运输运营虚拟教学系统,将计算机连锁软件、底层连锁逻辑和现场设备的状态及变化过程整合到训练沙盘上,为轨道运输专业学生提供直观的实训仿真环境,进行设备单操、调车、正常和非正常情况下接发车等操作技能训练。这些虚拟训练系统大多采用"虚实结合"的方式(成本低、容易实现的设备采用实物,成本高、难实现的设备或需要到工作现场才能看到的场景、过程等采用虚拟现实技术),这样既克服了实训设备体积大、价格昂贵的弊端,又能模拟各种训练环境,有利于学生的职业技能提升。

(3)校外实践。校外实践的重点是对叙述进行综合技能训练。为了解决校外实践机会少且受到限制的问题,利用虚拟显示技术提高校外实践效率,有效缓解时间受限、地点受限、生产安全受限等问题。例如在组织学生进行校外实践前,先通过综合仿真系统对学生进行技能培训,重点讲授本次实践中要注意的技术问题,并利用虚拟现实技术模拟各种操作不当产生的后果,提高学生规范操作,安全驾驶的意识。例如在地铁运营管理实践中,采用轨道交通综合仿真系统模拟各种线路和列车的运行状况,让学生掌握列车调度的操作规程,充分认识调度不当产生的严重后果,提高学生安全生产的意识。这些综合仿真系统配置复杂,将其安装在学校服务器上,采用 Web 的方式进行访问,有利于校外实践教学的顺利开展。

四、基于虚拟现实技术的教学模式实施成效

学校坚持"科技引领、虚实结合、共建共享、育训并举"原则,携手广铁集团等轨道交通头部企业,共建"面向轨道交通全产业链、涵盖企业生产全过程、不同群体需求全覆盖"的"三全"型虚拟仿真实训基地。

基地创新了虚拟仿真基地"553"应用模式,以"机车车辆、工务工程、运营调度、信号通信、牵引供电"五大板块为主体内容,以"基础认知、展示体验、技能提升、综合应用、技术创新"五类项目为实施载体,以"桌面式演示、增强式实操、沉浸式演练"三种场景为应用场景,推行"以实带虚-辅助认知""以虚助实-加深理解""虚实结合-强化技能"的教学组织方式,有效破解轨道交通实习实训的"三高三难"问题。该基地入选 2021 年度职业教育示范性虚拟仿真实训基地典型案例。依托该基地,立项国家精品在线开放课程 1 门、省级 15 门,教师获全国优秀教材建设奖 1 项、连续两年获全国职业院校技能大赛教师教学能力比赛一等奖。服务 20 类专业技能考证。学生参加虚拟仿真实训 12 万人时/年,获中国国际"互联网+"大学生创新创业大赛国家金奖 1 项、银奖 2 项。

向马来西亚拉曼大学等输出虚拟仿真实训课程10门。

第六节　金华职业技术学院：建成数字化"虚拟工厂"

一、学校介绍

金华职业技术学院创办于1994年，1998年经国家教育部批准成立，是教育部批设的首批高职院校之一。学校立足职业教育、不断传承创新，先后被列为国家示范校、国家优质校、浙江省重点校和国家"双高"校A档建设单位，获评全国职业教育先进单位，入围全国高职"服务贡献、国际影响力、教学资源、育人成效、实习管理、教学管理、学生管理"七个"50强"。

2022年该校全日制在校生22755人，毕业生8525人，毕业生本省去向落实率为90.95%，月平均收入4224.46元，毕业三年晋升比例为84.90%，在校生满意度为99.5%。2022年该校教职工1596人，其中专任教师1290人，生师比为15.78，双师素质专任教师比例为90.39%，高级专业技术职务专任教师比例为32.17%。2021年学校经费总支出75857.76万元，年生均财政拨款12058.04元。互联网出口带宽44030Mbps，校园网主干最大带宽400000Mbps，生均校内实践教学工位数2.06个，生均教学仪器设备值18942.83元[34]。

二、数字化赋能实践

（一）数字化教学资源建设

为积极应对新冠疫情对教育教学的影响，学校全面推进数字化教学资源和多功能智慧教室建设，打造立体化教学新空间。通过集群式重构课程体系，建成涵盖41个课程群的"五个一批"课程200余门，在国家职业教育智慧教育平台开课75门，2022年，该校国家级教学资源库5个，校级教学资源库32个，国家级在线精品课程47门，省级在线精品课程63门，校级在线精品课程354门。

建设"畅学金职"平台。学校全面改善智慧教学基础条件，新建300余间智慧教室，建成与教师录播系统无缝连接的智慧教学平台，整合教师一键录播教学视频，学生随时随地自主学习以及教学督导线上听评课等多主体服务功能，提升教学智慧化实施与常态化管理效率。此外，学校融中国大学 MOOC、智慧职教等多平台为一体，打造一站式学习平台，入驻课程 5000 余门，建设素材及题库 82 万余条，累计学习 39 万余人次，网络教学覆盖率达 100%。

（二）数字化"虚拟工厂"平台建设

学校运用虚拟仿真相关技术，按照"拓实建虚、以虚助实、虚实结合"的原则，依托实体化运行的产教融合平台项目，根据专业群实训教学共建共享要求，推进基于虚拟仿真技术实现的实训单元及模块资源建设，系统开发虚拟仿真实训教学链。获评教育部职业教育示范性虚拟仿真实训基地培育项目 1 项、2022 年度"虚拟仿真技术在职业教育教学中的创新应用"专项课题 1 项。

金华职业技术学院依托全国职业教育示范性虚拟仿真基地建设项目，深度融合信息技术开发实训资源，有效解决实训教学过程中存在的高投入、高损耗、高风险及难实施、难观摩、难再现的"三高三难"问题，深入推进寓训于乐的"三教"改革。打造"线上线下、虚实结合"新型课堂。依托虚拟工厂，借助 VR 设备，开发沉浸式、合作式实训教学资源，开展交互体验教学，培养学生合作能力；利用 PC、手机、平板等多种终端，实施"云在线"虚拟仿真实训教学，使学生能随时随地开展实训，推进虚实结合深度融合应用的"课堂革命"。打造"校企协同、专兼结合"新型团队。选拔一批具有丰富实训教学经验及有创新潜力明显的中青年专兼职教师，通过参加各类虚拟仿真实训资源开发以及虚拟仿真技术教学应用等培训，培养一批虚拟现实技术应用专业带头人和骨干教师。

打造"开放共享、虚拟仿真"服务品牌。依托虚拟工厂，利用虚拟现实版的机械博物馆，面向电动工具、农机等区域特色产业开展产品的虚拟认知与拆装培训，将 VR 技术引入机械产品设计、验证、展示等环节，促进科研成果孵化。虚拟工厂建成以来，学校承担部省共建国家职业教育虚拟仿真示范实训基地专业课程与教学资源建设项目 3 个，建成"电动工具数字化博物馆"，开发"智能铸造车间"等虚拟仿真教学软件 43 个，申报软件著作权 13 件，建成虚拟仿真资源应用课程 11 门、VR 特色课程 6 门，辐射院校达 200 余所。

（三）数字化学校治理

随着浙江数字化改革不断深化和"双高"建设的不断深入，学校数字管理系统作为内部治理体系的重要组成部分，开展全生命周期管控是适应现阶段学校高质量治理的必由之路。通过梳理和修订现行内控相关制度，优化业务流程，按照项目"全生命周期"的管理要求，学校建设了项目库、预算编制、预算指标、采购管理、合同管理 5 大模块，并与资产管理系统、财务核算系统、财务报销系统实现互联互通，涵盖了收支、预算、政府采购、资产、建设项目、合同六大业务。通过信息化手段固化管理标准和管控程序，确保内部控制体系的执行效果，提升学校风险防控能力和管理水平。数字化内部控制管理系统于 2022 年 9 月正式上线运行，学校已组织校内单位通过该系统编报 2023 年校内预算，并按三级管理要求编报 2023 年双高经费预算，通过"项目立项-预算编制-指标分配-采购申请-组织招标-合同签订-资产验收-资产入库-财务报销-绩效评价"的完整数字化流程链路，实现实时绩效监控、合同执行监控，真正实现项目全生命周期管理，为学校教学、管理、服务、育人提供有力支持，助力学校全面"高质量发展"。学校还将依托数字化内部控制管理系统，补足分析应用和预警监控方面的短板和不足，补充和完善大数据监控分析模块，通过全量数据分析、风险模型设计、预警指标设置等功能，为日常风险管控提供先进的技术工具和手段，实现下数据共享和系统集成、数据采集存储和分析决策。

第十三章　数字经济背景下我国高职教育高质量发展对策

我国高职教育经过70多年的发展，虽然取得了举世瞩目的发展成效，但对照职业教育高质量发展目标还存在很多不足。随着数字经济的发展，人工智能技术正在快速向金融、医疗、交通、制造、零售等领域渗透，在更广范围和更深层面改变着产业型态与工作过程。从范围看，人工智能技术应用的产业范围比自动化技术宽广得多；从深度看，人工智能技术与自动化技术相结合，正在创造新的生产过程。显然，职业教育适应数字经济发展仍面临许多难题，倒逼高职教育数字化转型，要求政府加大高职数字化专项经费投入，提升专业建设水平；培养教师数字化技术应用能力，提升教师"双师"素质，发展职业本科教育，打造市域产教联合体和行业产教融合共同体，优化数字化专业设置和数字化课程建设等，以提升高职教育数字化适应性，全面推进教育教学质量升级优化。

一、加大高职数字化专项教育经费投入，提升专业建设水平

第一，地方政府要依法行政，落实高职经费投入责任。1996年《职业教育法》颁布实施，2014年财政部、教育部印发《关于建立和完善以改革和绩效为导向的生均拨款制度，加快发展现代高等职业教育的意见》（财教〔2014〕352号），规定"2017年以后各地高职院校年生均财政拨款水平应当不低于12000元[35]"。地方政府要充分履行省级政府举办高职的职能，将高职教育纳入地方经济社会发展系统，及时落地国家政策，保障高职院校基本办学条件，优化高职发展环境和产教融合环境。一是按照生均拨款制度，保障高职院校年生均财政拨款水平不低于12000元，二是保障院校基本办学投入，研制扩招社会生源成本折算办法，及时跟进追加办学资源和人员经费，充分保护开展扩招院校的积极性。

第二，政府要均衡高职教育与普通本科教育的生均公共财政预算教育事业费

投入，缩小二者差距至大体相当。职业教育不是省钱的教育，据联合国教科文组织研究，职业教育办学成本是普通教育的3倍[36]。而事实上，2021年，高职教育经费总投入2758亿元，占高等教育19.7%，不足普通本科高校的1/4。2010~2020年，高职教育生均公共财政预算教育事业费支出与普通本科生均公共财政预算教育事业费之比为54.77%~76.18%，2020年该比值为62.72%。说明近11年，高职生均财政预算教育事业费支出只占普通本科学生该值的六成。2021年，一些高职教育大省，例如广东、浙江、天津、江西等虽然生均财政拨款水平高于12000元，但就高职教育与普通本科教育生均公共财政预算教育事业费支出比值来看，都不高于60%，尤其是广东垫底，该比值为50.75%。新修订的《职业教育法》规定，"国家优化教育经费支出结构，使职业教育经费投入与职业教育发展需求相适应""各级人民政府应当按照事权和支出责任相适应的原则，根据职业教育办学规模、培养成本和办学质量等落实职业教育经费""不得以学费、社会服务收入冲抵生均拨款"，突出了政府责任。

第三，鼓励多元投入，加大数字化专项教育经费投入，提升专业建设水平。处理好政府与市场、政府与社会的关系。坚持政府投入的主渠道作用，优化财政支出结构，不断加大财政投入力度，新增财政投入要向高职数字化专项倾斜。同时，防止财政"大包大揽"，充分发挥市场机制作用，积极引导社会资本投入，进一步完善多渠道筹措高职数字化专项教育经费的机制，鼓励企业和社会力量采取直接投资或捐赠等形式参与举办高职教育，促进高职教育数字化专项经费投入稳定增长。采用"谁受益、谁投入"的原则，通过多样的合作形式，让利企业或提供优惠政策的合作方式积极调动产业、行业、企业参与经费投入的积极性，充分利用企业资源。除此之外，还应积极发挥各社会团体的力量，如基金会、协会、个人投资、集资等社会投入，积极向薄弱地区和学校引资，促进薄弱地区的职业教育快速成长和壮大。

第四，注重经费使用绩效。切实提高财政资金使用效益，建立完善高职院校生均拨款制度要与强化绩效管理相结合，将绩效理念和绩效要求贯穿高职教育经费分配使用的全过程，体现目标和结果导向。教育部每年从优化数字化专业结构、深化校企合作、加快教学改革与产业转型升级衔接、加强双师型教师队伍建设、鼓励社会力量兴办高职教育、提升高职院校社会服务能力等方面，对各地推进高职院校改革的进展情况进行监测。中央财政依据监测数据和相关统计资料，选取体现改革绩效导向的因素分配，并适当向高等职业教育改革成效显著的省份倾斜、向年生均财政拨款水平率先达到12000元且稳定投入的省份倾斜。

二、培养教师数字化技术应用能力，提升教师"双师"素质

第一，举办培训，提高教师数字化技术应用能力。数字技术与教育教学融合发展是高职教育大势所趋。高职教师要顺应形势，主动参与开展信息技术应用等相关培训，提升教师数字素养与技能。要全面提升教师数字化适应力、胜任力和创造力，推动数字化技术真正融入教学，创新教学形式，提高教学质量，化解"线上教学成为线下教育翻版"和学生间学习差距变大的问题。

第二，把住高职教师入职关口，确保整体提升教师队伍"双师"素质。2019年发布的《国家职业教育改革实施方案》（也称"职教20条"）明确规定："从2019年起，职业院校、应用型本科高校相关专业教师原则上从具有3年以上企业工作经历并具有高职以上学历的人员中公开招聘，特殊高技能人才（含具有高级工以上职业资格人员）可适当放宽学历要求，2020年起基本不再从应届毕业生中招聘。"[36] 该规定要求2019年后新入职的高职院校、应用型本科高校专业教师原则上至少要有3年以上工作经验，不再招聘应届毕业生。历史经验证明，要将招聘的应届毕业生培养成具有"双师"素质是比较困难的，因为学校的老师到企业实习实践，对企业来说，既然这位老师是来实习实践，不是企业正式员工，自然不会安排实质性工作给实践老师；就参与实践的老师来说，既然自己本身有一份教师的固定工作，潜意识上不会像正式企业员工那样认真在企业工作，这就必然导致教师下企业实习实践效果大打折扣。职教20条这一政策的提出有利于提升高职教师"双师"素质的整体水平，同时这一政策的实施，减除了应届毕业教师招聘入职后又要进行实践能力培养、提升双师素质效果不佳的麻烦。但实际各个高职院校对该政策的执行力度差异很大，很多有编制的公办院校招聘教师过程中并未严格执行此政策，一些院校为了升本的要求，对招聘的应届博士给予编制，却忽视有工作经验又有一定学历水平的应聘企业专家。高职教育本就是与普通教育不同的类型教师，在教师素质上要体现"双师素质"，不能照搬普通教育的教师招聘模式。

第三，探索"固定岗+流动岗"的教师管理改革，提高企业兼职教师引进和管理的效能。为强化实践教学环节、优化教师队伍结构、解决教师实践能力偏弱的问题，我国探索了针对不同来源的高职教师实施"请进来"与"走出去"的不同专业发展路径。高职兼职教师制度旨在吸引行业企业高层次技术技能人才到校任教。这里的兼职教师指企事业单位人员、被引进院校的承担专业课教学和实践教学任务的专业技术人员和高技能人才、行业企业领军人才、大师名匠等。高

第十三章 数字经济背景下我国高职教育高质量发展对策

职学校领导可以考虑实施兼职教师特聘岗位计划。支持职业院校设立一批产业导师特聘岗,聘请企业工程技术人员、高技能人才、管理人员、能工巧匠等,采取兼职任教、合作研究、参与项目等方式到校工作,推进固定岗与流动岗相结合、校企互聘兼职的教师队伍建设改革。教育部谋划建设兼职教师资源库。丰富拓展职业教育教师选用渠道,会同人力资源社会保障部、全国总工会、中国工程院等相关部门,按照行业企业和专业领域,遴选有经验的人才到高职院校兼职任教。组建兼职教师资源库,在相关信息平台定期发布和更新,拓宽学校兼职教师聘用渠道。

第四,为高职专业教师"减负",提升教师专业发展的内生动力。随着近三年来高职教育的百万扩招,高职学校的生师比已经推高到在 20 左右徘徊,许多学校的专任教师在应付巨大的教学和培训任务后,已经无暇顾及专业能力提升的问题。上课和培训的压力消耗了他们积极主动进行专业发展的热情和动力,他们无暇反思专业教学实践,甚至可能导致墨守特定的、已经熟悉和习惯的专业认知、专业价值和专业教学行为。地方主管政府部门可以考虑适当给公办高职院校配置充足的教师编制,高校领导也可以考虑多招聘些专兼职教师,或者制定政策,为高职专业教师"减负",为专任教师设定较为宽松的教学工作量,使之有时间考虑下企业实践或者读博读硕提升学历。高校管理者要把"发展"的主动权交还给专任教师,尽力满足他们多方面的发展需求与利益诉求,制定相关激励政策,从而从根本上调动他们实现专业发展的内生动力。

三、顺应数字经济影响,大力发展职业本科教育

当前,数字经济、人工智能对当代经济与社会影响最大。所谓人工智能,就是对人的意识和思维过程的模拟,即利用机器学习和数据分析方法赋予机器类人的能力。人工智能技术正在快速向金融、医疗、交通、制造、零售等领域渗透,在更广范围和更深层面改变着产业型态与工作过程。人工智能技术与自动化技术相结合,正在创造新的生产过程。这种生产模式将彻底改变一线操作者的工作性质,即他们不再是生产设备的驱动者、辅助者,而是生产设备的操纵者。这使工作的综合性、专业性水平大大提高。相应地,产品种类与质量要求的大幅度提高同步提升了产品与工艺研发人才的数量与质量需求。这就深刻改变了职业教育人才培养过程的性质。

今天,我们应该这样理解职业教育:它是一种培养复杂能力的教育。在新的职业教育人才培养结构下,大多数职业对劳动者的知识能力要求越来越复杂,劳

动者要具备较为完善的理论知识和综合分析问题、解决问题的能力，才能较好地胜任这些岗位。这是职业教育发展的主流趋势。因此，首先要赋予职业教育的新意义是，它不再只是培养简单技能、适应谋生需要的教育，而是承担现代社会人才结构中技能人才培养任务的教育，是一种具有相当专业水准的教育。其次，它是一种需要在更高学制层面举办的教育。过去的职业教育是一种主要通过训练获得技能的教育，教育内容对理论知识的要求很少。这种教育只需通过短期培训或是在中等教育层次举办便可完成。职业人才知识能力要求的根本性变化使得短期技能训练和中等教育层次已经远不能满足其培养要求，必须把职业教育高移到高等教育层次，有些要求更高的职业甚至还要高移到本科教育层次。职业本科教育的发展是职业教育高移化的核心内涵，因为只有本科教育才具备了高等教育的核心特征。职业专科教育的发展只能视为职业教育高移化的过渡阶段。最后，它是一种需要多个学制层次连续培养才能达成目标的教育。把职业教育高移到高等教育层次并非意味着不再需要中等职业教育。过去的职业教育给人们的印象是只需要通过短期训练便能达到培养要求，那时尽管也有中等职业学校和高等职业学校，但它们之间并没有内在逻辑关系，是各自独立的。许多发达国家的职业教育目前还是这种存在状态。新的职业教育则是一个连续进行培养的体系。体系化是21世纪以来职业教育发展的另一个重要趋势，是我国对国际职业教育发展的重大贡献，也是最终使得职业教育能够被确立为一种教育类型的前提。

四、深化产教融合，打造市域产教联合体和行业产教融合共同体

为深化职业教育供给侧结构性改革，坚持以教促产、以产助教、产教融合、产学合作，延伸教育链、服务产业链、支撑供应链、打造人才链、提升价值链，推动形成同市场需求相适应、同产业结构相匹配的现代职业教育结构和区域布局。构建央地互动、区域联动，政府、行业、企业、学校协同的发展机制，鼓励支持省（自治区、直辖市）和重点行业结合自身特点和优势，在现代职业教育体系建设改革上先行先试、率先突破、示范引领，形成制度供给充分、条件保障有力、产教深度融合的良好生态。2022年12月，中共中央办公厅国务院办公厅印发《关于深化现代职业教育体系建设改革的意见》，提出打造市域产教联合体、打造行业产教融合共同体。2023年4月，教育部办公厅发布《关于开展市域产教联合体建设的通知》，提出开展市域产教联合体建设的工作目标、条件要求及实施程序。2023年7月，教育部发布《关于支持建设国家轨道交通装备行业产教融合共同体的通知》，提出教育部支持建设国家轨道交通装备行业产教融合共同体的建设目标、共同体的组织机构、运行机制、主要任务、组织实施以及运行保障等内容。2023年7月,教育部办公厅发布《关于加快推进现代职业教育体系建设改革重点任务的通知》中再次强调建设打造市域产教联合体和行业产教融合共同体两项任务。这些中央文件及教育部文件的密集出台,标志着职业教育产教融合不断深化和升级。中央办公厅、国务院文件提出了产教融合的新方向是打造市域产教融合体以及打造行业产教融合共同体的目标,而教育部相关文件的出台则是进一步细化打造市域产教联合体和行业产教融合共同体的具体目标、任务及具体实施方法。

第一,打造市域产教联合体。省级政府以产业园区为基础,打造兼具人才培养、创新创业、促进产业经济高质量发展功能的市域产教联合体。成立政府、企业、学校、科研机构等多方参与的理事会,实行实体化运作,集聚资金、技术、人才、政策等要素,有效推动各类主体深度参与职业学校专业规划、人才培养规格确定、课程开发、师资队伍建设,共商培养方案、共组教学团队、共建教学资源,共同实施学业考核评价,推进教学改革,提升技术技能人才培养质量;搭建人才供需信息平台,推行产业规划和人才需求发布制度,引导职业学校紧贴市场和就业形势,完善职业教育专业动态调整机制,促进专业布局与当地产业结构紧密对接;建设共性技术服务平台,打通科研开发、技术创新、成果转移链条,为园区企业提供技术咨询与服务,促进中小企业技术创新、产品升级。

第二,打造行业产教融合共同体。优先选择新一代信息技术产业、高档数控机床和机器人、高端仪器、航空航天装备、船舶与海洋工程装备、先进轨道交通装备、能源电子、节能与新能源汽车、电力装备、农机装备、新材料、生物医药及高性能医疗器械等重点行业和重点领域,支持龙头企业和高水平高等学校、职业学校牵头,组建学校、科研机构、上下游企业等共同参与的跨区域产教融合共同体,汇聚产教资源,制定教学评价标准,开发专业核心课程与实践能力项目,研制推广教学装备;依据产业链分工对人才类型、层次、结构的要求,实行校企联合招生,开展委托培养、订单培养和学徒制培养,面向行业企业员工开展岗前培训、岗位培训和继续教育,为行业提供稳定的人力资源;建设技术创新中心,支撑高素质技术技能人才培养,服务行业企业技术改造、工艺改进、产品升级。

五、优化数字化专业设置和数字化课程建设,提升高职教育数字化适应性

第一,对于高职院校要深化产教融合、校企合作,优化数字化专业设置、数字化课程设置,提高教学质量,增强技术服务能力。一是优化数字化专业设置。

高职学校要对标区域数字经济特点，坚持以促进就业为导向原则设置并调整优化专业结构，建立产业结构调整驱动专业改革机制，专业设置重点围绕区域经济支柱产业和新能源、互联网、新材料、新一代信息技术、节能环保等战略新兴产业，不断拓展数字化新专业。通过调整优化传统专业，积极扶植新兴专业，重点培育特色专业，着力打造品牌专业，全面构建特色专业群，为社会培养一批高素质技术技能人才。压缩供过于求的专业，调整改造办学层次、办学质量与社会需求不匹配的专业，建立面向市场、优胜劣汰的专业动态调整机制。二是适应数字经济发展，增加优质数字化课程资源供给。职业教育领域现有数字教育资源量，特别是精品数字资源量还不够充足，无法有效满足职业教育领域不同主体的个性化、多样化需求。2022年3月，国家职业教育智慧教育平台正式上线，截至2022年12月底，该平台提供在线课程3.2万门，上线专业教学资源库1317个，覆盖近600个职业教育专业。而高等教育中普通高校在公共平台上开放共享的慕课、资源共享课和视频公开课等数字化课程达到31.87万门，截至2022年12月，慕课上线数量超过6.45万门，学习人数达到10.88亿人次，国家高等教育平台汇聚了2.7万门优质慕课，还链接了"学堂在线"和"爱课程"在线教学国际平台[37]。与普通高等教育相比，职业教育数字化课程明显不足，因此，需要从相关主体实际需求出发，因地制宜、因段分层、因校分类、因人施策，深度挖掘高职数字化教育要素。一方面要盘活现有海量资源，梳理、筛选、提炼出更多深受师生欢迎的优质资源，广泛应用于教学；另一方面要增加优质供给。扩大有效供给，较少无效供给。增加虚拟仿真课等优质课程资源数量，提高虚拟仿真实训平台的课程适应频率，推动高职教育实习实训高水平发展，采用"共建众享"模式，动态生成一大批形态多样的优质数字资源，并不断实现优质数字资源的深度应用和聚合发展。

第二，对于省级教育行政部门和地方政府，要充分了解高职院校需求并进行院校和数字化专业的优化调整，加大教学规范性督导检查。一是优化院校与数字化专业布局。对接区域产业发展与人才需求，充分了解高职院校需求并进行院校和专业的优化调整，尤其是建议中部地区省份侧重发展制造业、东北地区围绕老工业基地振兴发展，京津冀、长江经济带城市围绕高端产业和数字化产业，建立并优化紧密对接产业链、创新链的高职院校布局结构和专业体系。二是加大教学规范性督导工作。借助信息技术手段和第三方机构，动态监控院校课程开设与实施情况，不定期开展检查，引导院校课程开设符合国家要求，规范实施课程教学计划。三是地方政府要充分履行省级政府举办高职的职能，将高职教育纳入地方经济社会发展系统，及时落实国家政策，保障高职院校基本办学条件，优化高职发展环境和产教融合环境。

第三，对于国家教育行政部门，要完善高职办学标准体系，分类指导院校多样化发展，优化职业教育发展制度环境。一是完善高职教育办学标准。随着国家区域战略深入推进，急需与区域经济发展相匹配的高等职业教育供给体系。亟待研究修订完善高职院校办学标准体系，加大社会培训相关指标权重，引导高等职业院校不断提高基本办学能力和社会服务贡献能力，适应新发展格局的需要。二是对设置标准的具体指标进行分层分类。充分考虑不同区域经济发展水平、院校办学特色、办学条件等基础，引导院校结合区域产业特点多样化发展路径，在不同层次、不同区域办出特色、争创一流。

六、完善内、外部质量保障体系，推进教育教学质量升级优化

21世纪以来，我国高职教育得到了空前发展，但是很多深层次的问题始终没有得到有效解决，其中最突出的就是教育质量不高，症结在于高职教育培养的学生不能满足社会经济转型发展的需求。《国家中长期教育改革和发展规划纲要（2010-2020年）》便提出："把提高质量作为教育改革发展的核心任务。树立科学的质量观，把促进人的全面发展，适应社会需要作为衡量教育质量的根本标准。树立以提高质量为核心的教育发展观，注重教育内涵发展，鼓励学校办出特色、办出水平、出名师、育英才。建立以提高教育质量为导向的管理制度和工作机制，把教育资源配置和学校工作重点集中到强化教学环节、提高教育质量上来。制定教育质量国家标准，建立健全教育质量保障体系。加强教师队伍建设，提高教师整体素质。"提高高职教育的教育质量，推进教育教学质量升级优化，离不开教育系统内、外部的双向发力，在宏观质量保障制度建立、职业院校质量管理机制和教师教学工作诊断三个层面上层层递进。

第一，在宏观质量保障制度层面，应树立正确的质量观念，加快职业教育质量保障制度的不断细化、完善和落地。以构建职业教育国家标准为例，一是教育教学基础性国家标准体系建设；二是职业教育人才招考标准改革；三是深化人才培养过程质量标准改革。试点"1+X"证书制度；四是制定国家资历框架，完善职业教育学习结果认证标准。从职业院校设置标准、职校教师/校长专业标准、专业目录、专业教学标准、课程标准、顶岗实习标准、人才招录标准、人才质量标准等进行了细致的规定，提供了从过程建设到结果考核的质量监督依据和基础。

第二，在职业院校层面，建立起职业院校内部科学合理的教学评估机制，兼顾区域发展战略、企业需求和学生发展需要，根据不同地区、不同层次的职业院校自身发展情况设计有针对性的评估方案，并能够邀请评估专家、行业代表、专业带头人等组成的评估小组进行有效评估，评估内容不限于教学，而且涵盖院校专业建设、课程设置、管理机制等多方面。构建科学完善的评估机制，加大社会对职业院校内部评估的参与度，有利于职业院校在适应性质量，产品性质量的把控，同时学习先进经验，不断引进新的评估理念、机制和方法有助于职业院校对发展性质以及形成多元化的特色的质量追赶。

第三，在教师教学层面，需强化教学工作诊断，加强内部教育质量保障体系建设。教师教学工作诊断和改进是针对学生的发展水平。以问题为导向的内部诊断和改进，在根本理念、行为逻辑和对象上区别于质量评估。依靠一线工作的教师在教学实践中发现真实存在的问题后，分析问题、解决问题，优化教学行动并进一步预防问题的动态发展过程。教师教学工作诊断与改进的目的还在于建立一套改进教学质量的长效机制，发现教学工作中存在的真问题，并在此基础上持续改进，最终实现人才培养过程的优化。

随着高职院校数字化转型，高职院校要建立数字化治理体系，健全数字化管理体制以促进教育质量提升。首先，要建立依法自主管理、民主监督、社会参与的数字化治理体系。当前中国已经制定相关政策和法律法规促进职业教育数字化建设，但还需要在政府主导下，通过进一步强化落实和持续推进职业教育数字化治理体系建设、加大多元主体的参与力度、充分利用现有职业教育数字化资源，建立职业教育人才培养工作的自我诊断、反馈、改进机制，为职业教育数字化可持续健康发展提供保障。其次，要健全数字化管理机制，增强数字化管理素养和能力。职业学校要以落实《职业院校数字校园建设规范》为重点，制定和完善数字校园建设规划，做好管理信息系统整体设计，建设数据集中、系统集成的应用环境；建立数字化相关管理制度，成立专门机构，确定专职人员，建立健全管理信息系统和技术支持服务体系；强化管理人员数字化意识和应用能力，提高运用信息化手段对各类数据进行记录、更新、采集、分析及诊断以改进学校管理能力[38]。

参考文献

［1］ 中共中央办公厅、国务院办公厅印发《关于推动现代职业教育高质量发展的意见》．［EB/OL］．（2021－10－12）．http：//www.moe.gov.cn/jyb_xxgk/moe_1777/moe_1778/202110/t20211012_571737.html.

［2］ 赵蒙成．何谓职业教育的"质量"？——基于实践哲学的思考［J］．职教论坛，2022（2）．

［3］ 孙翠香．新时代职业教育高质量发展的内涵、特征与推进策略［J］．教育与职业，2022（2）．

［4］ 刘永亮、杨延波、苟琦智．"双高"院校引领职业教育五维度高质量发展的内涵与路径［J］．教育与职业，2022（1）．

［5］ 鄢烈洲、石俊华．职业教育高质量发展：本真内涵、价值体认与四重导向［J］．职业技术教育，2022（25）．

［6］ 黄一涛、罗尧成．我国现代职业教育高质量发展的丰富内涵、价值逻辑与实践指向［J］．教育与职业，2022（8）．

［7］ 李玉静．新发展格局下职业教育高质量发展：逻辑与内涵［J］．职业技术教育，2021（1）．

［8］ 槐福乐、常熙蕾、吕清．职业教育高质量发展的内涵、标准与实践路径［J］．职业技术教育，2022（21）．

［9］ 任雪园．普及化阶段高职教育高质量发展：时代内涵、行动逻辑与实践路径［J］．职业技术教育，2020（34）．

［10］ 高等职业教育质量年度报告专栏．现代高等职业技术教育网［EB/OL］．https：//www.tech.net.cn/column_rcpy/index.aspx.

［11］ 中华人民共和国教育部发展规划司．中国教育统计年鉴2021［M］．北京：中国统计出版社，2022.

[12] 中华人民共和国教育部发展规划司. 中国教育统计年鉴 2010－2020[M]. 北京：中国统计出版社，2011.

[13] 中国教育科学研究院 全国职业高等院校校长联席会议. 中国高职教育质量年度报告 2013[M]. 北京：高等教育出版社，2014.

[14] 郭文富，马树超. 扎根中国大地：新中国高职教育发展的经验与贡献[J]. 中国高等教育，2019（20）.

[15] 中国教育科学研究院 全国职业高等院校校长联席会议. 中国职业教育质量年度报告 2022[M]. 北京：高等教育出版社，2023.

[16] 深圳信息职业技术学院高等职业教育质量年度报告（2022）（2021.11）[EB/OL]. https：//www.tech.net.cn/column_rcpy/art.aspx?id=15232&type=2.

[17] 北京电子科技职业学院高等职业教育质量年度报告（2022）（2021.11）[EB/OL]. https：//www.tech.net.cn/column_rcpy/art.aspx?id=15054&type=2.

[18] 广东茂名农林科技职业学院高等职业教育质量年度报告（2022）（2021.11）[EB/OL]. https：//www.tech.net.cn/column_rcpy/art.aspx?id=15177&type=2.

[19] 黑龙江农业职业技术学院高等职业教育质量年度报告（2022）（2021.11）[EB/OL]. https：//www.tech.net.cn/column_rcpy/art.aspx?id=15520&type=2.

[20] 无锡职业技术学院高等职业教育质量年度报告（2022）（2021.12）[EB/OL]. https：//www.tech.net.cn/column_rcpy/art.aspx?id=15763&type=2.

[21] 李玉静，荣国丞. 高等职业教育高质量发展报告——基础与方向[J]. 职业技术教育，2021，42（36）.

[22] 陈小娟. "双高计划"视域下高职院校专业设置与结构调整的路径选择——基于广东省5所"双高计划"建设院校的实证分析[J]. 职业技术教育，2022，43（9）.

[23] 职业教育信息化发展报告（2021版）（2022.7）[EB/OL]. https：//xyzyzdw.stiei.edu.cn/_upload/article/files/1a/2c/d14242664794bccc0dce008bfb5e/e1daffb4-2a86-4233-b0c7-02d26b3da171.pdf．

[24] 邹宏秋，王玉龙. 数字化时代职业院校"三教"改革的实然之境与应然之策[J]. 高等工程教育研究，2022（4）.

[25] 王玉龙. 数字化时代高职院校教材建设的逻辑、特征与策略[J]. 职教论坛，2022（8）.

[26] 中国教育科学研究院. 中国智慧教育发展报告（2022）[M]. 北

京：教育科学出版社，2014.

［27］教育部关于同意设置深圳职业技术大学的函（2023-6-7）［EB/OL］. http：//www. moe. gov. cn/srcsite/A03/s181/202306/t20230616_1064610. html.

［28］深圳职业技术学院高等职业教育质量年度报告（2023）［EB/OL］. http：//www. szpt. edu. cn/xxgk1/jbxx. htm.

［29］顺德职业技术学院高等职业教育质量年度报告（2023）［EB/OL］. https：//www. sdpt. edu. cn/info/1340/14600. htm.

［30］顺德职业技术学院数字化标杆校申报网站（公开）［EB/OL］. https：//zhuanti. sdpt. edu. cn/zt2022/szhbg/dy. jsp? urltype=tree. TreeTempUrl&wbtreeid=1552.

［31］无锡职业技术学院高等职业教育质量年度报告（2023）［EB/OL］. https：//xxgkw. wxit. edu. cn/_upload/article/files/b8/e9/ad3b354c4853a4911ae9c5abe77f/cb27fda1-02d7-4d45-8252-f3e391efcbf2. pdf.

［32］北京电子科技职业学院高等职业教育质量年度报告（2023）［EB/OL］. https：//www. tech. net. cn/column_rcpy/art. aspx? id=16491&type=2.

［33］广州铁路职业技术学院高等职业教育质量年度报告（2023）［EB/OL］. https：//www. tech. net. cn/column_rcpy/art. aspx? id=16651&type=2.

［34］金华职业技术学院高等职业教育质量年度报告（2023）［EB/OL］. https：//www. jhc. cn/_s5/2023/0108/c4118a152264/page. psp.

［35］财政部 教育部关于建立完善以改革和绩效为导向的生均拨款制度加快发展现代高等职业教育的意见）（2014.10）［EB/OL］. https：//www. gov. cn/gongbao/content/2015/content_2827229. htm.

［36］林宇 21世纪以来高等职业教育发展的回顾与思考［J］中国职业技术教育．2022（15）.

［37］中国教育科学研究院 中国智慧教育发展报告（2022）［M］. 北京：教育科学出版社，2023.

［38］国务院关于印发国家职业教育改革实施方案的通知（2019.01）［EB/OL］. http：//www. moe. gov. cn/jyb_xxgk/moe_1777/moe_1778/201904/t20190404_376701. html.